河北省教育厅科学研究项目资助（BJS2024016）

古希腊怀疑论
历史与哲学导论

吴三喜 著

Ancient Greek
Scepticism
A Historical and
Philosophical Introduction

四川大学出版社

图书在版编目（CIP）数据

古希腊怀疑论：历史与哲学导论 / 吴三喜著.
成都：四川大学出版社, 2024.8. -- （奥德赛丛书）.
ISBN 978-7-5690-7020-0

Ⅰ．B502.33

中国国家版本馆 CIP 数据核字第 202480WA32 号

| 书　　名：古希腊怀疑论：历史与哲学导论 |
| Guxila Huaiyilun: Lishi yu Zhexue Daolun |
| 著　　者：吴三喜 |
| 丛 书 名：奥德赛丛书 |
| 出 版 人：侯宏虹 |
| 总 策 划：张宏辉 |
| 丛书策划：王　静 |
| 选题策划：王　静 |
| 责任编辑：王　静 |
| 责任校对：毛张琳 |
| 装帧设计：墨创文化 |
| 责任印制：王　炜 |
| 出版发行：四川大学出版社有限责任公司 |
| 　　　　　地址：成都市一环路南一段 24 号（610065） |
| 　　　　　电话：（028）85408311（发行部）、85400276（总编室） |
| 　　　　　电子邮箱：scupress@vip.163.com |
| 　　　　　网址：https://press.scu.edu.cn |
| 印前制作：四川胜翔数码印务设计有限公司 |
| 印刷装订：成都金龙印务有限责任公司 |
| 成品尺寸：148 mm×210 mm |
| 印　　张：10 |
| 字　　数：242 千字 |
| 版　　次：2024 年 8 月 第 1 版 |
| 印　　次：2024 年 8 月 第 1 次印刷 |
| 定　　价：58.00 元 |

本社图书如有印装质量问题，请联系发行部调换

版权所有 ◆ 侵权必究

扫码获取数字资源

四川大学出版社
微信公众号

人总是与他所是的东西分离,而这种分离是由他所不是的存在的无限广度造成的。他从世界的另一面对其自身表明他自己,并且他又从这地平线向自身望去以恢复他内在的存在:人是"一个遥远的存在"(un être des lointains)。

——萨特

前　言

在当代知识论研究中，怀疑论问题扮演着一个非常重要的角色，因为怀疑论的知识论后果是宣称我们不可能获得关于外部世界的任何知识，我们平常所确信的任何知识主张说到底都是无根基的、没有合理的证成根据的。怀疑论的这一主张杀伤力巨大，如果不能很好地回应该问题，从哲学上讲人类知识的可能性就是毫无希望的。

对怀疑论的回应除了当代知识论研究提供出来的各种策略（摩尔主义、语境主义等）外，还应该包括一项历史研究的任务，即厘清怀疑论的发展史，了解怀疑论的起源与演变，更重要的是在这种历史研究中发现怀疑论的内在机制、主要诉求，以及解决怀疑论问题的可能路径。

根据一种权威性的说法（迈尔斯·伯恩耶特、伯纳德·威廉姆斯等），怀疑论的演变史在西方近代早期发生了一次大的转折，其中的关键人物就是笛卡尔。在笛卡尔之前，怀疑论的基本模式是由古希腊怀疑论奠定的，而在笛卡尔之后，怀疑论变成"现代式的"，成了我们今天所谈论的那种模式。的确，当代知识论所讨论的怀疑论问题从历史的角度来看更多地指向笛卡尔以后的形态。但是，在笛卡尔之后的模式和古代模式之间是否确实存在着一种"古今之争"，这仍然是个悬而未决的问题。回应这一问题的先行要求之一，就是积极展开怀疑论史研究。这不是一项纯粹的历史研究，哲学问题尤为如此，对怀疑论的历史研究必然同时也是哲学的。

无可否认，古希腊怀疑论造就了怀疑论发展史上的第一个伟大辉煌。无论从研究深度上还是从辐射广度上看，它都是一个无与伦比的存在。更重要的是，在怀疑论的现代模式中出现过的那些核心问题，几乎全都被古希腊怀疑论意识到了，甚至还得到了极为深刻、详细且别样的讨论。如此说来，对古希腊怀疑论甚至中世纪怀疑论的历史研究，定能够为当代哲学论争带来一些新的灵感。尤其是古人在其特有的背景信念和世界图像下做出的那些论述，有望为今人的研究提供一种视域转换的可能。

目　录

第一章　怀疑论之前的怀疑论

第一节　怀疑论的解释学视点　　003

第二节　自然哲学家赫拉克利特　　012

第三节　智者学派和苏格拉底　　018

第四节　小苏格拉底学派和柏拉图　　037

第五节　德谟克利特及其传人　　053

第二章　皮浪主义怀疑论

第一节　皮浪主义怀疑论的兴起：皮浪、蒂孟、纳乌斯法奈斯　　068

第二节　皮浪主义怀疑论的中兴：埃奈西德穆和阿格里帕　　098

第三节　皮浪主义怀疑论的尾声：塞克斯都·恩披里柯　　130

第三章 学园派怀疑论

第一节 柏拉图之后的学园派简史　　159
第二节 学园派怀疑论的诞生：阿塞西劳斯　　170
第三节 学园派怀疑论的集大成：卡尔尼亚德斯和克里托马库斯　　192
第四节 学园派怀疑论的终结：拉瑞萨的斐洛、安提俄库斯、西塞罗　　217

第四章 古希腊怀疑论的身后事

第一节 后世思想中的古希腊怀疑论　　255
第二节 古希腊怀疑论研究中的基本议题　　269
第三节 古希腊怀疑论与佛教思想比较研究概述　　278

结　语　　291
参考文献　　297
后　记　　311

第一章　怀疑论之前的怀疑论

第一节
怀疑论的解释学视点

一般而言，古希腊怀疑论有两个代表性学派：一个是皮浪主义怀疑论，另一个是学园派怀疑论，尤其是阿塞西劳斯（Arcesilaus，又译作阿尔克西劳、阿尔凯西劳斯，约前316—前241年）领导的"中期学园"（Middle Academy）及其之后的"新学园"（New Academy）。[①] 相对而言，学园派怀疑论有着较为清晰的渊源和发展脉络，而皮浪主义怀疑论则更为模糊一些。在皮浪主义传统中，人们基本上都尊艾利斯的皮浪（Pyrrho of Elis，又译作皮罗、毕罗等，约前365—前275年）为师，但就皮浪本人怀疑论思想的渊源而言，学界存在诸多争论。有些学者认为，皮浪怀疑论思想的真正源头在于其跟随亚历山大大帝东征时与印度佛教智者的交流。也就是说，皮浪怀疑论思想的

---

① 阿塞西劳斯领导下的学园派和卡尔尼亚德斯（Carneades，又译作卡尼亚德斯，约前214—前129年）领导的学园派都是怀疑论学派，有些学者有时扩展"新学园"的范围，将阿塞西劳斯的中期学园也包括在内（Carlos Lévy, "The New Academy and its Rivals", in Mary Louise Gill, Pierre Pellegrin ed., *A Companion to Ancient Philosophy*, Blackwell Publishing Ltd., 2006, p.448）。

灵感来源于东方佛教。[①]但也有不少学者指出，一方面，主张皮浪怀疑论思想来源于东方的看法难有充分而信实的证据；另一方面，与其考察遥远的东方佛教源头，不如追溯它的希腊哲学前缘，后者比前者更为直接和关系密切。[②]

我们这里接受的是后一种观点，即在所谓的希腊化时代兴盛起来的怀疑论哲学，可以在此前的希腊哲学传统中找到诸多踪迹。我们这样说并不意味着在前希腊化时代存在着严格意义上的怀疑论哲学或流派，而是说在该时期的哲学活动中存在着很多对怀疑论哲学具有巨大启发意义和借鉴价值的因素，我们可以称之为"准怀疑论"因素。正是在这些准怀疑论因素的共同作用之下，怀疑论思想在希腊化时代的出现才不至被视为一个非常突兀甚至像库兹明斯基说的那样是"不可理解"的现象。

那么，我们该如何考察这些前怀疑论思想中的准怀疑论因素呢？这些因素到底指什么呢？这当然需要一种海德格尔所说的"解释学处境"（hermeneutische Situation）。在1922年的"纳托普报告"中，海德格尔指出，任何解释和理解都依赖于一种"当下的解释学处境"。[③]这种当下的解释学处境是由三个要素构成的：一是解释的"视位"（Blickstand），即我们做出解释或理解之前已经占有的一个位置或视角，不存在没有视位的解释和理解，任何解释行为都是在一定的先行的视位上进行的；二

[①] 在古代，第欧根尼·拉尔修（Diogenes Laertius，鼎盛年约3世纪左右）部分地持有这种见解；在当代，持有这一看法的学者有亚德里安·库兹明斯基（Adrian Kuzminski）、艾弗拉德·弗林托夫（Everard Flintoft）等人，具体可见本书第四章。
[②] 很多学者持有这一看法，详见后文。
[③] 马丁·海德格尔：《形式显示的现象学：海德格尔早期弗莱堡文选》，孙周兴编译，同济大学出版社，2004年，第76页。

是由这种视位给出的"视向"(Blickrichtung),即基于先行的视位而获得的一种特定的指引方向,在这种方向中,被解释的事物得以作为某个事物而呈现自身,并被把握到这种方向之中,海德格尔说正是在这种视向之中,解释的"作为什么"和"何所向"被给予出来,而事物就是在这种视向中作为某个事物并向着某个方向而得到解释的;最后一个要素就是由视位和视向限定出来的"视域"(Blickweite)。[①] 这三者,视位、视向和视域,共同构建起所谓的解释学处境,而正是由于这一处境的存在,才让某一特定的解释和理解行为得以可能。[②]

说在怀疑论之前的哲学中存在着"准怀疑论"要素,这显然是一种解释学论断。既然是解释学论断,那就必然涉及该解释行为的处境。那么这一处境到底是如何确定的呢?尤其是该解释行为所从属的视位和视向又是如何确定的呢?既然是对前怀疑论哲学进行解释,且重点考察其中与怀疑论哲学亲近的维度,那么很显然,该解释行为的视位和视向就是由我们对怀疑论哲学的基本理解来确定的。怀疑论的基本内容规定了我们的解释行为的视域。那么,接下来的问题就是我们该如何确定怀疑论哲学的基本内容。

从不同的语境出发,针对怀疑论的基本内容这一问题可以

---

① 马丁·海德格尔:《形式显示的现象学:海德格尔早期弗莱堡文选》,孙周兴编译,同济大学出版社,2004年,第76~77页。
② "解释之处境,作为对过去之物的理解性居有的处境,始终是一种活生生的当前之处境。历史本身,作为在理解中被占有的过去,从其可把握性方面来看,是与解释学处境的决定性的选择和形成过程的原始性(Ursprünglinckeit)一道生长起来的……"(马丁·海德格尔:《形式显示的现象学:海德格尔早期弗莱堡文选》,孙周兴编译,同济大学出版社,2004年,第77页)

有很多不同版本的回答。如前文所言,既然我们这里要做的是一项历史的、哲学的研究,而非纯粹的知识论研究,并且我们关注的是特定怀疑论哲学之前的一个特定哲学时期,那么我们完全有理由根据古希腊怀疑论哲学的基本内容来确定我们的解释学视域。关于古希腊怀疑论,我们来看看以下几处证词,首先是塞克斯都·恩披里柯(Sextus Empiricus,约2世纪后期)对怀疑论的界定。在《皮浪主义概论》中,塞克斯都概括说:

> 怀疑论在历史上有多种不同的名称。由于其积极从事研究和探询活动,它也被称作"研究派";从研究者在研究后的心境出发,它得名"悬而不决派";由于如有些人说的那样,他们有怀疑和追寻的习惯,或者由于他们对肯定与否定不作决定的态度,他们也被称作"困惑派";由于皮罗看起来比前人更加彻底、公开地致力于怀疑论,又被称作"皮罗派"。
>
> 怀疑论是一种能力或心态,它使用一切方式把呈现与判断对立起来,结果由于对立的对象和理性的同等有效性,我们首先产生心灵的悬而不决状态,接着产生"不被扰乱"或"宁静"的状态。
>
> …………
>
> 怀疑论体系主要的基本原则是:每一个命题都有一个相等的命题与之对立,因为我们相信这一原则带来的结果就是停止独断。[①]

其次,还有第欧根尼·拉尔修的相关记载:

---

① 塞克斯都·恩披里克:《悬搁判断与心灵宁静:希腊怀疑论原典》,包利民等译,中国社会科学出版社,2017年,第4~5页。

皮浪主义者，也因为其学说而被称为犹疑主义者、怀疑主义者、存疑主义者、探究主义者。称他们的哲学为"探究"，那是因为他们总是在寻求真理……①

怀疑论者回答这些人说：就我们作为人所遭受的一切而言，我们同意你们所说的。因为我们很清楚现在是白天，我们活着，以及生活中的其他许许多多的事情。然而，对于这些事情，独断论者用判断正面地加以肯定，说它们是可以被理解把握的，而我们却将之作为不确定的东西加以悬搁，我们知道的仅仅是当下的感受。……我们只是以陈述的方式说某个东西显得是白的，但我们并不肯定它就是那个样子……②

怀疑论者并不否认他们在看，他们只是在说他们不知道如何在看。他们说：我们承认那显现出来的现象，但不承认它就是那个样子；我们也感知到火在燃烧，但它是否有着燃烧的本性，我们却加以悬搁……我们所反对的，仅仅是那附带在现象上的那些不确定的东西。③

皮浪没有独断地确定任何东西，而是追随现象……对于怀疑论者而言，现象就是标准。……因此，他会根据习俗去选择或规避某件事，并遵守法律。④

---

① 拉尔修：《名哲言行录》，徐开来、溥林译，广西师范大学出版社，2010年，第469页。
② 拉尔修：《名哲言行录》，徐开来、溥林译，广西师范大学出版社，2010年，第482页。
③ 拉尔修：《名哲言行录》，徐开来、溥林译，广西师范大学出版社，2010年，第482～483页。
④ 拉尔修：《名哲言行录》，徐开来、溥林译，广西师范大学出版社，2010年，第483～484页。

最后，关于学园派怀疑论，也有很多记载，比如塞克斯都指出：

柏拉图新学园的信众们肯定一切都是无法理解的……新学园的哲学家们认为或然的而且检验过的印象比仅仅或然的印象更可取……

阿尔凯西劳斯——我们说过他是"柏拉图中期学园"的领袖和奠基者——在我看来与皮罗学说有许多共同之处，所以他的思想方式几乎与我们一样：因为他从未对任何事物的实在性或非实在性加以断定，他也不曾认为任何事物比起别的事物在或然性或非或然性上有什么不同，他对一切都悬而不决。①

怀疑论者之所以也被称为"研究派"或"困惑派"，是因为他们并不停留在某个结论性的主张之上，这也是他们与"独断论"（dogmatism）不同的地方。独断论之为独断论，就在于他们会持有一些结论性的见解。为什么不满于某个或某些结论性的主张呢？因为怀疑论者认为任何一个结论性的主张都会有一个潜在的、具有同等有效性的相反主张与之对立。既然如此，怀疑论者进而指出，我们最明智的做法就是悬置（epoche）我们的任何判断，不做判断，将心灵保持在悬而不决的状态之中。当我们做到这点的时候，灵魂的"宁静"（ataraksia）就会像夜幕的降临那样不期而至。

---

① 塞克斯都·恩披里克：《悬搁判断与心灵宁静：希腊怀疑论原典》，包利民等译，中国社会科学出版社，2017年，第47页。

我们可以将怀疑论者的这种无立场的立场概括为以下几个方面：第一，在方法论上，为了达到怀疑论效果，怀疑论者经常诉诸对等命题，也即针对某个独断性主张提出一个相反的但具有同等有效性的主张来消解前一个主张的独断性，但这并不意味着怀疑论者认同后一种主张，对等命题的提出只是方法论意义上的，后面我们在皮浪主义怀疑论的"十式"论证和学园派怀疑论反对斯多亚认识论的讨论中会看到这一点，这种方法论的应用我们可以称之为一种相对主义的方法论伎俩。第二，在认识论上，他们悬置一切判断，废黜一切认知标准，否定真理和知识的可能性，尤其针对感知觉印象，怀疑论者要求不对其进行任何判断或"认同"（assent），灵魂不对其产生任何意志或概念化操作，反而是任由其加以引导，不管是皮浪主义怀疑论还是学园派怀疑论，他们都坚持这点，我们可以将这种立场视为一种认识论上的"寂静主义"（quietism）。[①] 第三，在本体论上，因有认识论的特殊规定和要求，原则上讲怀疑论者没

---

① "寂静主义"在当代英美哲学中多与维特根斯坦、麦克道威尔等人的治疗型哲学关联在一起。然而寂静主义在早期宗教哲学和神学中指的是一种关于心灵被动性的学说，灵魂必须保持被动和无意志状态，就像一种通道，以便让神的意志完全实现，这种神秘主义的寂静主义思想直到20世纪还有所体现，比如在西蒙娜·薇依那里。我们这里所谓的认识论寂静主义，用的就是这种原始意义。其实，塞克斯都在批评学园派怀疑论时有些表述能够很好地体现这种寂静主义精神，比如他说怀疑论的相信不是信以为真意义上的相信，而是"不抵抗而仅仅毫无积极性地跟随着，就像说一个孩子相信他的老师一样。……而我们说我们的信念不过是简单的顺从，不带有任何认同……"（塞克斯都·恩披里克：《悬搁判断与心灵宁静：希腊怀疑论原典》，包利民等译，中国社会科学出版社，2017年，第47页）。文德尔班在谈到怀疑论的"无忧"（"宁静"）目标以及德谟克利特（Democritus，约前460—前357年）思想中的怀疑论倾向时，也曾将其概括为一种"寂静主义"（文德尔班：《古代哲学史》，詹文杰译，上海三联书店，2009年）。

有任何形而上学承诺，但为了回应对手提出来的一些反对意见，如"无实践论证"等问题，怀疑论者"表达的只是向他显现的事情，以非独断的方式说出他自己的印象，不对外部实在做任何正面的肯定"①，也就是说，怀疑论者一方面没有任何形而上学承诺，另一方面似乎又持有一种现象主义的观点，不过这种现象主义是弱意义上的本体论承诺，因为它是以一种"非独断"的方式加以确认的，所以，我们借用当代哲学中的"紧缩论"（deflationism）这一说法，将怀疑论的本体论立场称之为一种紧缩论的现象主义；②第四，在伦理学上，尤其是皮浪主义者致力于灵魂的宁静和不受扰动的状态，我们可以借用努斯鲍姆等人的说法将这一伦理目标视为一种"治疗主义"，可以说这是怀疑论者的主要目标，虽然在当时像伊壁鸠鲁主义者和斯多亚主义者也都或多或少地致力于这一目标，但怀疑论者的特殊之处在于，他们是以怀疑论的方式而非独断论的方式来达成这一目标的，灵魂的宁静和欲望的治疗不来自任何特定的信念，而是源于对一切信念的悬置，因而为了与斯多亚主义和伊壁鸠鲁主义等其他学派的治疗主义伦理学区别开，我们将怀疑论的这种伦

---

① 塞克斯都·恩披里克：《悬搁判断与心灵宁静：希腊怀疑论原典》，包利民等译，中国社会科学出版社，2017年，第6页。
② 关于怀疑论的本体论立场是一个存在着诸多争论的问题，迈尔斯·F.伯恩耶特（Myles F. Burnyeat）等人认为古希腊哲学家一般都是形而上学实在论者，即便是怀疑论者也没有跳出这个背景框架，而像迈克尔·弗雷德（Michael Frede）等人则认为怀疑论者已经抵达了反实在论立场。我们将在后文相关章节详细分析这一问题。我们这里将怀疑论的本体论立场确定为现象主义立场，其主要根据是皮浪主义和学园派怀疑论对"印象"的认同和接受。只不过这种认同和接受不是一种真实的本体论承诺，所以它又是紧缩论的。

理学立场称之为"应成派治疗主义"。①塞克斯都关于"泻药"和"梯子"的众多比喻可以被视为对这种治疗主义主张的证明。

方法论的相对主义、认识论的寂静主义、本体论的紧缩论现象主义以及伦理学的应成派治疗主义，构成了古希腊怀疑论的主要特征。这样说并不是指怀疑论持有如此这般的立场，严格说来怀疑论不持有任何立场，所以上述概括仅仅是一种"依托施设"和"方便法门"，便于我们对怀疑论的理解。从这样的立场出发，我们发现在皮浪主义和学园派怀疑论正式出现之前，在希腊哲学的古典时期甚至古风时期，很多哲学家已经或多或少预示了后来的怀疑论思想，因为在他们的哲学工作中已经包含了大量的准怀疑论因素。接下来我们将根据这些相关性因素，历史地、哲学地简要梳理一下怀疑论之前的怀疑论思想，我们将其称为古希腊怀疑论的"前传"。

---

① 这里的"应成派"一说，借用的是大乘佛教中观学派自龙树之后的一支，即应成学派，该派与清辨等人的自续派不同，主张龙树学的"是遮非表"性，即中观学的任务在于破除一切执着，指出任一执着的不成立，但就自己的正面主张不予论说。怀疑论的伦理学与斯多亚主义和伊壁鸠鲁主义伦理学的差异也在这个地方。"治疗主义"一说，虽有当代"治疗型哲学"这一说法，但我们这里使用的治疗主义主要借鉴的还是玛莎·努斯鲍姆的思想，可见其著《欲望的治疗》中第一章关于治疗主义的介绍。其实在玛莎看来，希腊化时期的大部分哲学学派都可以称之为治疗主义，他们呼吁人们进行哲学研究的目的就像医生建议病人吃药一样，是为了治疗灵魂的疾病。不惟怀疑论学派，斯多亚主义、伊壁鸠鲁主义、卢克莱修等都是这种意义上的治疗主义哲学学派或哲学家。我们这里将应成派和治疗主义结合在一起，意在指明的是：怀疑论学派尤其就其伦理学目的来看无疑是一种治疗主义，但这种治疗主义与其他类型的治疗主义哲学的不同之处在于它不提出借以达成良好生活的正面根据，而是通过破除这样的根据和欲望来间接实现的，所以，我们称之为古希腊的应成派。像约纳森·巴恩斯（Jonathan Barnes）、R.J.汉金森（R.J Hankison）、蕾娜塔·兹明斯卡（Renata Zieminska）、阿兰·贝利（Alan Bailey）等著名怀疑论学者也都持有类似的看法，明确将古希腊怀疑论视为一种治疗型（therapeutic）哲学。

第二节
自然哲学家赫拉克利特

按照常见的哲学史分期方法，苏格拉底（Socrates，前469—前399年）是哲学上的古风时期和古典时期的分水岭。苏格拉底之前的希腊哲学，我们一般沿用爱德华·策勒（Eduard Zeller，又译作爱德华·策勒尔）和赫尔曼·迪尔斯（Hermann Diels）的经典用法，称之为"前苏格拉底哲学"，有时也根据研究内容的特点称之为"自然哲学"或"宇宙论"。当然，在宇宙论之外，爱利亚学派的存在论也属于这个阶段。[1] 我们的问题是，在前苏格拉底哲学中存不存在我们上面说的那些怀疑论因素呢？前苏格拉底哲学家其实是一个非常博杂的哲学群落，它涉及很多不同的哲学立场和智识生活圈，比较而言，我们可以指出以下几位哲学家，他们的哲学思想或多或少与我们上面提到的怀疑论因素具有一定的关联，这些人物有爱菲斯的赫拉克利特（Heraclitus，约前544—前129年，鼎盛年在前500年，

---

[1] 关于"前苏格拉底哲学"这一概念形成史和传播史的分析可参见以下书目。安德列·拉克斯：《前苏格拉底哲学：概念的缘起、发展及其意义》，格兰·莫斯特英译，常旭旻中译，北京大学出版社，2021年。

约荷马之后三百年）、爱利亚的克塞诺芬尼（Xenophanes，约前570—前478年）、巴门尼德（Parmenides）和芝诺（Zeno）。甚至根据一种看法，在古风时代之前的荷马（Homer）那里都可以找到一些准怀疑论要素。对荷马、克塞诺芬尼、巴门尼德和芝诺的怀疑论解释可见慕子李（Mi-Kyoung Lee）、列奥·格罗尔克（Leo Groarke）等人的相关著作，我们在这里主要关注赫拉克利特思想中的准怀疑论要素。

赫拉克利特在第欧根尼·拉尔修转述的安提司特涅斯的记载中，他本是王位继承人，后将王位让予其兄。但拉尔修似乎不太看重这点，而是更加强调赫拉克利特身上的愤世嫉俗品格。在拉尔修的描述中，赫拉克利特是个浪迹于青塞黑林间的隐士和"恨世者"。

在哲学思想方面，与怀疑论因素最为接近的，要数方法论的相对主义方面了。前面说过，所谓方法论的相对主义指的是怀疑论者会针对任一独断性主张，尽其所能地提出一个与之相反的、具有同等有效性的对立性主张，以便消解前一个主张的独断性。在赫拉克利特这里，与这种方法论的相对主义相关的就是他对对立性和矛盾性的强调。比如，在其传世的某些片段中有这样的一些说法："处于矛盾之中事物即处于和谐之中，自对立之物中产生最美的和谐"，"驴子更喜欢糠秕而非黄金"，"不要沉迷于泥沼（猪反而更喜欢泥沼而非清水）"，"猪在泥沼中爬滚，而鸟则在光尘中翱翔"，"海水既纯净又有毒：对于鱼而言它是可饮用的生命之泉，但对于人而言它则是不可饮用的毒药"。① 诸如此类的说法在赫拉克利特传世的片段中很常见，也许我们对此并未在意，但是如果我们能够想起后来的怀疑论者经常运用的那种论证方式，比如由埃奈西德穆提出的"十式论证"，就会明白赫拉克利特的这些片段包含着丰富的怀疑论意蕴。十式论证中的第一式说的是"由于动物之间的不同，同样的对象不会产生相同的印象"②。比如就糠秕而言，驴子可能会觉得珍贵无比，而人则弃之如履；就黄金而言，驴子可能觉得毫无用处，而人则蜂拥求之。物种之间的差异性会产生针对同一对象的不同判断。甚至我们可以说，埃奈西德穆对第一式的概括，很有可能受到了赫拉克利特哲学的影响。根据塞克斯都的记载，埃奈西德穆（Aenesidemus，又译作阿纳西德穆期，约前1世纪）及其门徒将怀疑论哲学视为通向赫拉克利特哲学的途径。③ 如果塞克斯都的记载属实，那么可以肯定的是埃奈西德穆不可能对赫拉克利特哲学毫无所知。塞克斯都曾正面指出怀疑论哲学与赫拉克利特哲学的不同之处，这是可以理解的，因为我们也承认从最终意义上说赫拉克利特不是一个怀疑论者，更像一个独断论者，但这并不妨碍我们确认在这种独断论哲学中仍然保留着一些与怀疑论密切相关的要素。

在某些片段那里，我们似乎还可以发现赫拉克利与本体论

---

① 第尔斯编著：《前苏格拉底哲学家残篇：英文》，弗里曼译，武汉：崇文书局，2021年，第25~29页，此部分为笔者翻译。
② 塞克斯都·恩披里克：《悬搁判断与心灵宁静：希腊怀疑论原典》，包利民等译，中国社会科学出版社，2017年，第11页。
③ 塞克斯都·恩披里克：《悬搁判断与心灵宁静：希腊怀疑论原典》，包利民等译，中国社会科学出版社，2017年，第41页。

现象主义的亲近关系。比如："太阳的尺寸等于人脚的宽度"，"可视的东西、可听的东西以及可知的东西，都是我最看重的东西"。① 为什么赫拉克利特说太阳的尺寸等于人脚的宽度？因为我们的知觉经验就是这样的，在经验中被给予的太阳印象其尺寸确实大概等同于人脚的宽度，这可以说是对本体论现象主义的一种接近，虽然还不能说它就是十足的现象主义，但毕竟是向着现象主义的方向而行的。不过，这种现象主义的解释会遭到一些批评，因为在其他片段那里赫拉克利特恰恰会表达一些相反的立场，比如片段56中写道："人在确认可见的事物时容易受骗，就像希腊人中最聪明的人荷马一样，因为他也受到过捉虱子的男孩的欺骗，他说：'我们放弃我们看见和把握住的东西，那些没有看见和把握住的东西，我们反而要牢牢抓住。'"② 实在本身并非现象，而是隐藏在现象背后的东西。我们该如何解释这里的矛盾性呢？一方面，赫拉克利特似乎接纳现象即实在的现象主义立场，另一方面他似乎又否定了这点，认为现象不是实在。关于这点，我们可以提出两种解释。第一种解释认为，由片段3和片段55等所反映的思想并非是本体论的现象主义立场，而仅仅是一种认识论立场，即虽然它们有可能出错，但赫拉克利特还是非常看重我们的感知觉能力。这样一来，这些认识论条目就与片段56所表达出来的本体论立场不相矛盾了。

---

① 第尔斯编著：《前苏格拉底哲学家残篇：英文》，弗里曼译，崇文书局，2021年，第25、28页，此部分为笔者翻译。
② 第尔斯编著：《前苏格拉底哲学家残篇：英文》，弗里曼译，崇文书局，2021年，第28页，此部分为笔者翻译。

第二种解释认为，借鉴当代意大利学者齐柳利（Ugo Zilioli）的观点，即赫拉克利特持有的本体论立场其实是一种"不确定性"学说，实在本身是不确定的、动变不居的。但是这种不确定的实在本身是很难为我们所把握和认识的。因而，片段56说的是重要的是不容易把握实在本身；片段3和片段55说的是，实在本身是不确定的，这就会导致一个推论，即我们无法做到完全地不信任我们的知觉印象，也许知觉印象确实呈现了实在的面貌和结构。根据这一种解释，片段3和片段55同样可以看作是本体论的，其与片段56的本体论立场并不矛盾，因为实在本身是不确定的，对于我们而言它就像康德的"物自体"，是无法确定和被认识的东西，由此留给我们的最好结果也许就包含着信任我们的知觉呈现，不是认识论的信任，而是本体论的信任。但不管是哪种解释，我们都看到，赫拉克利特确实与后来的怀疑论思想保持着一定的关联性。根据第一种解释，从认识论的角度来看，赫拉克利特虽然承认感知觉能力的可错性，但同时仍非常看重这种能力，甚至表达了一种对知觉印象的寂静主义式的接受的态度，这就接近了怀疑论的认识论寂静主义。根据第二种解释，赫拉克利特的本体论是不确定性形而上学与现象主义的混合物，而正是因为不确定性本体论使得他的现象主义带有一种紧缩论的味道，因为不确定性本体论对现象主义形成了一种制约。

但是，赫拉克利特与怀疑论思想之间的这种关联性，我们不必过度强调，就像在我们接下来处理的其他人物那里一样。因为我们毕竟还是要考虑到塞克斯都的证词，塞克斯都在其

《皮浪主义概论》中说得很明确，怀疑论之所以不是赫拉克利特主义，就是因为在各个方面赫拉克利特哲学都是独断论的，即便他在形而上学上主张一种不确定性学说，但这种主张仍然是一种独断论。我们这里的工作，只限于指出在赫拉克利特那里存在着某些准怀疑论要素。

第三节
智者学派和苏格拉底

在赫拉克利特鼎盛年约半个世纪后，希腊智识生活中逐渐出现了一股新浪潮。这股浪潮的开创者是一批自称为"智者"（sophistès）的智识人，他们不全是哲学家，有的是从事其他领域研究的专家，如修辞学家。一般而言，智者运动指的多是这个时期的智者学派运动，甚至苏格拉底也可以在某种意义上算作一个智者。然而就智者传统的延续来看，智者运动并没有随着苏格拉底学派全盛时代的到来而消失，而是一直或显或隐地持续到了罗马帝国时代。[①] 就与后来的怀疑论思想之间的关联性而言，我们这里主要关注普罗泰戈拉（Protagoras，约前490—前420年）和高尔吉亚（Gorgias，前483—前375年）两位早

[①] 罗马时代的智者其实已经成为身份更纯粹的智识人了，他们与哲学距离疏远，多从事修辞学、散文学等具体领域的研究和教学工作，有学者称之为第二代智者和第三代智者。很多哲学史家都做出过对智者学派历史意义的积极评价，如黑格尔、文德尔班、策勒等。

期智者。①

普罗泰戈拉,文德尔班和策勒都认为他出生于阿布德拉。据拉尔修记载,旁托斯的赫拉克利德斯也认为他出生于阿布德拉,但欧珀利斯认为他出生于特俄斯。②较普罗泰戈拉稍晚一些,阿布德拉还有一位著名的哲学家德谟克利特。我们大概都知道德谟克利特是原子论的代表人物,是柏拉图(Plato,前427—前347年)最为痛恨的哲学家之一。从怀疑论的角度看,德谟克利特的原子论无疑是独断论的典型。但是,如果我们知道德谟克利特的弟子梅特罗多洛(Metrodorus of Chios,约前400—前350年),他是阿那克萨图斯(Anaxarchus,前380—前320年)的老师,而阿那克萨图斯据说又是皮浪的老师,那么事情就不会这么简单。德谟克利特的哲学确实具有非常强的独断论特性,但就像后面还会指出的那样,在其思想的某些维度上我们甚至还可以辨别出一丝怀疑论色彩。据拉尔修记载,同样出生于阿布德拉的普罗泰戈拉曾听过德谟克利特的演讲,这个史实具有一定的思想史意义,但因其他材料不足,我们无法充分阐发这点。并且,二人之间的思想史关联也许更应该像策勒说的那样

---

① 除普罗泰戈拉和高尔吉亚之外,伯罗奔尼撒战争结束之后出现一个以多利安语写就的智者学派文献——《双重论证》(已佚失)。正如题名所暗示的那样,这篇文献的核心是对对等命题的强调,指出"关于任何一个问题都存在着彼此相反的两种观点"(第尔斯编著:《前苏格拉底哲学家残篇:英文》,弗里曼译,崇文书局,2021年,第162页,此部分为笔者翻译)。可以说这一主张直接预示了后世怀疑论的方法论相对主义。

② 拉尔修:《名哲言行录》,徐开来、溥林译,广西师范大学出版社,2010年,第458页。

可反过来理解，即正是普罗泰戈拉影响了德谟克利特的哲学。[1]

据拉尔修记载，普罗泰戈拉写了包括《论神》《矛盾》《论辩》等在内的很多著作，但现在看来鲜有流传下来的。普罗泰戈拉的传世名言也许是那句"人是万物的尺度"[2]，但我们这里更看重拉尔修提供出来的另一个说法，即"他第一个主张在所有的事物中都有互相对立的两种理由"[3]。这个主张据说是在《论辩》的开篇处提出来的。[4]从本体论的角度看，这句话似乎指出任何事物就其自身而言，都包含着两种相互对立的逻各斯（logos）。我们这里仍然可以借用意大利学者齐柳利的观点，即本体论的不确定性学说来解释这句话的本体论意蕴。所谓本体论的不确定性指的是："世上的事物不具有任何本体论上的固定结构，并且其本质（ousia）是不确定的。"[5]普罗泰戈拉说事物具有相互对立的逻各斯，并不是说事物具有固定的结构，即便这种结构是一种对立性结构，而是意在指出事物不具有任何确定的结构和本质，甚至可以说事物不具有绝对的自我同一性，而是一直处于流动变化之中，因为相互对立的逻各斯让事物无法获得这种自我同一性。这种不确定性的形而上学其实是希腊早期自然哲学中的一种普遍经验，比如前文所述的赫拉克利特对

---

[1] 策勒尔：《古希腊哲学史纲》，翁绍军译，上海人民出版社，2007年，第93页。
[2] 柏拉图：《泰阿泰德》，詹文杰译注，商务印书馆，2015年，第24页。
[3] 拉尔修：《名哲言行录》，徐开来、溥林译，广西师范大学出版社，2010年，第458~459页。
[4] 策勒尔：《古希腊哲学史纲》，翁绍军译，上海人民出版社，2007年，第92页。
[5] 齐柳利：《柏拉图最精巧的敌人：普罗塔哥拉与相对主义的挑战》，文学平译，中国人民大学出版社，2012年，第65页。

此就有很深的体认，普罗泰戈拉亦是如此。柏拉图曾借苏格拉底之口，将普罗泰戈拉的这一立场概括如下：

> 就是说，根本没有任何东西以自在的方式"是"一个东西，你不可能把它正确地称呼为"某个东西"或"某种东西"；一旦你说"大"，它又会显得"小"，一旦你说"重"，它又会显得"轻"，所有东西都是这样，因为任何东西都不是"一"，既不是"一个东西"也不是"一种东西"。我们把从运动……变动……和彼此结合中变成的一切东西都表述为"是"，其实这种表述并不正确，因为任何时候都没有任何东西是，它们永远变易……所有哲人都集结在这一行列当中：普罗泰戈拉、赫拉克利特、恩培多克勒……①

自身包含两种对立的逻各斯，就丧失了同一性，因而它无法"是"（或"存在"），这样的东西就是一直处于动变中的东西，我们无法给其一个准确的界定和命名，因为事物得以被命名的前提是具有自身同一性，先"是""一个东西"。同时，普罗泰戈拉的那句话还可以做认识论的解读。根据《前苏格拉底哲学家残篇：英文》片段 80.6a 的说法，普罗泰戈拉是"第一个提出关于任一事物均存在着两种相反的主张的人"②。其实这个说法就是上面那个本体论说法，只不过现在的译法更加凸显认

---

① 柏拉图:《泰阿泰德》，詹文杰译注，商务印书馆，2015 年，第 27～28 页。
② 第尔斯编著:《前苏格拉底哲学家残篇：英文》，弗里曼译，崇文书局，2021 年，第 126 页，此部分为笔者翻译。

识论维度。从认识论的角度看，普罗泰戈拉认为关于任何一个事物，我们都能发现两种相互对立的主张。其实上引苏格拉底的话也可做这种解读，苏格拉底说如果说一个事物大，它是小的似乎也有合理性，说一个事物重，它是轻的似乎也有合理性。也就是说，关于任一事物的任一主张，我们都能发现一个与其相对的但似乎又具有同等合理性的相反主张。这非常接近怀疑论者的方法论相对主义。我们知道，为了消解独断论主张的独断性，怀疑论者频繁地诉诸对等命题。怀疑论者提出对等命题并非意味着他们相信对等命题，对等命题的意义对于他们而言仅仅是方法论意义上的。根据上面的解释，普罗泰戈拉的认识论同样看重对等命题的重要性，但其目的为何尚不可知，怀疑论对对等命题的看重是为了抵达一种悬而不决的状态，但普罗泰戈拉提出对等命题似乎并不是为了抵达这种悬而不决的状态，而是为了在认识论上表达一个独断论结论，即知识的不可能性。在《论神》这部著作中，普罗泰戈拉说："关于诸神，我不知道他们存不存在，也不知道他们什么样；因为有很多因素阻碍我们获得知识，比如事物的晦暗不明和人生的短暂如寄。"[1]关于诸神是如此，关于其他事物也是如此。

不管是本体论的不确定性学说，还是认识论的悲观主义，似乎都能导向一个共同的结论，即由普罗泰戈拉的那个著名命题所表达的内容："人是万物的尺度，是是者如其所是的尺度，

---

[1] 第尔斯编著：《前苏格拉底哲学家残篇：英文》，弗里曼译，崇文书局，2021年，第126页，此部分为笔者翻译。

也是不是者不是的尺度。"① 从本体论的角度讲，既然事物就其本性而言是不确定的，处于流变之中的，那么对于我们人而言，事物是什么样子的就可以合理地被把握为它向我们呈现的样子，因为"人是万物的尺度"；从认识论的角度讲，既然我们无法知道事物的本质，任何一个看似正确的主张其实都可以被一个与此主张相对立的主张平衡，不存在唯一正确的、单一的认识，那么，我们关于事物的认识就可以合理地把握为从我的视角出发所能认识到的事物的样子，而这往往指的是对所有印象和意见的接纳：海水对于鱼而言是有益的，但对于人而言则是有害的。塞克斯都的一段证词证实了普罗泰戈拉的这种混合主张：

将阿布德拉的普罗泰戈拉算作废除准则的那一类哲学家，因为他主张所有的印象和意见都是正确的，真理是相对的，因为向某人呈现的任何东西或某人对其发表意见的任何东西都相对于该人而言当下为真……因此，对于在疯狂中出现的现象而言，疯子也是可靠的标准，睡者是睡眠中出现的现象的标准，婴儿是婴儿期出现的现象的标准，古人是古时出现的现象的标准。不允许用此一境况去支持彼一境况是不合适的［因为它避开了选择此境况而非彼境况的问题］……正如有些人认为的那样，这个人拒绝标准，因为标准自认为是对事物本身的检验，对真假进行区分，然而他却不承认谬误，亦不承认任何物自体

---

① 第尔斯编著：《前苏格拉底哲学家残篇：英文》，弗里曼译，崇文书局，2021年，第125页，此部分为笔者翻译。

的存在。①

一方面这是从本体论的角度向现象主义的接近，另一方面是从认识论的角度向寂静主义（接纳所有印象、意见）的接近。另外，普罗泰戈拉自然会支持后来怀疑论的方法论相对主义，因为根据前述我们看到他本人就持有一种关于对等命题的认识论主张。正是这三点阐明了普罗泰戈拉与后世怀疑论思想之间的紧密关联，以至于很多学者如策勒、文德尔班、彼得森、布兰迪斯等直接将普罗泰戈拉的学说等同为一种怀疑论。

在普罗泰戈拉之外，高尔吉亚一般被认为是早期智者中的二号人物。他是意大利西西里岛勒昂提诺伊人，自然哲学家恩培多克勒的弟子，修辞学家伊索克拉底的老师。恩培多克勒不仅向高尔吉亚传授自然哲学思想，也会传授修辞学理论。塞克斯都曾指出，根据亚里士多德的一些说法，恩培多克勒是修辞术的奠定者。②据说高尔吉亚在公元前427年左右来到雅典，当时他的身份是勒昂提诺伊的使节，前往雅典游说寻求军事援助，以便抵御勒昂提诺伊南部的叙拉古。这次雅典之行让高尔吉亚名满天下，雅典人见识到了他的博学多才和能言善辩。除受恩培多克勒的自然哲学和修辞学影响外，毫无疑问意大利本土爱利亚学派对高尔吉亚也产生过一些冲击。在策勒看来，正是爱利亚学派的芝诺辩证法"把他引向了怀疑论，对这种怀疑论，

---

① Sextus Empiricus, *Against the Logicians*, Richard Bett trans., Cambridge University Press, 2005, p.14, 此部分为笔者翻译。
② 塞克斯都·恩披里柯：《反对理论家》，孙仲译，中国社会科学出版社，2017年。

他在《论非存在或自然》中作了最清晰的表述"[1]。

《论非存在或自然》已经遗失，但有几个重要的段落经塞克斯都的转述而保存下来。这几个段落就是赫赫有名的高尔吉亚三命题：

第一，无物存在
（a）非存在不存在
（b）存在不存在
   1.作为永恒存在的存在
   2.作为被创造的存在
   3.既是永恒存在又是被创造的存在
   4.作为一的存在
   5.作为多的存在
（c）存在和非存在的混合物也不存在
第二，如果有物存在，那么它们也是不可理解的
第三，如果它们是可理解的，它们也是不可交流的。[2]

很明显，第一个命题尤其是针对爱利亚学派的。为什么无物存在呢？因为高尔吉亚认为，如果有物存在的话，那么它要么本身就是存在，要么非存在，再或者既是存在又是非存在，无非就这三种情况。但是高尔吉亚指出，这三种情况最后都会

---

[1] 策勒尔：《古希腊哲学史纲》，翁绍军译，上海人民出版社，2007年，第96页。
[2] 第尔斯编著：《前苏格拉底哲学家残篇：英文》，弗里曼译，崇文书局，2021年，第128页，此部分为笔者翻译。

导向一种悖谬，因而反证无物存在。高尔吉亚是先从对非存在存在的归谬论证开始的。如果有物存在，该物是非存在，那么就意味着非存在同时是存在和非存在，而这是不可能的。[1]接着是对存在存在的归谬论证。如果有物存在，且该物是存在，那么存在要么是永恒存在（everlasting），要么是被创造的存在，要么是二者兼具。如果是永恒存在，就意味着它是无始无终的，因而是无限的，但无限的东西没有位置，因为凡是有位置的东西都可以被理解为被包含在那个位置之内；同时也不能说这种无限的东西是自身包含自身，因为这种说法混淆了包含者和被包含者。所以，永恒存在没有位置，因而不存在。存在如果是被创造的存在，那么它必然是要么从存在那里要么从非存在那里而来，而这都是不可能的。存在也不可能既是永恒存在又是被创造的存在，因为这二者是对立的、矛盾的。第四，存在如果是一，"它存在的话就意味着它有大小，因而是无限可分的，至少有长、宽、高"[2]，但一恰恰没有大小，不可分。第五，存在也不是多，因为如果是多，就意味着是一的叠加，但一已被证明不存在，所以多也不存在。既然非存在不存在，存在不存在，那么非存在和存在的混合也就不存在了，所以无物存在，因为有物存在的三种可能性都被证明是不成立的。这就完成了对第一个命题的归谬论证。接下来是第二个命题，如果有物存在，

---

[1] 第尔斯编著：《前苏格拉底哲学家残篇：英文》，弗里曼译，崇文书局，2021年，第128页。

[2] 第尔斯编著：《前苏格拉底哲学家残篇：英文》，弗里曼译，崇文书局，2021年，第128页，此部分为笔者翻译。

它们也是无法被理解和认识的。高尔吉亚为什么这样说呢？因为被思考的东西和实在是分离的，如果二者不是分离的，那就会导出这样一个结论，即凡是被思考的东西都是实在的。但这是不可能的，比如被思考的东西是非存在，如果被思考的东西就是实在，那就意味着非存在是实在。高尔吉亚接着说，有很多东西都是被思考的对象，但它们不是实在，比如在海上疾驰的战车等。第三个命题即如果事物可以被理解，它们也是无法被交流的。因为高尔吉亚认为，我们如果要交流我们的认知对象的话，我们必然使用语言，而语言不是认知对象，我们跳不出语言的圈子，仅仅在交流语言而已，而不是在交流对象，对象是"外在于我们的东西"，语言无法"表象"（represent）对象，因为二者是不一样的东西，对象可以被感觉系统中的每个器官理解，如听觉对象为听觉器官所理解，而语言则靠其他东西来理解，事物的被理解和语言的被理解依靠的是不同的能力系统，故而最终说来，即便事物能够被理解，它们也是无法被交流的。[①]

首先，在上述论证中高尔吉亚频繁使用的归谬论证法，即策勒所说的借鉴自爱利亚学派芝诺的"辩证法"，对于后来的怀疑论者而言具有突出的意义。这种归谬论证就是从一个前提出发，暂时承认该前提的合理性，进而推导出与该前提不符甚至对立的结论，由此反证前提的不合理性。据西塞罗记载，高尔吉亚经常在广场上邀请人们向他提出一个自己支持的观点或主

[①] 第尔斯编著：《前苏格拉底哲学家残篇：英文》，弗里曼译，崇文书局，2021年，第123页。

张，然后他对此进行归谬论证，反驳与谈者的观点。其实同期稍晚的苏格拉底辩证法是与此类似的。西塞罗还记载说这种方法被阿塞西劳斯复兴，成为学园派怀疑论内部的一种主要教导方式。[1] 其次，高尔吉亚的第二命题，即事物不可被认识的观点，也对后来的怀疑论有突出意义。如前所述，高尔吉亚论证第二命题的关键点是区分开被思考的东西和实在，尤其是借助意向对象的非存在可能性来进一步强化这种区分，我们可以思考某些不存在的东西，比如美人鱼，因而扩大去看，我们的思考对象与实在是脱离的、不匹配的。第三命题的内容也与此相关，语言并不表象对象，我们无法走出语言的范围抵达对象。如果我们在此能想起学园派怀疑论对斯多亚认识论尤其是其中的关键概念"认知性印象"的批评，就能发现高尔吉亚的思想与怀疑论之间的亲密性。斯多亚认识论主张，知识的可能性在于一种非常独特的印象，即认知性印象，这种印象之所以是认知性的在于它们与对象之间的一一对应性和关系的牢固性，一个印象只要是认知性印象，就必定是来自对象本身，不可能产生自幻觉、错觉的印象。学园派怀疑论对此进行了很多批评，关键点就是认为不存在这样的印象，其与对象之间的关系是完全对应的、不可改变的。[2]

总而言之，智者学派与后世怀疑论之间存在着一种密切的关联，不少学者认为，如果要在前苏格拉底哲学中寻找准怀疑论要素的话，那么最应该提及的就是赫拉克利特和智者学派。

---

[1] 西塞罗：《论至善和至恶》，石敏敏译，中国社会科学出版社，2005年。
[2] 关于斯多亚认识论和学园派怀疑论的相关内容，我们将在后面章节中详细处理。

接下来我们要提出的早期智者运动时期与怀疑论思想关系紧密的最后一个哲学家就是苏格拉底。苏格拉底在很多方面都借鉴和继承了智者学派的一些思想，虽然在柏拉图笔下苏格拉底往往是以反智者的形象出现的，但是同时我们也不要忘了，早在喜剧作家阿里斯托芬那里，苏格拉底就被视为是智者中的一员了。苏格拉底出生于雅典，相貌丑陋但精力充沛，是苏格拉底学派的开创者。据拉尔修转述，此人具有高超的公共演讲技巧，三十僭主曾禁止此人在城邦传授论辩术，而阿里斯托芬也曾揶揄此人能"把差的理论弄得较好"①，俨然一副高尔吉亚式的形象，当时判其死刑的雅典执政者就把他视为一个活跃异常的智者。借着智者运动的效应，苏格拉底扭转了希腊哲学的关注焦点，早期的自然哲学兴趣逐渐淡出视野，人世间的问题开始成为讨论的核心。拉尔修曾借荷马的诗句来表达苏格拉底要关注的东西："在一座大屋中所发生的，到底什么是善什么是恶。"②

苏格拉底本人的思想是什么样的并不清晰，因为他述而不作，我们对其的了解不得不经过后来者的中介。在后来者的证词中，最为重要的当然就是他的弟子柏拉图和色诺芬了。然而柏拉图笔下的苏格拉底和色诺芬笔下的苏格拉底形象并不一致，很难判断历史上的苏格拉底到底形象如何、持有何种确定的学说，我们只能根据这些后来者的证词大略地把握苏格拉底的思

---

① 拉尔修：《名哲言行录》，徐开来、溥林译，广西师范大学出版社，2010年，第77页。
② 拉尔修：《名哲言行录》，徐开来、溥林译，广西师范大学出版社，2010年，第78页。

想。从与怀疑论的关联性角度出发,我们这里重点关注苏格拉底思想中那些可以被视为准怀疑论要素的东西。这些要素,我们概括为以下几点:第一,苏格拉底的反诘法带有明显的智者学派色彩,我们上面已经说过,智者学派的论辩技艺与后世怀疑论思想有着莫大关联;第二,在柏拉图的证词中,苏格拉底的反诘法往往一无所获,从认识论的角度讲,苏格拉底的立场中似乎隐含着一种不可知论的立场;①第三,苏格拉底的伦理学立场中似乎包含着一种治疗主义的倾向。下面我们分别来看看这三个方面。

苏格拉底形象的鲜明特征似乎来自他对反诘法的热情实践。这种方法甚至在以苏格拉底为主角的任何一篇柏拉图对话中都有所表现。②在《泰阿泰德》的一开始,苏格拉底向泰阿泰德和塞奥多洛表明自己不知道知识究竟是什么,建议与谈者一同对其进行探讨。泰阿泰德在塞奥多洛的鼓励下很快就给出了他对知识的见解:"一个人可以从塞奥多洛那里学到的东西就是一些知识……包括几何学和刚才你谈到的那些。此外还有制鞋术和其他各种工匠的技艺……"③接着,苏格拉底表示了他的不满,因为他追问的是知识本身是什么,而不是知识有多少种,每一

---

① 柏拉图在其《美诺篇》中甚至还借对话者之口指出苏格拉底给人留下的印象之一就是个准怀疑论者:"苏格拉底啊,我早就听闻,你的工作就是让自己和别人停留在怀疑之中"(Plato, *Meno and Other Dialogues*, Robin Waterfield trans., Oxford University Press, 2005, p.112, 此部分为笔者翻译)。
② 这里要强调的是,在柏拉图作品的分期中,后期作品的对话性逊于前期作品,所以如果想要见识苏格拉底式的反诘法,最值得关注的是柏拉图的中前期著作。
③ 柏拉图:《泰阿泰德》,詹文杰译注,商务印书馆,2015年,第12~13页。

种具体的知识是什么。并且更进一步,苏格拉底还向泰阿泰德指出,如果一个人不先行理解知识本身是什么的话,他就无法理解具体类型的知识是什么。在苏格拉底的步步引导之下,泰阿泰德由一开始时的信心满满,变得越来越犹疑不定,对于知识是什么这一问题,既无法完全放弃,也没法"给出让自己充分信服的说法"①。苏格拉底称之为泰阿泰德的"阵痛"阶段,"不是腹中空空,而是怀孕了"②。而苏格拉底的工作就像其母斐那瑞特的工作一样,在于帮助怀孕的人顺利生产。③所以苏格拉底的这种反诘法往往也称为"精神助产术"。然而,在此番对话的最后,当泰阿泰德和苏格拉底似乎得到了关于知识的最后定义——知识就是"正确信念附加上……说理"——时,苏格拉底却对此进行了否认:

苏:当我们在探究"知识"[是什么]的时候,回答说它是正确信念附加上"知识"——不管关于特性的知识还是关于其他什么的知识,这是非常傻的。所以,泰阿泰德啊,知识既不是感觉,也不是真信念,也不是真信念附加上说理。

泰:看上去不是。

苏:小伙子,关于知识,我们还处于怀孕和阵痛的状态中呢,还是已经全都生产出来了?

泰:宙斯在上,就我而言,由于你的缘故,我已经说出了

---

① 柏拉图:《泰阿泰德注》,詹文杰译注,商务印书馆,2015年,第18页。
② 柏拉图:《泰阿泰德注》,詹文杰译注,商务印书馆,2015年,第18页。
③ 柏拉图:《泰阿泰德注》,詹文杰译注,商务印书馆,2015年,第18页。

多于我本来拥有的东西。

苏：那么，我们的助产技艺宣告，所有这些产物都是风卵而不值得养育？

泰：完全同意。

苏：泰阿泰德，假如今后你尝试怀上别的，而且假如你真地怀上了，你会由于目前这个探究而怀上更好的。假如你还是空空如也，那么你会对与你在一起的人少一些粗暴，变得更温和一些，因为你有了自知之明：不认为认识自己不认识的东西。我的技艺所能做到的就只有这么多，再没有别的……①

此番典型的苏格拉底式对话向我们表明，所谓苏格拉底式的反诘法，与智者学派的修辞术实践确有相似之处。正如前述，高尔吉亚借鉴芝诺辩证法之后进一步将其发展为一种以归谬论证为主要工具的论辩技艺。根据西塞罗的记载，他可以从任何一个主张开始，通过归谬论证最后反证前提的不成立性。苏格拉底的方法与此类似，他往往也是从与谈者提出的某些看似确定的主张出发，比如泰阿泰德一开始给出来的关于知识的理解，最后通过对话和引导让该主张的提出者得出这些主张不能成立的结论。西塞罗说后来的学园派怀疑论者阿塞西劳斯复兴了高尔吉亚的这种方法，其实我们也可以说他复兴了苏格拉底的反诘法。如果说这种方法与后来的怀疑论思想有关联，单纯指出其与智者修辞术之间的相似性是不够的，还必须进一步指出苏

---

① 柏拉图：《泰阿泰德》，詹文杰译注，商务印书馆，2015年，第147～148页。

格拉底反诘法的认识论后果。

智者学派的修辞术似乎是没有认识论承诺的。高尔吉亚并不希冀甚至允诺最后能够得出一个确定性的主张，我们甚至可以说高尔吉亚对三命题的归谬论证也并不一定意味着他相信这三个主张，而仅仅是为了展示他那高超的修辞技艺，展示逻各斯的修辞本性。[1]但是，苏格拉底则不然，至少从柏拉图记载的大部分对话来看，苏格拉底的反诘法并不是纯粹展示性的逻各斯，而是意在获得相关事物的知识。这一般被视为苏格拉底与智者之间的决定性差别。在《斐德罗》中，苏格拉底对善于玩弄修辞术的人展开了批评，认为这些"想要够份儿做修辞家的人，根本无需与正义的或好的事情的真实沾边……在法庭上根本就没谁关心这类事情的真实，而是关心［听起来觉得］可［信］。这叫做看似如此……"[2]智者作为修辞家是不关心事情的真实状况的，只关心事情的"看似如此"。[3]与此相反，苏格拉底的技艺不是修辞术而是辩证术，辩证术要求的绝不是事物的"看似如何"，而是"一个人应该知道说或写所涉及的各个事物的真实，逐渐有能力按其本质来界定每个事物……"[4]然而，从他与泰阿泰德对话的最后部分来看，我们会发现苏格拉底并没

---

[1] 沃迪:《修辞术的诞生：高尔吉亚、柏拉图及其传人》，何博超译，译林出版社，2015年。
[2] 柏拉图:《柏拉图四书》，刘小枫编译，生活·读书·新知三联书店，2015年，第386页。
[3] 后来的学园派怀疑论尤其是卡尔尼亚德斯等人也支持这种"看似如此"，具体可见后文。
[4] 柏拉图:《柏拉图四书》，刘小枫编译，生活·读书·新知三联书店，2015年，第398页。

有获得想要获得的东西。在苏格拉底的诘问和引导下，知识作为带有说理特征的正确信念是泰阿泰德最后获得的关于知识的最高概括，但苏格拉底的反诘却没有停止，他进一步指出这些结论"都是风卵而不值得养育"。也就是说，虽然苏格拉底的辩证术看似不同于智者的修辞术，但似乎苏格拉底并没有提出过任何结论性的主张，关于正义、知识、美德等话题的探讨莫不如是。①

苏格拉底与怀疑论相似的第三个方面就是他的伦理学思想中的治疗主义维度。按照一般的哲学史书写惯例，苏格拉底开创的伦理学往往被称为理性主义伦理学，因为他强调美德便是知识。关于苏格拉底的这种理性主义伦理学主张，在学界是存在争论的，其中的一个争论焦点就是苏格拉底有没有明确主张过美德即知识，美德即知识该如何理解。如果我们就此考察古人的证词的话，我们会发现苏格拉底并没有直接提出过这样的主张，比较接近的说法见于柏拉图的《普罗泰戈拉》和《美诺》及色诺芬的《回忆苏格拉底》。比如在《普罗泰戈拉》的结尾处："你［苏格拉底］力图证明所有有用的东西都是知识，甚至正义、节制以及勇敢［都是知识］，以此方式［表明］，德性似乎显得最为可教。毕竟，倘若德性是某种不同于知识的东西，像普罗塔戈拉试图说的那样，它显然就会不可教。可现在呢，苏格拉底呵，倘若［德性］整个儿将显得就是知识，如你急冲

---

① 对苏格拉底甚至柏拉图的这种解释因与学园派怀疑论的看法非常接近而被称为一种"怀疑论的解释"（skeptical interpretation）。

冲得到的那样……"① 在《美诺》中则有：

> 苏格拉底：品德如果是灵魂方面的东西，而且必然有益，那它一定是明智的，因为其他属于灵魂方面的一切东西本身无所谓有益和有害，只是由于掺进了明智或愚昧才成为有益的或有害的。由此可见，品德如果有益就一定是明智的。
>
> ……
>
> 苏格拉底：能不能一般地说，人的其他一切东西是不是对他好，要取决于灵魂，与灵魂有关的好不好则取决于明智。根据这句话，就可以一般地说明智是有益的。我们不是说品德是有益的吗？
>
> ……
>
> 苏格拉底：那我们就说明智是品德，是全部品德，或者是它的一部分。
>
> ……
>
> 枚农：根据我们的假设也可以明显地看出，如果品德是知识，那就一定是可以传授的。②

这固然不错，我们可以从这些材料中概括出苏格拉底的美德即知识，但是，需要进一步追问的是，这里的"知识"是什么？如果知识确实像《斐德罗》中说的那样，不是智者修辞术

---

① 柏拉图：《柏拉图四书》，刘小枫编译，生活·读书·新知三联书店，2015年，第161页。
② 柏拉图：《柏拉图对话集》，王太庆译，商务印书馆，2004年，第188～189页。

能够把握的东西，那么我们就必须像保罗·吉哈德·纳托尔普（Paul Gerhard Natorp，又译作纳托普，1854—1924）提议的那样，继续追问知识是什么。然而，在《泰阿泰德》这篇专门探讨知识何谓的对话中我们已经看到，苏格拉底最终并没有获得这一问题的答案。但关于知识的探讨并非毫无意义，因为苏格拉底说："你会由于目前这个探究而怀上更好的。假如你还是空空如也，那么你会对与你在一起的人少一些粗暴，变得更温和一些，因为你有了自知之明：不认为认识自己不认识的东西。我的技艺所能做到的就只有这么多，再没有别的……"[①] 从怀疑论的角度来看，苏格拉底的伦理学所主张的美德即知识，最终说来指的是一种自知，自知既是知识又是美德，因为自知无知，往往能带来谦逊与节制，甚至是对世间法（nomos）的容忍和接纳。治疗主义的目标在于治疗我们灵魂深处的"疾病"，使其"健康"。在苏格拉底看来，也许不自知恰恰是最严重的疾病，通过反诘法达到的无知就是自知之明，是对付不自知的良药，帮助灵魂重获健康。苏格拉底的这种治疗主义伦理学与怀疑论的应成派治疗主义之间存在很多相似之处，比如达成治疗主义效果的方法，一方是反诘法，另一方是应成派式的方法，即随应破；再比如苏格拉底的治疗主义的良药是不知他物、自知无知，虽然仍是一种独断论主张，但毕竟与怀疑论对一切知识的怀疑具有一定程度的接近。

[①] 柏拉图：《泰阿泰德》，詹文杰译注，商务印书馆，2015年，第148页。

第四节
小苏格拉底学派和柏拉图

苏格拉底去世后，苏格拉底学派慢慢形成。从广义的角度讲，柏拉图、色诺芬等都可以算作苏格拉底学派中人。在柏拉图、色诺芬之外，历史上所说的苏格拉底学派往往指的是"小苏格拉底学派"。我们这里从广义上来使用这个概念，既指小苏格拉底学派，也包括柏拉图、色诺芬。就与怀疑论的相关性而言，我们这里重点把握小苏格拉底学派中的昔尼克学派、昔兰尼学派及柏拉图哲学中的怀疑论要素。"小苏格拉底学派"这个说法其实不太严谨，因为它所包含的几个学派之间存在着很大的思想分歧，甚至这些更小的学派能否成为学派学界也有不同的看法，比如提杰阿诺·多兰蒂（Tiziano Dorandi）就认为它们是一些"伪学派"（pseudo-schools）。[①] 一般而言，小苏格拉底学派包含四个学派：由欧几里德建立的麦加拉学派，由斐多在艾利斯创办、后又传到伊雷特里亚地区的斐多学派，由安提斯泰尼（Antisthenes，约前446—前366年）建立的犬儒学派，由

[①] Ugo Zilioli, *From the Socratics to the Socratic Schools: Classical Ethics, Metaphysics, and Epistemology*, Routledge, 2015.

亚里斯提卜（Aristippus，约前435—前350年）建立的昔兰尼学派。我们主要关注后两个学派。①

犬儒学派的创始人，安提斯泰尼，柏拉图的同时代人，曾求学于高尔吉亚，精通智者学派的修辞术，后转皈苏格拉底门下。苏格拉底死后，安提斯泰尼创建犬儒学派，后锡诺普的第欧根尼（Diogenes of Sinope，约前412—前323年）加入，成为昔尼克学派史上最为著名的犬儒、"天狗"。第欧根尼之后，昔尼克学派在摩尼穆斯（Monimus，约前4世纪）、克拉底（Crates of Thebes，约前365—前285年）、希帕基娅（Hipparchia of Maroneia，鼎盛年约前325年）、美特洛克勒斯（Metrocles，鼎盛年约前325年）等人那里继续传承，后来到了公元3世纪以后逐渐被并入斯多亚学派。② 犬儒学派中与怀疑论关系最大的要数安提斯泰尼、第欧根尼和摩尼穆斯了。在安提斯泰尼这里，苏格拉底与高尔吉亚的结合最终使其走向了对知识的否定。拉尔修说，安提斯泰尼第一个为逻各斯下定义，认为逻各斯就是指出"事物是什么或曾是什么"。安提斯泰尼继承了苏格拉底的定义法，主张认识活动的目标应该是了解事物的"是什么"。但是，与苏格拉底不同的是，安提斯泰尼认为这一目标是不可实

---

① 麦加拉学派中也有与怀疑论思想亲和的地方，比如根据文德尔班的看法，他们发扬了智者学派的论辩术，另外"关于'一'的抽象理论包含了一种对一切具体知识的怀疑以及一种否定性的倾向……他们由于发明了所谓'悖论'（catch）而臭名远扬。这些'悖论'也就是以某种方式设置一些问题，无论作出肯定还是否定的回答都会陷入自相矛盾的局面"（文德尔班：《古代哲学史》，詹文杰译，上海三联书店，2009年，第123页）。

② 拉尔修：《名哲言行录》，徐开来、溥林译，广西师范大学出版社，2010年；策勒尔：《古希腊哲学史纲》，翁绍军译，上海人民出版社，2007年。

现的。他区分了简单事物和复合事物，对复合事物的认识要借助于对作为其构成要素的简单事物的认识，而对简单事物的认识是不可能的，即对简单事物下定义是不可能的，因为没有一个主词会接受与其不同的谓词，适合简单事物的只有专名。比如，当我们说"苏格拉底是善的"时候，我们就是让"苏格拉底"这个主词接受了一个与其不同的谓词"善"，关于苏格拉底我们只能说"苏格拉底是苏格拉底"。① 也就是说，关于事物，我们至多只能形成专名来命名它们，而不能对其进行定义或获得概念性认识。所以，安提斯泰尼的这个主张的最终结果就是，从逻辑上毁灭了所有知识和每一种判断。不宁唯是，安提斯泰尼的这种主张还会推出另一个相关的后果，即对单纯感性存在的接受和认同。在《泰阿泰德》中，柏拉图借苏格拉底之口称安提斯泰尼为"外行""非常没文化的人"：

苏：让我们看一下周围，保证没有任何门外汉在旁听。他们是这样一些人，认为除了能用双手紧握住的东西之外没有任何东西存在……而且不承认各种行为、各种变易过程乃至整个不可见的领域也属于"实在"……的构成部分。

泰：的确，苏格拉底，你说的这些人既顽固又执拗。

苏：小伙子，他们确实是非常没文化的人……②

---

① 柏拉图：《智者》，詹文杰译，商务印书馆，2012 年，第 67 页；亚里士多德：《形而上学》，吴寿彭译，商务印书馆，1991 年，第 115 页。
② 柏拉图：《泰阿泰德》，詹文杰译注，商务印书馆，2015 年，第 35 页。

这里的顽固且执拗之人说的就是安提斯泰尼之流，他们仅仅认同感性之物，认为非感性之物、事物的"是什么"，恰恰是无法被认识的东西，能够用身体尤其是感觉能力把握的东西才是最真实的东西。这点确实违背了苏格拉底的初衷，而接近了智者学派的立场，虽然与高尔吉亚也许并不相符，因为据说高尔吉亚拒绝接受任何感觉印象。我们前面说怀疑论支持一种认识论寂静主义，寂静主义主要指的就是对感觉印象的顺从甚至认同。安提斯泰尼的这一认识论后果至少在形式上与怀疑论的认识论寂静主义有重要的相似之处。

　　第欧根尼也许是希腊最为有名的犬儒，在安提斯泰尼那里接受教育，拉尔修说安提斯泰尼从苏格拉底那里学到了"坚忍"和"不动心"，又将这种"不动心"传给了第欧根尼。[①]第欧根尼之所以最为著名，也许就在于他将这种"不动心"的教义发展到了极端。也正是这点，将第欧根尼与怀疑论联系起来。据拉尔修转述，亚里士多德的得意弟子泰奥弗拉斯图斯（Theophrastus）说第欧根尼从一只老鼠那里获得了他的生存智慧：四处游走，不找洞安息，无所畏惧，不渴望看似可口的东西，随遇而安。[②]犬儒虽谓犬儒，但从他们的视角来看自身却是美德的代言者和践行者。但是何谓美德在他们这里却无严肃的理解。安提斯泰尼认为快乐和劳动是一种美德，而第欧根尼

[①] 拉尔修：《名哲言行录》，徐开来、溥林译，广西师范大学出版社，2010年，第254、258页。

[②] 拉尔修：《名哲言行录》，徐开来、溥林译，广西师范大学出版社，2010年，第264页。

从极端的反智主义角度出发，认为美德存在于一切文明、习俗、礼法等社会性因素的彼岸。拉尔修记载的第欧根尼的那些惊世骇俗之举，无不表明他的这种反智主义立场。因为只有在这种极端反智主义的否定性之中，才可以"把我认作一个对一切个别性漠不关心的、自由的意识"[①]。个别的、特殊的和有限的存在，对于自我意识和自由意识的获得而言是限制性因素，要想获得精神与生活的自由，就要摆脱这些限制，而能够做到全然摆脱限制的一个途径就是对它们漠不关心、独立不倚和无动于衷。所以黑格尔称这种第欧根尼式的自由或独立为"抽象的无运动的独立性"[②]，与他对吸纳了这一思想的斯多亚学派的评价是完全一样的："不论在宝座上或在枷锁中，在它的个体生活的一切交接往来的依赖关系之中，它都是自由的、超脱的，它都要保持一种没有生命的宁静，这种没有生命的宁静使它经常脱离生存的运动、脱离影响他人与接受影响的活动而退回到单纯的思想实在性之中。"[③]第欧根尼的弟子摩尼穆斯，在生活实践上与第欧根尼无异，穷困潦倒，四处流浪，但比起第欧根尼来，摩尼穆斯提供了更为明晰的认识论主张。拉尔修转述剧作家美南德洛斯的话说摩尼穆斯不认同苏格拉底的"认识你自己"，而

[①] 黑格尔:《哲学史讲演录（第二卷）》，贺麟、王太庆译，商务印书馆，2009年，第143页。
[②] 黑格尔:《哲学史讲演录（第二卷）》，贺麟、王太庆译，商务印书馆，2009年，第144页。
[③] 黑格尔:《哲学史讲演录（第二卷）》，贺麟、王太庆译，商务印书馆，2009年，第144页。

是主张"所有的见解全都是虚幻的"。① 这点得到了塞克斯都的证实。塞克斯都说摩尼穆斯根本不承认存在真理的标准,我们无法证明事物的真实性,因为我们只能借助于印象来了解事物,而真实的印象和虚假的印象是没有区分标准的。

昔兰尼学派虽然也以伦理学上的善为最终关切,但比起整个犬儒学派对实践德性的过度强调,昔兰尼学派还发展出一种较为均衡的认识论学说。而正是这一重要的认识论思想,使其与后世怀疑论传统关联起来。该派的创始人一般被认为是亚里斯提卜。他出生于北非现属利比亚境内的古代城邦昔兰尼,后被苏格拉底吸引前往雅典。与其他小苏格拉底学派的智者渊源一样,亚里斯提卜身上也有着浓重的智者色彩。亚里斯提卜的重要弟子有三:其女阿勒特(Arete,前5—前4世纪)、埃提俄普斯和安提柏特洛斯。阿勒特的儿子兼学生亦名亚里斯提卜,可以称之为小亚里斯提卜(Aristippus the Younger,前4世纪中后期)。一般学界认为昔兰尼学派核心教义的奠立者就是老亚里斯提卜和小亚里斯提卜,老亚里斯提卜提出该学派的基本教义,而小亚里斯提卜则将之系统化,以便与当时的伊壁鸠鲁主义和皮浪学说进行竞争。② 在认识论上,昔兰尼学派发展了一种可谓当代副词理论的古代版本。

副词理论(adverbial theory)或副词主义(Adverbialism)是当代知觉哲学中的一种重要观点,最早由布朗大学的C.J.杜

---

① 拉尔修:《名哲言行录》,徐开来、溥林译,广西师范大学出版社,2010年,第291~292页。
② Ugo Zilioli, *The Cyrenaics*, Acumen Publishing Limited, 2012, p.10.

卡斯（C.J. Ducasse）提出，后由其早年的学生、后来名满天下的罗德里克·齐硕姆（Roderick Chisholm）进一步明确和发展。在杜卡斯的文章中，他针对乔治·摩尔（G. E. Moore）的经验理论提出了不同的见解，根据这种见解，我们的经验所涉及的那些初始材料（杜卡斯称之为"cognita"），如"蓝色的""苦的""甜的"等并不是经验的对象，而毋宁说是在描述经验自身的类型或方式："说感觉到蓝色其实指的是蓝色地去感觉，就像跳华尔兹其实就是'华尔兹地'去跳，跳跃就是'跃起来那样'去跳一样。"① 由此，杜卡斯得出了一个非常激进的结论："在知觉中，就像在所有情况中那样，所知与能知是结合在一起的，能知活动的所知仅仅是在能知活动运行之际能知自身确定的本质。"② 齐硕姆的知觉理论为了避开由感觉材料理论带来的一系列困难，他也支持这样一种立场。比如某人眼前有个暗点，我们最好不要用名词的形式来表达这一知觉经验：他知觉到一个"暗点现象"，而是用副词的形式来表达："他'暗点地'看，'以一种暗点的方式'去看。"③ 就像对痛感经验的描述一样，齐硕姆建议我们不要说"我感到痛"，而是说"我痛地来感觉"。也就是说，从副词理论的角度来看知觉经验，在经验中得到例示

---

① C. J. Ducasse, "Moore's 'the Refutation of Idealism'", In Paul Arthur Schilpp ed.: *The Philosophy of G. E. Moore*, Tudor Publishing Company, 1942, pp.232-233, 此部分为笔者翻译。

② C. J. Ducasse, "Moore's 'the Refutation of Idealism'", In Paul Arthur Schilpp ed.: *The Philosophy of G. E. Moore*, Tudor Publishing Company, 1942, p.233, 此部分为笔者翻译。

③ Roderick M. Chisholm, *Perceiving: A Philosophical Study*, Cornell University Press, 1957, p.122, 此部分为笔者翻译。

（instantiated）的属性比如"红色""白色""疼痛"等并非经验的对象，而是经验如此这般去经验的方式或类型，当我看到一个白色的点时，其实严格说来是我在白色地且点状地去看。经过这一变换，正如齐硕姆指出的那样，副词理论的知觉理论就能够避免很多旧的知觉难题。①

首先，在认识论上，我们说昔兰尼学派发明了一种副词理论的古代版本，是因为他们明确主张当代副词理论的核心观点，即经验中的所知并不是经验之外的事物，而是所知或经验本身的模式或类型。拉尔修记载说，昔兰尼学派宣称："情感能被把捉，但它们由以产生的东西则不能。"②与此相同，塞克斯都记载说昔兰尼学派主张：

> 感受（affection）是标准，只有它们可以把握事物而且正确无误；但是引起感受的那些东西没有一个是可以把握的或正确无误的。因为，他们说，我们感觉到甜或白，这是我们能够正确无误且毫无争议地陈述的事实；但是那些引起感受的对象是白的还是甜的，则是不可能断定的。……我们只能感知我们自己的直接感受。……发生在我们身上的感受向我们揭示的只不过是它自身。③

---

① Roderick M. Chisholm, *Perceiving: A Philosophical Study*, Cornell University Press, 1957, pp.123–124.
② 拉尔修:《名哲言行录》，徐开来、溥林译，广西师范大学出版社，2010年，第109页。
③ 塞克斯都·恩披里克:《反对理论家》，孙仲等译，中国社会科学出版社，2017年，第41~42页。

其次，根据普鲁塔克（Plutarch，约46—125年）在其《答复克罗特斯》中的转述，伊壁鸠鲁主义者兰普萨库斯的克罗特斯（Colotes of Lampsacus，前320—前268年）是这样概括昔兰尼学派的观点的：

昔兰尼主义者……认为源自感觉的证据不足以确保感觉对象的确定性……承认外部对象显现，但是拒绝进一步断言它们存在。因此，克罗特斯说昔兰尼主义者没有办法生活，因为他们无法利用感觉对象。他嘲笑他们说："这些人不说那是一个人、一匹马或一堵墙，而是只说他们自己被'墙化'、'马化'或'人化'。"[①]

拉尔修和塞克斯都在这里提到的"感受"（affection），在希腊文中是 pathē（πάθος）。pathē 是 pathos 的复数形式。从修辞学的视角看，pathos 在古希腊是修辞术借以展开的主要形式之一。亚里士多德在《修辞术》中说："由言辞而来的说服论证有三种形式，第一种在于演说者的品格，第二种在于使听者处于某种心境，第三种在于借助证明或表面证明的论证本身。"[②]这就是常说的说服的三种形式：诉诸说者的品格即 ethos，诉诸听者的心境即 pathos，诉诸论证即 logos。由此，pathos 指的往往

---

① Plutarch, *Moralia* XIV, Benedict Einarson trans., Harvard University Press, 1967, p.175, 此部分为笔者翻译。
② 苗力田主编：《亚里士多德全集（第九卷）》，中国人民大学出版社，2009年，第338页。

就是演说者通过修辞表演而在听者那里引起的一种"感触"和"情动",它具有一定的被动性,是由外界因素引起的一种受动状态,与 pathos 对应的动词 paschein 本身就表示"经受""经历改变"等义。在希腊人的日常用法中,pathos 的意义要更宽泛一些,不专指演说或戏剧听众的情动,而是多泛指一切事物内部所经历的变化,如冶炼铁块时对其进行加热,铁块逐渐变热也是一种 pathos。昔兰尼学派认为,我们作为知觉者,唯一能够确定的就是这种 pathos。比如在知觉经验中,我看到一堵白色的墙,在昔兰尼学派看来,这里的 pathos 是一种视觉经验,但是这种视觉经验往往被概念化为一堵白色的墙,并且将其客体化为我之外的白色墙的现象。但是昔兰尼学派认为,我们这里最好仅仅停留在 pathos 上面,不要越出 pathos 的界线,因为如果一旦越出 pathos 之外来对对象本身做出断言就会面临出错的风险,比如很有可能我们面前并没有一堵白色的墙,我只是出现了幻觉或错觉,"看上去"似乎有一堵白色的墙。正因如此,塞克斯都才会说昔兰尼主义者只承认感觉到甜,但从不断定糖本身是甜的。①

对 pathos 的这种坚持会产生什么样的认识论后果呢?昔兰尼主义者的主张与杜卡斯、齐硕姆的主张一样,坚持我们的所知其实反映的是我们的能知,我们能够确定的仅仅是我

---

① 在很多学者看来,昔兰尼学派对 pathos 的坚持与他们的伦理学主张有关,可参考以下书目。Voula Tsouna, *The Epistemology of the Cyrenaic School*, Cambridge University Press, 1998; Kurt Lampe, *The Birth of Hedonism: The Cyrenaic Philosophers and Pleasure as a Way of Life*, Princeton University Press, 2014。我们这里仅关注这种坚持的认识论后果。

们内部的那种 pathos，pathos 之外的世界是我们无法抵达的外部，我们被限制在"自我的圈子"之中，其后果之一就是"世界的失落"。从怀疑论的角度讲，我们称之为"外部世界怀疑论"（external world scepticism）或"外部世界问题"（problem of external world）。[1] 外部世界怀疑论问题我们将在本书最后部分处理，现在我们只需指出昔兰尼学派的认识论包含着这一潜在的结论即可。正是借助这一结论，昔兰尼学派与怀疑论传统之间具有了本质性的内在关联。

最后，我们要涉及的是苏格拉底学派的主要代表柏拉图。说柏拉图的思想中包含着重要的怀疑论因素，就像说他的思想中包含着重要的独断论因素一样正当，这不仅是因为后来的学园派怀疑论为我们提供了进入柏拉图的怀疑论视角，还因为就柏拉图思想本身而言它确实包含着很多不可忽视的怀疑论要素。关于这一问题，即柏拉图哲学中的怀疑论倾向，并非迟至今日才被论及，早在古人那里就有很多争论了。从《论学园派》第

---

[1] 关于外部世界怀疑论，可见盖尔·范（Gail Fine）和乔治·帕帕斯（George Pappas）的相关论述。至于昔兰尼学派到底是否持有这种外部世界怀疑论，学界存在很多争论，沃拉·苏娜（Voula Tsouna）认为昔兰尼学派持有的是"客体属性怀疑论"（object property scepticism），齐柳利（Zilioli）与理查德·贝特（Richard Bett）的观点类似，认为昔兰尼学派持有的是"形而上学的不确定性学说"（metaphysical indeterminacy），提姆·奥克菲（Tim O'Keefe）则认为是一种"客体同一性怀疑论"（object identity scepticism），迈尔斯·伯恩耶特（Myles Burnyeat）、伯纳德·威廉姆斯（Bernard Williams）、斯蒂芬·艾弗森（Stephen Everson）、基斯拉·斯特赖克（Gisela Striker）、R.J·汉金森（R.J.Hankinson）等人则更一般地认为整个古希腊哲学中不存在外部世界怀疑论线索。但我们这里接受盖尔·范（Gail Fine）、列奥·格罗尔克的看法，认为昔兰尼学派以及整个古代怀疑论哲学都或隐或显地包含着外部世界怀疑论的观点。

一卷可知，似乎正是学园派怀疑论的开创者阿塞西劳斯，首次明确地将柏拉图笔下的苏格拉底指认为一个怀疑论者。在瓦罗详述了柏拉图哲学、学园派、漫步学派以及斯多亚学派之间的一致性和传承性后，他追问西塞罗，要求其就新学园与古代传统之间的断裂性做出解释。然而，西塞罗借着对阿塞西劳斯的解释，并没有承认这种断裂性，而是指出即便是新学园，也与古代传统保持着一定的传承性：

> 阿尔克西劳涉足的这场与芝诺的论战，至少在我看来，并非出于固执己见的争强好胜，而是因为事物的晦暗不明，这个事实也让苏格拉底自认无知，甚至在他之前，德谟克利特、阿那克萨戈拉（Anaxagoras）、恩培多克勒（Empedocles）以及几乎所有早期哲学家完全否认一切认知、理解和知识的可能性，因为感觉是有限的，心灵是脆弱的，生命历程是短暂的……意见和习惯充斥一切，真理无立锥之地，万物都相继笼罩在漫漫黑暗之中。因此，阿尔克西劳称无物可知（scire），甚至连苏格拉底本人留下来的知识遗产——其格言的真理性也是不可知的：他相信一切都隐匿在晦暗当中，无物能被理解，因而他说人们不应肯定、确认、赞同任何命题……通过反驳所有意见，让他的大多数听众放弃自己的成见，因此一旦发现同一论题的对立证明达致均衡（paritbus momenta rationum），便很容易对任何一方存疑。[①]

[①] 马库斯·图留斯·西塞罗：《论学园派》，崔延强、张鹏举译，中国人民大学出版社，2022年，第31～32页。

这是西塞罗对阿塞西劳斯及其学园派怀疑论立场的理解。在这种理解中，阿塞西劳斯提倡无物可知的怀疑论并非在标新立异，而是对此之前传统的继承和发挥。在这个传统之中，不仅有早期自然哲学家阿那克萨戈拉、恩培多克勒、德谟克利特等人，还有苏格拉底本人。苏格拉底与其他准怀疑论哲学家一样，完全否认一切知识的可能性，甚至就连他唯一的"知道"——自知无知——在阿塞西劳斯看来也是不可知的。因此，从根本上说，（学园派）怀疑论不是新异的东西，而是本来就潜藏在古希腊哲学之中的内在冲动，而苏格拉底也不是什么独断论哲学家，至少了是个准怀疑论哲学家。如果将苏格拉底与柏拉图等同，或说柏拉图的立场主要是靠剧中人苏格拉底来达成的，那么以上分析的直接结论就是柏拉图同样是个准怀疑论者。

茱莉亚·安纳斯区分了考察柏拉图怀疑论思想的两个途径，其中之一就是关注阿塞西劳斯对苏格拉底的怀疑论解释。[1]其实这也是将柏拉图确认为怀疑论者主要途径。我们知道，一般而言，柏拉图的立场与其剧中人苏格拉底的立场是不容易分开的，尤其在其中前期著作中，苏格拉底作为对话的主角基本上代表着柏拉图本人的见解，至少从剧中人苏格拉底那里可以窥见柏拉图思想之一斑。阿塞西劳斯对苏格拉底怀疑论立场的指认，至少可以部分性地过渡到柏拉图身上。

安纳斯提到的第二个途径就是关注柏拉图本人在其著作中表现出来的立场、论证技巧等内容，不再以寻找代言者和假借

---

[1] James C. Klagge, Nicholas P. Smith ed., *Methods of Interpreting Plato and his Dialogues*, Clarendon Press, 1992, p.44.

代言者的方式来把握其思想。就这一点而言，从怀疑论的角度出发，我们会发现柏拉图在其著作中的确表露出很多准怀疑论的要素来。比如，他（当然又是多借苏格拉底之手）频繁使用的论证方法之一——反诘法（elenchus）。反诘法并非像初看上去的那样无懈可击。反诘法有多个维度，保罗·伍德鲁夫（Paul Woodruff）将其区分为三种。第一种反诘法是"净化性的反诘法"（purgative elenchus），其目标在于动摇对话者已有的信念，促使其放弃它们，如果不放弃就会出现矛盾。第二种是"辩护性的反诘法"（defensive elenchus），其目标在于说服对话者必须接受苏格拉底提供出来的某些信念或主张，如果不接受，就会出现矛盾。第三种也是最后一种是"检验定义的反诘法"（definition-testing elenchus），其目标是对对话者提供出来的概念界定进行检查，明确其缺陷。[①]其中，净化性的反诘法最像怀疑论方法，因为它往往通过方法论相对主义来论证任何一个给定的信念的独断性，意在破除对任何信念的执着。辩护性的反诘法表面看来似乎与怀疑论相左，因为它提供出一些信念或主张，通过论证让对话者接受，如果不接受这些信念就会导致自相矛盾。但是，实情不是这样的，这一反诘法提供出来的这些信念只是暂时性的，是为了让对话或论证继续下去而施设的名言，就像后来维特根斯坦的一个比喻，这些信念就如梯子，其目的是用来上房的，一旦上房成功，梯子便可以抛掉了。所以，即便是辩护性的反诘法，也不是独断论的。最后一种即检验定

---

① Paul Woodruff, "The Skeptical Side of Plato's Method", in *Revue Internationale de Philosophie*, 1986, 40（156-157）: 22, p.26, 此部分为笔者翻译。

义的反诘法,在对话过程中,对话者会就某一问题("什么是正义""什么是美""什么是美德"等)给出一个自认为较好的答复和界定,但是这一反诘法往往会指出,这种定义是有问题的,至少它无法答复正义本身、美本身或美德本身是什么。然而,这种检验定义的反诘法的最终结果是什么呢?最终结果就是定义的不可能性,在柏拉图的对话录中我们很难发现对话最后会给出一个明确的、不被怀疑的关于某问题的定义或知识主张。在对话过程中,对话的主导者(往往是苏格拉底)会陷入自我驳斥的境地,即在解构了对话者及其定义之后,还会继续解构自己的看法,因为对话一开始,对话的主导者就强调了自己是一无所知的。没有知识,不了解事物的本性,这点贯彻下去就会导致对话主导者在攻击了他人论述缺陷的同时,还必须揭露自己的做法的可疑性。伍德鲁夫认为正是这点表明了这种反诘法的怀疑论倾向。[1]

除了这一方法上的怀疑论倾向外,柏拉图哲学还有不少方面接近怀疑论。据考证,公元6世纪一名新柏拉图主义者在其著作《柏拉图哲学导论》中将柏拉图的怀疑论倾向概括为五个方面,它们是:

一,在其关于事物的探讨中,柏拉图常使用一些副词来表达含混和怀疑——如"可能""大概""也许",这些词汇暗示缺乏明确的知识……

---

[1] Paul Woodruff, "The Skeptical Side of Plato's Method", in *Revue Internationale de Philosophie*, 1986, 40(156-157): 22, p.33.

二，……他致力于针对同一事物提出彼此对立的观点，这表明他明确支持不可理解性（akatalepsia）……

三，他认为不存在知识这类东西，比如在《泰阿泰德》中他拒斥任何一种知识理论，这样的人能说支持可理解性吗？

四，……柏拉图认为知识是双重的，一方面来自感觉，另一方面来自理性……但是他又认为每一类都无法成立……（其结果自然是没有知识）

五，柏拉图自己在其对话录中常说："我什么都不知道，我不教授任何东西，我所做的只是提出问题……"[1]

西塞罗也表达过类似的说法，他说："如果我们把柏拉图算作老学园的一员的话；因为在他的著作中什么也没有断定，倒是有大量正反相对的论证，一切处于探究（quaeritur）过程中，没有做出确切的陈述……"[2] 不断定任何东西、使用正反论证、存疑性探究、不做独断性陈述，甚至以独断论的方式表达无所知的立场，这些大体上都可看作是怀疑论的典型策略或表征。

---

[1] James C. Klagge, Nicholas D. Smith ed., *Methods of Interpreting Plato and his Dialogues*, Clarendon Press, 1992, p.63, 此部分为笔者翻译。

[2] 马库斯·图留斯·西塞罗：《论学园派》，崔延强、张鹏举译，中国人民大学出版社，2022年，第32页。

第五节
德谟克利特及其传人

在柏拉图的时代，还有一位特立独行的哲学家需要提及，他看不上来自当时的文化中心雅典城邦的一切荣誉，甘于不为人知，于默默无闻中精进研究，他就是德谟克利特。德谟克利特稍长于柏拉图，从拉尔修、希罗多德、安提司特涅斯等古人的记述来看，德谟克利特是个热衷于游学之士，他曾说"言是行的影子"[1]，到访过包括印度、埃塞俄比亚在内的很多地区，希腊哲学家中罕有能及者，这点也可以在青年马克思的博士论文中得到印证。柏拉图一生攻击过很多人，除智者、诗人外，还有一个隐蔽的敌人似乎就是德谟克利特。拉尔修转述阿里斯托克色诺斯的记述说，柏拉图曾想烧毁他得到的德谟克利特的所有著作。拉尔修也坦言柏拉图对德谟克利特充满敌意，因为他在其著作中论及了几乎所有的哲学家，但唯独不表德谟克利特。[2] 德谟克利特著述颇丰，在拉尔修的记载中大大小小加起来多达六十多部（虽

---

[1] 拉尔修：《名哲言行录》，徐开来、溥林译，广西师范大学出版社，2010年，第451页。
[2] 拉尔修：《名哲言行录》，徐开来、溥林译，广西师范大学出版社，2010年，第452～453页。

然其中有些著作的准确性仍需进一步确定），文德尔班认为他的这种博学程度在古典时期堪与亚里士多德比肩。然而非常可惜的是，这些著作基本没有保存下来，仅有一些片段留世。

德谟克利特与怀疑论的亲缘关系主要表现在以下三个方面：第一，德谟克利特支持一种感觉主义认识论；第二，德谟克利特支持一种治疗主义伦理学；第三，在传承关系上，德谟克利特有两个重要的追随者——梅特罗多洛和阿那克萨图斯，这两个人尤其是后者，成为皮浪的老师，启发了皮浪的怀疑论思想，他在思想史上被认为是连接德谟克利特传统与皮浪主义的中间环节。[1]

感觉主义认识论是德谟克利特认识论思想的一个重要方面。事物的实相是原子，灵魂亦然，只不过作为自动且使动的灵魂，必是由一种非常精致的原子构成的，这种原子与"火"类似，且是圆球状微粒，因为火恰恰是自动且使动的，圆球状微粒按照托马斯·阿奎那疏解亚里士多德灵魂理论时的说法，是最便于浸染他物而不受阻的。这种灵魂原子遍布有灵魂的事物内部，也遍布我们的身体，其在身体不同部位的存在方式和运动方式造就了身体的不同功能，比如在感官方面的存在和运动使得感官的感知觉能力得以可能。但是，感觉经验的形成单靠灵魂原子自身是不够的，还需要外部的一个促成因素，那就是

---

[1] 关于德谟克利特思想中的怀疑论倾向的其他解释，可见 R.J.Hankinson, *The Sceptics: the Arguments of the Philosophers*, Routledge, 1995, pp.43-46；关于德谟克利特与皮浪怀疑论之间的内在传承关系，可参考以下书目。Keimpe Algra, Jonathan Barnes, Jaap Mansfeld, et al. ed., *The Cambridge History of Hellenistic Philosophy*, Cambridge University Press, 1999.

外部事物的"影像"借助空气等媒介对我们的感官产生印压。[1]不仅视觉经验的形成是如此,其他知觉经验亦是如此。正因此,亚里士多德诟病说这是一种非常荒谬的观点,因为它把所有感觉都还原为触觉了。[2]但是,通过这种原子运动和印压活动而形成的感觉并不是对事物本身状况的把握,而仅仅是一种"意见"(opinion)或"劣等的知识"(bastard knowledge)。[3]因为,在形成感觉的过程中,作为事物实相的原子本身的状况并没有表现出来,而是根据感知者的身体条件表现出一些其他的性状。比如,德谟克利特经常说诸如甜、苦、颜色、声音、气味等感觉都不是事物的真实属性,而仅仅是约定俗成之物。[4]策勒甚至将德谟克利特的这一观点视为洛克区分第一性质和第二性质的有趣对应。这会造成什么样的后果呢?其中之一就是我们被限制在感官对世界的把握之中,而这种把握却是一种不真实的把握,是一种习俗性的社会建构,世界的实相被阻隔在感觉之幕的外面了。也许正是因为这种感觉主义认识论,德谟克利特经常在其独断论之外还时时表现出一种怀疑论的倾向来,"人们根据这一规则必须认识到,人与实相是分离的","关于事物的真实所是我们一无所知","非常明显的是,理解事物的真实所是

---

[1] W. K. C. Guthrie, *A History of Greek Philosophy: Volume 2, The Presocratic Tradition from Parmenides to Democritus*, Cambridge University Press, 1965, p.438.
[2] 《亚里士多德全集(第三卷)》,苗力田主编,中国人民大学出版社,1992年,第111页。
[3] 第尔斯编著:《前苏格拉底哲学家残篇:英文》,弗里曼译,崇文书局,2021年,第93页,此部分为笔者翻译。
[4] 第尔斯编著:《前苏格拉底哲学家残篇:英文》,弗里曼译,崇文书局,2021年,第93、104页。

是不可能的","我们无法准确地把握实相","经常得到阐明的一点是我们无法把握事物如何是其所是或不是其所不是"。[①]

在伦理学上，拉尔修说德谟克利特追求的是愉悦，但是这里的愉悦并不是感官的快乐，而是灵魂的幸福状态，这种幸福状态表明灵魂抵达了一种不为外物所动的平静状态，"不为任何恐惧、迷信和其他任何的情感所打扰"[②]。在德谟克利特这里，愉悦、幸福，指的都是灵魂的一种高级状态，他用"安宁""宁静""悠然"等来描述它。这与他的原子论的宇宙论和认识论直接相关。感官方面的快乐或痛苦来自感官部分包含的灵魂原子被剧烈的冲击而做激烈运动，但这样的快乐或痛苦就像甜、哭等性状那样是约定的、建构性的，不是真实的，所以它会因人而异且不会常住。但灵魂原子的和谐运动则不然，正像灵魂原子的温和运动能让我们把握事物的实相那样，灵魂原子的和谐运动也能让我们享有真正的幸福，即灵魂的宁静和悠然。[③]

德谟克利特去世之后，该派的命运与柏拉图学派的发展相

[①] 第尔斯编著：《前苏格拉底哲学家残篇：英文》，弗里曼译，崇文书局，2021年，第92～93页，此部分为笔者翻译。当然，这只是德谟克利特认识论思想的一个重要方面。就像柏拉图一样，德谟克利特的认识论除这种怀疑论维度外，还保有一种强烈的独断论倾向（灵魂的温和运动能够把握事物的实相），这是无法忽视的。我们不期待将德谟克利特阐释为一个单纯的怀疑论或准怀疑论者，这不符合实情，我们这里意在指出的是，在德谟克利特的复杂思想系统中，确实存在着一种由其感觉主义认识论而来的怀疑论倾向。后世怀疑论哲学家对德谟克利特的尊敬大多也出自这一原因。

[②] 拉尔修：《名哲言行录》，徐开来、溥林译，广西师范大学出版社，2010年，第455页。

[③] 关于德谟克利特伦理学中的治疗主义，还可见 James Warren, *Epicurus and Democritean Ethics*: *An Archaeology of Ataraxia*, Cambridge University Press, 2002。

仿，也越来越明显地转向了怀疑论立场。这主要是由该派的两个继承者即开俄斯的梅特罗多洛和阿布德拉的阿那克萨图斯引发的。梅特罗多洛，具体的生卒年不详，德谟克利特主义者，据说是士麦那的第欧根尼（Diogenes of Smyrna）的老师，而后者又是阿那克萨图斯的老师。目前关于梅特罗多洛的文献非常少，西塞罗、拉尔修和塞克斯都等人那里留有一些相关记载。从西塞罗的表述中我们发现，梅特罗多洛不仅有德谟克利特主义者的身份，同时还是一个标准的怀疑论者。在《论学园派》中记载梅特罗多洛主张"我们没有人知道任何事情，不仅如此，我们知道还是不知道这点也不为人知；我们也不知道'不知道'或'知道'是什么意思，也不知道事物存在或不存在"。[1] 作为一个德谟克利特主义者，梅特罗多洛接受了原子论哲学中本体论和认识论之间的张力结构，一方面从认识论的感觉主义出发，认为事物之是就是其向我们显现的所是，进一步将德谟克利特的认识论向着普罗泰戈拉主义方向推进了，另一方面又认为世界的实相乃是原子。[2]

关于阿那克萨图斯，有人说曾跟随德谟克利特本人学习，但从年代上看似乎不太准确，阿那克萨图斯出生时德谟克利特已经垂垂老矣，德谟克利特去世时阿那克萨图斯刚满十岁。所以拉尔修、塞克斯都等人提供的另一种说法似乎更为可信，即他师从

---

[1] 马库斯·图留斯·西塞罗：《论学园派》，崔延强、张鹏举译，中国人民大学出版社，2022年；拉尔修：《名哲言行录》，徐开来、溥林译，广西师范大学出版社，2010年，第463页。

[2] Paul T. Keyser, Georgia L. Irby-Massie ed., *The Encyclopedia of Ancient Natural Scientists: The Greek tradition and its many heirs*, Routledge, 2008, p.554.

士麦那的第欧根尼,而第欧根尼又是德谟克利特主义者梅特罗多洛的学生,据说其观点与普罗泰戈拉的观点无异。[1]关于阿那克萨图斯的生平,还值得一提的就是他是亚历山大的好友,曾与学生皮浪一同参与过亚历山大的东征,由此接触过印度僧侣和波斯学者。我们前面提到过,在学界存在着这样一种见解,即皮浪怀疑论思想的真正源头不是希腊先哲,而是印度学者,尤其是印度佛学,其历史依据之一就是这一史实,所以这一史实不仅具有重要的历史学意义,还具有重要的哲学史、思想史意义。与很多希腊先哲一样,阿那克萨图斯的著作也没有留世。现存有关阿那克萨图斯的直接或间接证词来自拉尔修、塞克斯都、普鲁塔克等人。因材料非常少,我们很难去重构阿那克萨图斯的思想,只能凭借现有资料去推测一二。在《反对理论家》中,塞克斯都说阿那克萨图斯与犬儒学派的摩尼穆斯一样,都是主张要废除标准的人,"因为他们把存在着的东西比作一幅舞台布景画,还因为他们都认为这些存在的东西类似于在睡眠中或在疯癫状态中经验到的印象"[2]。在拉尔修那里,阿那克萨图斯则是"不动心"(impassivity, apatheia)的典型,因其不动心和对生活的满足而被称为"幸福者"(ho eudaimonikos)。[3]塞克斯都的证词传达的是阿那克萨图斯的认识论立场,而拉尔修的证词传达的则是他的伦理学立场,而正是这两个立场让阿那克萨图斯与怀疑

---

[1] 第尔斯编著:《前苏格拉底哲学家残篇:英文》,弗里曼译,崇文书局,2021年,第121页。
[2] 塞克斯都·恩披里克:《反对理论家》,孙仲等译,中国社会科学出版社,第19页。
[3] 拉尔修:《名哲言行录》,徐开来、溥林译,广西师范大学出版社,2010年,第464页。

论传统之间保有了一种亲密的、本质性的思想关联。在认识论上，阿那克萨图斯认为我们日常习以为真的那些事物其实是不真实的，因为它们就像舞台布景画，是虚假的。严格地说，舞台布景画并非虚假，而是现象性或符号性的，它仅是一个符号，指示着或表征着与其对应的那些事物。所以阿那克萨图斯说习以为真的事物还是"印象"，印象就是表征（representation），用以表示对象本身。在阿那克萨图斯的这个主张中，我们会发现它包含着两层含义：第一，我们习以为真的事物其实只是印象、表征，进一步，我们对世界、事物的把握和理解其实来自世界的表征，这非常接近现代表征主义；第二，更进一步，表征本身并没有起到桥梁作用，反而是发挥着幕布的隔绝作用，因为我们正常状态下的印象、表征，与睡眠和癫狂状态中的印象、表征无异，也就是说，我们很难区分开哪些表征是正常的，哪些表征是不正常的，在认知价值上看，两类表征是等价的。在现代认识论思想中，与知觉错觉论证相关的一切怀疑论思想都与阿那克萨图斯的这个见解保有思想上的联系和相似性。①

在伦理学上，正如拉尔修所言，阿那克萨图斯宣扬对任何事物要保持不动心和超然的态度。一方面，我们知道皮浪主义怀疑论的终极追求可以说就是这种不动心；另一方面，我们也看到，从德谟克利特的原子论世界观可以很容易地引出这种治

---

① 对阿那克萨图斯这一认识论思想的重构，可见 R.J.Hankinson, *The Sceptics: the Arguments of the philosophers*, Routledge, 1995, p.49. 理查德·贝特则持有相反的看法，他认为阿那克萨图斯的这一观点仅仅是"关于日常世界的本体论地位的一种紧缩论解释，而非意在表明我们无法透过欺骗性经验之幕来发现实相"（Richard Bett, *Pyrrho, His Antecedents, and His Legacy*, Oxford University Press, 2003, p.163, 此部分为笔者翻译）。

疗主义伦理学。实相的原子世界是无所谓好坏的，事物的好坏只是相对于知觉者或判断者而言的。如此一来，对这种建构性的、不稳定的属性保持一种超然的、不动心状态似乎就成了明智之选。与德谟克利特不同的是，阿那克萨图斯似乎在宣扬这种不动心的伦理学的同时，在生活中却践行着一种积极的、入世的原则，比如据说当亚历山大大帝允诺给予其任何想要的财富时，阿那克萨图斯向亚历山大要了很大一笔钱。后来蒂孟（Timon of Phlius，约前 320—前 230 年）对其极尽揶揄讽刺之辞正出于此。① 再比如，普鲁塔克曾记载过一则非常有名的故事：在公元前 328 年左右，亚历山大与其好友克莱图斯在宴饮期间发生争执，亚历山大借着"愤怒"和"醉意"失手杀死了克莱图斯。随后几天亚历山大深感惭愧，闭门不出。为了让亚历山大走出这种心境，阿那克萨图斯和亚里士多德的外甥卡利斯提尼斯（Callisthenes）被召见。其中，阿那克萨图斯说了如下几句话：

> 你是亚历山大，全世界关注之人，但你却像奴隶一样低伏于地，掩面哭泣，担心着人们的指责和法律的制裁。然而，如果你夺取了统治和掌管的权力，而非像个奴隶一样受制于空洞的意见，那么你自己就是法律和正义。……难道你不知道宙斯身边正好是正义之神和律法之神，因而这位宇宙之主的所作所为都是合法的和正义的。②

---

① Plutarch: *Moralia* VI, W.C.Helmbold trans., Harvard University Press, 1962, p.51.
② Plutarch, *Delphi Complete Works of Plutarch*, Delphi Classics, 2013, p.1372, 此部分为笔者翻译。

据说在听闻这些话后，亚历山大重新振作起来，追加克莱图斯背叛忤逆之罪。这两则故事说明阿那克萨图斯并非像其宣称的那样对世事不动心，而是采取了一种积极介入的姿态，或是汲汲于富贵，或是怂恿行不义。初看之下，阿那克萨图斯表里不一，确实会受蒂孟这样的彻底"恨世者"讥讽。但是我们其实可以调整理解方向来化解这一张力。不动心学说要求的是不为事物所累，对事物保持一种超然不执的心境，这样的要求与对习俗、规约的接纳其实并不是必然矛盾的，有些怀疑论者其实都是循规蹈矩者。因为接纳日常生活原则并不一定意味着承认其真实性或价值，怀疑论者可以在较弱的意义上"接纳"（approve，adprobari）某些实践原则，但在较强的意义上仍然不"确认"（assent，adsentiri）这些原则的真实性，这是完全可以办到的。[①] 阿那克萨图斯也许就是这样做的。

我们从早期自然哲学开始，一直到公元前 3 世纪中期，讨论了包括赫拉克利特、智者学派、苏格拉底、昔兰尼学派、柏拉图、德谟克利特主义者等在内的很多重要哲学家。[②] 相信我

[①] adprobari 与 adsentiri 的区分最早出现在《论学园派》（2.104）中，学界针对这一区分已有不少讨论，我们将在下文讨论这一问题。

[②] 在这些人物之外，像克塞诺芬尼、巴门尼德、芝诺、阿纳卡西斯（Anacharsis）、恩培多克勒（Empedocles）、阿那克萨戈拉（Anaxagoras）甚至还有更早时的荷马、欧里庇德斯（Euripides）等人有时也被视为怀疑论的先驱，相关参考见以下书目。R.J.Hankinson, *The Sceptics*: *the Arguments of the Philosophers*, Routledge, 1995; Leo Groarke, *Greek Skepticism*: *Anti-Realist Trends in Ancient Thought*, McGill-Queen's University Press, 1990; Mi-Kyoung Lee, "Antecedents in early Greek philosophy", in Richard Bett ed., *The Cambridge Companion to Ancient Scepticism*, Cambridge University Press, 2010.

们已经看到，怀疑论之前的希腊哲学已经为怀疑论的出现准备了必要的智识背景。希腊怀疑论并非横空出世，毫无渊源，它的一些基本主张和立场已经以雏形的方式潜伏在古典时期甚至更早时期的希腊智识生活之中了，这基本上已经成了学界的一个共识。从这一视角来反观希腊哲学甚至希腊文化，也许我们能够看到更多新的东西，看到一个更加完整的古希腊形象。怀疑论倾向不是希腊理智生活的反面，而是与这种理智生活向来就纠缠在一起的一个维度，理智与怀疑共属一体。在古典学界，吉尔伯特·穆雷（Gilbert Murray）和E.R.多兹（E.R.Dodds）阐明过一个概念"层累堆积体"（Inherited Conglomerate）。① 多兹用这个地质学隐喻来说明希腊不同类型的信仰体系之间并没有发生"更迭"（substitution），不存在一种信仰完全战胜和替换掉另一种信仰这种事情，甚至在不同的哲学学说之间也不存在这种一劳永逸的替换，最为典型的就是柏拉图试图发扬理性主义来抵制当时颇有影响的毕达哥拉斯主义等非理性因素，但非理性因素仍然以多种形式活跃在柏拉图的思考之中。希腊理智生活中的怀疑论因素和独断论因素之间也是这样一种关系，不存在谁取消谁的问题，在任何一个阶段上的希腊理智生活都至少是由这二者构成的一个"堆积体"。

---

① E.R. 多兹：《希腊人与非理性》，王嘉雯译，生活·读书·新知三联书店，2022年，第208页。

第二章 皮浪主义怀疑论

如前所述，古希腊怀疑论一般而言有两个正式的流派，其一是皮浪主义，其二是学园派怀疑论。虽然都可以称之为怀疑论学派，但二者之间存在一定的龃龉，甚至皮浪主义会指责学园派怀疑论并非纯正的怀疑论学派。我们在第二章集中处理皮浪主义怀疑论，学园派怀疑论留待下一章。

一般而言，古代皮浪主义作为一个学派，上起艾利斯的皮浪，下至塞克斯都·恩披里柯，延续了四五百年时间。这期间传承颇多坎坷，尤其是蒂孟去世之后，一直到埃奈西德穆复兴皮浪主义，中间有两个多世纪的时间几近销声匿迹。然而这并不意味着这一期间的皮浪主义后继乏人。根据拉尔修等人的记载以及现有的历史考证成果，皮浪主义的传承史大致如下：皮浪主义自艾利斯的皮浪始，下传弗里乌斯的蒂孟、德谟克利特主义者纳乌斯法奈斯（Nausiphanes，约前325年）以及阿布德拉的赫卡塔埃乌斯（Hecataeus of Abdera，约前4世纪），此外皮浪还有一名学生，即阿塞西劳斯，学园派怀疑论的开创者，蒂孟的学生有塞浦路斯的狄俄斯库里德斯、尼科洛科斯、特洛阿斯的普劳洛斯、塞留西亚的欧弗拉诺尔（Euphranor of Seleucia），其中欧弗拉诺尔又传亚历山大里亚的欧布洛斯（Eubulus of Alexandria），欧布洛斯传昔兰尼的托勒密（Ptolemy of Cyrene，鼎盛年约前100年），托勒密的学生有塔伦顿的赫拉克利德斯（Heraclides of Tarentum，约前100年），赫拉克利德斯又传埃奈西德穆，他和阿格里帕（Agrippa，约1世纪后期）带来了皮浪主义的中兴，此后阿格里帕又传宙克西波斯（Zeuxippus），宙克西波斯又传跛脚宙克西斯（Zeuxis），宙克西斯的学生有老底嘉的安提俄库斯（Antiochus of Laodicea，约前130—前68年），安提俄库斯本是学园派中人，后离开拉瑞萨的斐洛（Philo of Larissa，约前159—前84年）领导的学园派转皈皮浪主义，但对他是否真地坚持皮浪主义怀疑论立场这一问题学界多持否定看法，安提俄库斯的学生有尼科美底亚的梅诺多图（Menodotus of Nicomedia，约1世纪初），据说梅诺多图是埃奈西德穆和塞克斯都之间皮浪主义学派的最重要领袖，梅诺多图又传塔尔索斯的希罗多德（Herodotus of Tarsus，约1世纪末），希罗多德的学生中最为有名的当属塞克斯都·恩披里柯，塞克斯都被认为是古代皮浪主义的集大成者和终结者，虽然其后皮浪主义亦有传人（如萨托尔尼诺斯·恩披里柯，Saturninus Empiricus，约200年），但自他之后皮浪主义作为一个学派不再存在。①

接下来，我们将按此传承顺序来处理皮浪主义怀疑论。因

---

① 虽然在古代和中古的一些文献中仍会出现"皮浪主义者"这样的说法，但作为一个古代哲学派别的皮浪主义在塞克斯都之后基本就落幕了。

蒂孟、纳乌斯法奈斯和赫卡塔埃乌斯三人与皮浪的关系最为亲近，且时代几乎同步，所以我们拟将其与皮浪共同视为皮浪主义怀疑论的肇始者，他们处于皮浪主义的第一个发展阶段，即兴起阶段；自蒂孟至埃奈西德穆，期间皮浪主义虽也有传承，但留世文献甚少，几近于无，因而我们暂不关注这一落没阶段。到公元元年前后，埃奈西德穆背离学园派，转尊皮浪主义，与同时稍后一点的阿格里帕一起复兴了落没久矣的皮浪主义，我们将这个时期视为皮浪主义的第二个发展阶段，即中兴阶段。此后约二百年，皮浪主义迎来了它的顶峰时期，大概在公元 2 世纪，塞克斯都·恩披里柯将皮浪主义加以系统化，并根据皮浪主义怀疑论立场全面批判了几乎所有的独断论哲学，从而将皮浪主义发展到了一个新高度。因此，我们将塞克斯都所代表的这个阶段视为皮浪主义的尾声。自此之后，皮浪主义逐渐销声匿迹，在中世纪几乎无人提及，一直到 16 世纪下半叶西欧人借着对塞克斯都的重新发现才使皮浪主义得以复活。①

---

① 在学界还有所谓"新皮浪主义"（Neo-Pyrrhonism）一说，该概念基本有三种内涵：一指皮浪之后由埃奈西德穆复兴的皮浪主义；二是指在 16 世纪后期和 17 世纪借助塞克斯都文本的再发现和翻译而兴盛起来的近代怀疑论；三是指由诸如罗伯特·弗格林（Robert Fogelin）等人发起的现代皮浪主义运动。

第一节
皮浪主义怀疑论的兴起：皮浪、蒂孟、纳乌斯法奈斯

让我们先从皮浪开始。皮浪（Pyrrho of Elis），出生于伯罗奔尼撒半岛西北部西邻伊奥尼亚海的艾利斯。据拉尔修转述，皮浪本是一名画师，后师从阿那克萨图斯学习哲学。如前所述，阿那克萨图斯是个德谟克利特主义者，如果拉尔修的记载属实，那么皮浪不可能不了解德谟克利特哲学，这再次证实了我们前面的一个判断，拉尔修曾转述过这个判断，即从某种意义上说德谟克利特也是个怀疑论者。① 此外，皮浪还与阿那克萨图斯一道，跟随亚历山大东征。根据普鲁塔克的记载，亚历山大东征一度攻打到古印度西北部的印度河流域，并在此抓获了十名"裸体智者"（gymnosophistaí, gymnosophists）。拉尔修记载的皮浪、阿那克萨图斯与之交流的裸体智者大抵指的就是这批人。"裸体智者"这个说法，是古希腊人用以指称印度无衣修行者的概念，从亚历山大东征时间和皮浪的生卒时间推断，它很有可能指的是耆那教派中的天衣派人士，但也不排除是部派

---

① 拉尔修：《名哲言行录》，徐开来、溥林译，广西师范大学出版社，2010年，第470页。

佛教中的一些苦行僧或波斯、古埃及的一些裸体修行者。与东方智者的接触成为皮浪研究中的重要一环。皮浪一生述而不作，没有留下什么著作或片段。据说皮浪的弟子蒂孟写了很多关于皮浪言行的记述，但可惜的是没有留世。现在我们只能从其他人的一些转述和概括中了解一二，在这些人中，塞克斯都·恩披里柯的工作最为突出，但这里面也会涉及一个问题，即学界经常提及的皮浪与皮浪主义之间的差异问题。① 因为后期皮浪主义学派中人对皮浪学说的概括多半会将其同化进自己的体系之中，从而有可能会抹杀掉皮浪本人与后继者之间的差异。鉴于此，我们在这里不拟过多涉及塞克斯都甚至埃奈西德穆等后期皮浪主义者对皮浪学说的转述和概括。我们将主要依据拉尔修、蒂孟、亚里斯多克勒斯等人的相关记述来阐明皮浪的学说。

拉尔修对皮浪主义的解释主要依据的是中后期皮浪主义者——如埃奈西德穆、阿格里帕等——的视角，这不是我们目前要关注的地方，我们主要关注的是拉尔修对皮浪本人的记述。在拉尔修的记述中，皮浪有如下"主张"：

没有任何东西是高尚的或可耻的，正义的或不正义的；类似地，也没有任何东西是绝对真的，人们行任何事情都是根据

---

① Richard Bett, *Pyrrho, His Antecedents, and His Legacy*, Oxford University Press, 2003; Jerry Green, "Was Pyrrho a Pyrrhonian？", in *Apeiron*, 2016, 50（3）: 335-365; Svavar Hrafn Svavarsson, "Pyrrho and early Pyrrhonism", in Richard Bett ed., *The Cambridge Companion to Ancient Scepticism*, Cambridge University Press, 2010.

法律和习惯，因为没有任何事情本身一定是这样而不是那样。①

高尚与否、正义与否以及正确与否，这些都是事物的外在表现，是其相对于其他事物而言的属性，没有哪个事物就其本性而言是高尚的或可耻的、正确的或错误的。事物的本性如何对于人来说是不可把握的。我们无法结论性地断言某物一定是这样而不是那样，因为事物是那样而不是这样的理由同样是正当的。持有这样一种看法的实践后果就是拉尔修说的"不规避任何事情，不警惕任何事情，直面一切，即使是碰上了车、悬崖、狗等，对于出现在感官面前的任何东西都不加以肯定"②。因为一旦规避任何事情，就意味着对该事情有所判断，对其实践效应有了先行的把握，但这并不符合皮浪对事物的看法。所以，其唯一融贯的实践方式就是不去规避任何事情，即便是危险的事情也不能去规避，所以才有了公元前3世纪中期传记作家卡里斯图斯的安提戈努斯（Antigonus of Carystus）的那个有名的记载：之所以皮浪能够顺利生存下去，全在于他的朋友的及时帮助。也正因此，独断论者针对皮浪的这种教义提出了一种非常有名的反驳路径，即"非实践论证"（Apraxia Argument，或 Apraxia/Inactivity Objection、Apraxia Charge）。非实践论证的核心在于一种归谬论证，即皮浪的学说会导致生存的不可能性，

---

① 拉尔修：《名哲言行录》，徐开来、溥林译，广西师范大学出版社，2010年，第465页。
② 拉尔修：《名哲言行录》，徐开来、溥林译，广西师范大学出版社，2010年，第465页。

但无论是皮浪还是信奉皮浪学说的人都能顺利生存和行动，因而这只能说明要么皮浪学说是有缺陷的，要么他们就是不真诚的或言行不一的。后来的皮浪主义者和学园派怀疑论对此都有回应，皮浪本人对此的回应与后来者相似。据拉尔修记载，皮浪既可以毫无怨言地给猪洗澡，也偶尔对其姐姐发脾气、被狗吓坏。[1] 这当然是一种明显的对事物的"警惕"和反应，所以有人会指责他表里不一。皮浪回应说："完全摆脱属于人的那些东西很难……"[2] 当然皮浪并没有进一步说要完全屈服于那些很难摆脱的属人的东西，但是我们结合拉尔修前面的说法，可以推出皮浪在此会坚持一种皮浪主义式的立场，即虽然不对感官面前的事物加以肯定，却可以在较弱的意义上受其引领。就像对待法律和习俗一样，皮浪并不断言法律和习俗的正当性，却会在较弱的意义上接纳它们，受其规约。这其实就是我们在前文谈到的认识论寂静主义和本体论的紧缩论现象主义。

皮浪思想中的方法论相对主义在拉尔修的记述中也有所表现。比如拉尔修转述了雅典人斐洛对皮浪的描述，斐洛说皮浪最钟爱的作家就是德谟克利特和荷马，他经常引用荷马的诗句：

朋友，你也得死，为何这样悲伤？

---

[1] 拉尔修:《名哲言行录》，徐开来、溥林译，广西师范大学出版社，2010年，第467页。
[2] 拉尔修:《名哲言行录》，徐开来、溥林译，广西师范大学出版社，2010年，第467页。

帕特洛克洛斯也死了，他可比你强得多。①

我们知道，德谟克利特坚持感觉经验的建构主义立场。当你说一个事物是热的时候，其实是在说它相对于你而言是热的，如此一来如果这个事物相对于我而言是冷的话，那么我说这个事物是冷的就具有与你的表述同等的合理性。荷马的这些诗句表明，如果你陷于恐惧悲伤之中，是因为你要死去，那么就请想想帕特洛克洛斯的死亡吧，其人比你要伟大，但仍然死去了，你之死何足惜？以此就能缓解因死亡而带来的悲伤和恐惧，这一策略的实质其实就是方法论相对主义，即诉诸对等命题来消解独断论主张的独断性。

在拉尔修的记述之外，还有一则重要的文献资料需要提及。我们前面说过，蒂孟与皮浪同时稍晚且颇为亲近，所以蒂孟的转述要比后期皮浪主义者的概括更为准确。非常可惜的是蒂孟的著作几乎全部遗失，除了拉尔修等人保留了零星的诗句外，我们从尤西比乌斯的转述中还发现有一段与蒂孟有关的记述。卡萨里亚的尤西比乌斯（Eusebius of Caesarea，亦作 Eusebius Pamphilus，约 260—339 年），古代晚期罗马凯撒里亚马里蒂马主教，基督教史上赫赫有名的教会史学者。在其著作《福音预备》（Praeparatio evangelica）中，尤西比乌斯记述了一个与皮浪有关的段落，史称"亚里斯多克勒斯片段"。麦西尼的亚里斯多克勒斯（Aristocles of Messene，约 1 世纪），漫步学派中人，

---

① 拉尔修：《名哲言行录》，徐开来、溥林译，广西师范大学出版社，2010 年，第 468 页。

据说写有十卷本的哲学家传记，现已遗失，部分片段被尤西比乌斯保存在自己的著作中。其中一个关于皮浪哲学的片段就是"亚里斯多克勒斯片段"。该片段据称是根据蒂孟对皮浪学说的总结而进行的概括，依据的是蒂孟的对话录《斐同》(*Pythō*)。其大意如下：

> 谁想要获得幸福，就必须考虑这三个问题：第一，pragmata 就其本性而言是如何的？第二，我们该对其采取何种态度？第三，采取某些态度后其后果是什么？
>
> 关于 pragmata，它们都是 adiaphora、astathmēta、anepikrita。因而，我们的感知觉能力和我们的 doxai 都无法把握真理；所以我们不能依靠它们。相反，我们应该保持 adoxastoi、aklineis 和 akradantoi，对每件事只说它之是并不比它之不是更合理，或说它既是又不是，或说它既不是是也不是不是。
>
> 蒂孟说，采取了这种态度的人，其结果是，首先进入 aphasia，进而 ataraxia，埃奈西德穆说这就是极乐世界。①

关于这个著名的段落，有很多学者进行过不同的阐释和争论，如理查德·贝特（Richard Bett）、克里斯托弗·I. 贝克维兹（Christopher I. Beckwith）、雅克·布鲁士维奇（Jacques Brunschwig）、斯瓦尔·拉夫·斯瓦瓦森（Svavar Hrafn Svavarsson）

---

① Eusebius, *Die Praeparatio Evangelica*: Teil 2 *Die Bücher XI Bis XV, Register*, Akademie-verlag, 1983, pp.305-307, 此部分为笔者翻译。

等人。① 我们这里暂不关注争论的议题。我们要做的是根据这个片段来阐明皮浪的思想。② 这个片段的第一段是个先行的铺垫，指出如果我们考虑、追求和想要获得"幸福"，我们需要想明白三个问题。第一个问题中的 pragmata，是 pragma 的复数形式，pragma 的含义非常丰富，如果概括其主要意项的话，我们可以译为"实践性事务"，它是与人生幸福相关的事情。但是同时我们还需知道，pragma 绝不仅限于实践性事务，它还可以指非实践的、非伦理的事物。③ 关于实践性事务，皮浪指出它们是 adiaphora、astathmēta、anepikrita。adiaphora 是 diaphora 的否定，diaphora 指的是"差异"或"衍变"，在亚里士多德的形而上学中经常被译为"种差"；adiaphora 的意思大概是"无差异""无区分"；astathmēta 是"不稳定""不常住"的意思，anepikrita 的意思大概是"不可断定""不可识破"。所以，皮浪的意思大概是，那些事务是"不异""无常"和"无识"的，即与其他事物没什么差异，无法区分开，其本性变动不居，或说没有常住的本性或自体，最后还是不可被识破的，无法被认识的。如果

---

① 其中，理查德·贝特主张一种形而上学的解释，而斯瓦瓦森（Svavarsson）则坚持认识论的解释。
② 像雅克·布鲁士维奇这样的学者对这个片段是否真实再现了皮浪本人的思想持保留态度，可参考以下书目。Jacques Brunschwig, *Papers in Hellenistic Philosophy*, Cambridge University Press, 1994.
③ 强调 pragma 的实践性、伦理性维度，我们主要借鉴的是贝克维兹（Beckwith）的观点（Christopher I. Beckwith, *Greek Buddha*: *Pyrrho's encounter with early Buddhism in Central Asia*, Princeton University Press, 2015, P24），但我们并不认同贝克维兹对 pragma 含义中"争辩性、未定论性"维度的强调，其援引图德根哈特来说明这点在我们看来也并不恰当。Pragma 在古希腊-罗马指的往往就是那些"人事""事务"，虽然其也可以用来指那些自然性的事物。

这真的是皮浪的见解，那么我们会看到，其实皮浪并非皮浪主义者，而恰恰是一个独断论者，因为他以独断的方式断定了事物的存在状况：无法区分（"不一不异"）、无常住自性、不可认识。也正因此，像理查德·贝特这样的学者将皮浪视为一个准赫拉克利特主义者，一个持有本体论的不确定性学说的哲学家。[1]

持有这样一种本体论观点的后果之一就是在认识论上支持一种不可知论的立场。不管是我们的感性能力还是我们的理智能力，都无法把握实在、获得真理。更进一步的结果就是，我们不能信赖这些能力，或期待对其做出调整以便能够把握实在，而是要发生一种转向，不去汲汲于真理，破除认知方面的根本执着，进入一种无知无取无执的状态，皮浪称这种状态是无知（adoxastous）、无取（aklineis）、无执（akradantous）。如此一来，就进入了蒂孟所说的无言之境（aphasia），如果仍需言说的话，那采用的言说方式就只能是皮浪提出的那种特有的方式，这种方式我们可以用怀疑论者经常提到的一个概念来表达：ou mallon，其意为一方并不比另一方"更为……"，比如，比起赫克托耳的行为来，阿喀琉斯的行为才（更）是勇敢的，对这一断言的否定就是 ou mallon。也就是说，ou mallon 非常接近于提出对等命题，在对等命题的同等合理性中取消独断性。

---

[1] Richard Bett, *Pyrrho, His Antecedents, and His Legacy*, Oxford University Press, 2003, p.4. 贝特之外，斯瓦瓦森也持有类似的见解，可参考以下书目。Svavarsson, "Pyrrho's Undecidable Nature", *Oxford Studies in Ancient Philosophy*, 2004（27）: 249–295.

皮浪说，对于任一事情，它之是与它之不是是同等合理的，我们无法做到肯定它之是而否定它之不是，反过来也是一样，所以我们只能说它既是又不是，它既不是是又不是不是，一定要逃出言诠之外、不落假名。这最后的心境，就是蒂孟说的宁静（ataraxia），埃奈西德穆称之为极乐之境（pleasure）。

这就是亚里斯多克勒斯片段所包含的皮浪学说。我们可以看到，其中有一些主张确实是与后期皮浪主义一致的，但也的确有一些主张不是很一致，比如关于事物本性的一些看法，这些看法与其说与后期皮浪主义一致，莫如说与柏拉图《泰阿泰德》中普罗泰戈拉的赫拉克利特主义立场更加一致，从后期皮浪主义的角度来看，这毋宁说是另一种形式的独断论。同样是针对这一段落，一些学者提出了一种"希腊化佛教"（Greco-Buddhism）式的解读，其中最有名的当属东方语言学家、中亚学学者克里斯托弗·贝克维兹（Christopher I. Beckwith，国内多译为"白桂思"）。① 贝克维兹认为皮浪所说的关于 pragma 的三种规定性即 adiaphora、astathmēta、anepikrita，在希腊思想中是找不到任何端绪的，反而与东方佛教非常相似，而且高度对应于佛教《阿含经》中的某些内容。② 贝克维兹进一步指出，皮浪谈论的 pragma 对应于佛陀所说的 dharmas，dharmas 在汉传佛教中

---

① 将皮浪、皮浪主义与东方佛教进行比较研究的，除了贝特维兹之外还有很多重要学者，如德莫提欧斯·瓦斯里亚德斯（Demettios Vassiliades）、马修·尼尔（Matthew Neale）、托马斯·C. 马克威利（Thomas C. Mcevilley）、爱德华·孔泽（Edward Conze）等。

② Christopher I. Beckwith, *Greek Buddha：Pyrrho's encounter with early Buddhism in Central Asia*, Princeton University Press, 2015, p.28.

音译为"达摩",意译多为"法"。诚如熊十力所言,法在佛教语境中几同于中文"物"字,乃指一切物事:

> 法字义,略当于中文物字之意……中文物字,乃至普遍之公名。一切物质现象或一切事情,通名为物。即凡心中想像之境,亦得云物。物字亦恒与事字连用,而曰物事或事物。物字所指目者,犹不止于现象界而已。乃至现象之体原,即凡云为万化所资始,如所谓道或诚者,亦得以物字而指目之。……佛书中法字与物字意义相近,亦即至大无外之公名。如根尘曰色法,了别等等作用曰心法……又万法之实体,即所谓真如者,亦名无为法。[1]

在佛教语境中,法如物字,含括一切,遍及种种。不仅我们常谓的"现象"可以称为法,现象的本体也可称为法,pragma,一方面侧重人生事务、实践性-伦理性事务,另一方面也包含非人生事务,可以说也是遍及种种的。所以贝克维兹用 dharmas 来对应 pragma 大体上是可以的。接着,贝克维兹援引南传巴利经藏中的《增支部》对皮浪的无差别(adiaphora)、不稳定(astathmēta)、不可断定(anepikrita)做出解释:

> 所有法是 anitya……所有法是 duhkha……所有法是 anātman。

---

[1]《熊十力全集(第二卷)》,萧萐父主编,湖北教育出版社,2001 年,第 354 页。

一切行是无常……一切行是苦……一切法是无我。①

其中，anitya 取无常义，指不永恒、不固定，变动不居、无物常驻；duhkha 取苦义，所谓苦，指有种种念想执着，却无法实现，因而生不完满、未满足之感；anātman 取无我之义，这里的我指的是自性，无我就是无自性、本性空。我们上面说过，在皮浪那里，adiaphora 的意思是"不异"，即无区分，物与物之间没有绝对的差异；astathmēta 是"不稳定""不常住"，可以视为"无常"；anepikrita 的意思是"不可断定""不可识破"。贝克维兹认为苦（duhkha）与无常（astathmēta）对应，不异（adiaphora）与无我（anātman）对应。②

下面我们来简要评论一下贝克维兹的论断。首先，严格说来，皮浪的三重规定并不与佛教里的无常、苦、无我紧密对应。如果说有对应的话，大概应是：astathmēta 与 anitya、无常对应；adiaphora、anepikrita 与 anātman、无我对应，因为事物无分别往往指的就是无自性，正因无自性才不可被最终断定和把握。所以，说皮浪的三重规定源于佛教、与佛教概念严格对应是不合适的。更进一步，贝克维兹认为皮浪的这三重规定和佛教的三重规定还有一个共同点，那就是它们都指涉的是伦理事务、实践性事务，而非形而上学的对象。正是因为这个见解，贝克维

---

① Christopher I. Beckwith, *Greek Buddha: Pyrrho's encounter with early Buddhism in Central Asia*, Princeton University Press, 2015, p.29, 此部分为笔者翻译。
② Christopher I. Beckwith, *Greek Buddha: Pyrrho's encounter with early Buddhism in Central Asia*, Princeton University Press, 2015, pp.30-33, 此部分为笔者翻译。

兹才会说皮浪的思想在希腊哲学中是没有前缘和端绪的。但是这一点仍然有待商榷。皮浪的三重规定确实是针对 pragma 的，但我们知道，一方面，pragma 不仅指实践性事务，其意义几乎涵盖所有事物；另一方面，皮浪虽有可能非常关注伦理事务，但这并不意味着他仅仅关注伦理事务而不过问形而上学，尤其是如果我们能回想一下我们介绍的怀疑论前传，我们会发现皮浪之前的希腊哲学恰恰是在非伦理的形而上学问题上多持有一种准怀疑论的立场，这很有可能是皮浪怀疑论思想的诞生地。所以，贝克维兹的另一个论断也是不合适的。

此外，贝克维兹还有三个论断来阐发皮浪与佛教思想的对应性，即皮浪建议的言说方式与佛教也非常类似，进入的状态即无知（adoxastous）、无取（aklineis）、无执（akradantous）与佛教学说有对应性，最后的状态即心灵的宁静（ataraxia）与佛教的"涅槃"（nirvana）也非常类似。从皮浪的见解出发，最好的言说方式则是蒂孟说的"无言说"或沉默。如果非要言说，则只能采取一种否定式的言说方式，因为任何肯定式的言说都会落入言诠和判断之中，都是对事物本性的一种确定，所以皮浪说我们只能说某物既是又不是，既不是是也不是不是。这点确实与大乘佛教尤其是中观理论中的某些语言哲学思想相同。比如龙树在《中论》中的言说方式就是一种典型的否定式言说，中观派后来的分支应成派将这点发展到极致。无知（adoxastous）、无取（aklineis）、无执（akradantous）也确实与佛教里的基本教义类同。最后，贝克维兹认为蒂孟总结的那最终的状态，即我们常说的心灵的宁静（ataraxia），与佛教里的"涅槃"(nirvana)也是对应的。这三重对应大体说来是没有太大问题的,但是这并不能成为支持皮浪学说来自佛教思想的证据。

关于皮浪学说与佛教之间的关系问题,二者之间确实存在着一种思想上的呼应性,且也确实有一定的史实来支撑这点,但也仅此而已,我们没有办法确定皮浪学说的确来自佛教思想。关于这一问题,我们的立场是不否认二者之间存在思想上的某种呼应性,同时更倾向于赞同布鲁士维奇、慕子李等人的看法,即皮浪学说并非像贝克维兹说的那样在希腊哲学中是个完全陌异的存在、毫无端绪,而是恰恰相反,它在希腊哲学中有着一个深广的前缘。

下面,我们进入肇始皮浪主义传统的第二号人物——蒂孟。

弗里乌斯的蒂孟(Timon of Phlius,约前320—前235年),与皮浪同时稍晚,曾追随皮浪多年。据传在追随皮浪之前,蒂孟曾师从麦加拉学派的斯提尔波(Stilpo,约前360—前280年),但并未接受其学说。[①] 离开皮浪后蒂孟曾在卡尔克同当过一阵智者,开坛讲学,置办营生。与皮浪不同,蒂孟并非述而不作者,相反是个卓越的书写者。不过他写下的绝大多数作品都是诗作,包含悲喜剧、讽刺诗、史实、笑剧、情诗等,且数

---

① Dee L. Clayman, *Timon of Phlius: Pyrrhonism Into Poetry*, Walter de Gruyter, 2009, pp.7–8.

量极多，高达"两万余首"。①但是非常可惜的是大部分都遗失了，现在只有部分诗行片段可见。

如拉尔修所说，在蒂孟的所有诗作中，有一部非常重要，是集中阐发其怀疑论思想的著作，它就是《讽世录》(Silloi)。该书共分为三卷，第一卷为独白，后两卷为对话录，对话者为蒂孟和爱利亚学派的克塞诺芬尼。该书的主要内容是对以前和当时几乎所有哲学家的嘲讽。目前，该书只有一些诗行片段被保存下来。比如，在拉尔修的著作中我们会发现一个频繁出现的现象，就是在论述很多哲学家时，拉尔修会频繁引用蒂孟的相关评鉴，这些诗行其实就来自《讽世录》。关于《讽世录》的具体内容，我们基本上无法获得充分的认识。但仍然有一些现代学者，力图根据现有的一些片段来重构《讽世录》的基本面貌，甚至重构蒂孟本人的怀疑论哲学。②接下来，关于蒂孟我们将重点处理两个问题：一是借鉴克雷曼的工作成果简要评述一

---

① 据拉尔修和塞克斯都在其他地方的一些引用和说法，除了诗作之外，蒂孟还写有不少理论文章，这些理论文章包含有大量的怀疑论思想（Simon Hornblower, Antony Spawforth, Esther Eidinow ed., *The Oxford Classical Dictionary*, Oxford University Press, 2012）。

② 赫尔曼·迪尔斯（Hermann Diels）、迪·马科（Di Marco）、费尔纳达·德科雷瓦·蔡奇（Decleva Caizzi）、迪·L.克雷曼（Dee L. Clayman）等人的工作尤为重要。赫尔曼·迪尔斯与其学生瓦尔特·克兰茨（Walther Kranz）是德国19—20世纪著名的古典学家，两人编订的《前苏格拉底残篇》是古代哲学史料方面的里程碑式之作。迪尔斯于20世纪初编订的《诗人哲学家残篇》(*Poetarum Philosophorum Fragmenta*)包含有关于蒂孟的不少文献；迪·马科的《蒂孟的〈讽世录〉》(*Timone di Fliunte*: *Silli*)包含有66条残篇诗行，均来自《讽世录》；赫瓦·蔡奇的《皮浪主义》(*Pirroniana*)，除了收集有古人关于皮浪的论述之外，还有不少蒂孟本人的残篇。最后，克雷曼的工作是目前可见的致力于重构蒂孟《讽世录》思想的最为详细的著作。

下蒂孟以《讽世录》为代表的怀疑论思想,二是由雅克·布鲁士维奇提出的蒂孟与皮浪主义之间的关系问题。

我们说过《讽世录》后两卷是对话录,对话者为爱利亚学派的克塞诺芬尼。一些学者根据拉尔修等人的证词认为克塞诺芬尼的登场是在第二卷开始的。但是克雷曼持有不同的见解,她认为克塞诺芬尼甚至在第一卷就出现了,并成为引领蒂孟游历亡灵世界的导路者。[1] 在克雷曼看来,有一句谈及克塞诺芬尼的诗行是属于第一卷的,即:

克塞诺芬尼,稍微不被诱骗者,拆穿着荷马的

谎言,

他说神与人相异,不偏不倚,

……

甚于人的智慧。[2]

克塞诺芬尼在蒂孟那里享有一种非常崇高的地位,根据上面的诗行我们也可以看出这点。那么为什么蒂孟会选择克塞诺芬尼的灵魂来作为自己的引导者呢?难道作为爱利亚学派创始人的克塞诺芬尼不是正好持有一种与蒂孟的学说完全相反的立场吗?诚然,一般的哲学史书写会认为爱利亚学派持有一种与

---

[1] Dee L. Clayman, *Timon of Phlius*: *Pyrrhonism Into Poetry*, Walter de Gruyter, 2009, pp.83-84.

[2] Dee L. Clayman, *Timon of Phlius*: *Pyrrhonism Into Poetry*, Walter de Gruyter, 2009, p.84,此部分为笔者翻译。

怀疑论完全不同的独断论主张，但是我们前面也提到过，从怀疑论的解释学视点来看，不仅是爱利亚学派的芝诺，甚至是巴门尼德和克塞诺芬尼的思想中都包含一定的怀疑论要素。[①] 蒂孟亲近克塞诺芬尼的原因大抵有两个：一是克塞诺芬尼在其时代的角色与蒂孟在《讽世录》中的角色是类似的，他们都对当时甚至更早的一些哲学家、思想家提出批评，不满于当时盛行的智识风尚。比如针对荷马和赫西俄德的遗产，克塞诺芬尼大胆指出：

> 荷马和赫西俄德都给予神一些可耻的、可指责的东西：盗窃、奸淫以及尔虞我诈。
>
> 他们都讲述了关于神的一些奸诈本性：盗窃、奸淫以及尔虞我诈。[②]

这就是蒂孟诗行里所谓的"拆穿荷马的谎言"。二是克塞诺芬尼的写作方式很有可能极大地吸引和启发了蒂孟，克塞诺芬尼作为游吟诗人，创造了大量的诗体（verses），涉及抑扬格、哀歌、讽刺诗等多种形式，以此来批评前人和讥讽世态。但是蒂孟对克塞诺芬尼的认同不是彻底的，因为在诗行中他说克塞诺芬尼是"稍微不被诱骗者"（less-than-not-deluded）。在这个

[①] R.J.Hankinson, *The Sceptics: the Arguments of the Philosophers*, Routledge, 1995, pp.28-32.
[②] 第尔斯编著：《前苏格拉底哲学家残篇：英文》，弗里曼译，崇文书局，2021年，第22页，此部分为笔者翻译。

诱骗与清醒的链条上，位于最低端的是蒂孟的同时代人，斯多亚学派的芝诺（Zeno of Citium，约前334—前262年），蒂孟称其处于"最昏暗的被诱骗状态"，这个链条的最高端就是皮浪，蒂孟认为皮浪的状态才是完全彻底的"不受诱骗状态"。[1] 斯多亚学派是怀疑论的大敌，因为从怀疑论的立场来看，斯多亚学派是非常典型的独断论学派。蒂孟说斯多亚的芝诺是最昏昏者，大抵指的就是其独断论思想。而皮浪之所以是最昭昭者，可能就是因为他不落陷于任何一种独断论立场之故。处于中间位置的是克塞诺芬尼，想来也不难推测其理据，克塞诺芬尼，一方面作为爱利亚学派的创始人，自然有其学说上的独断性主张；另一方面，正如上面提到的那样，因其不满于已有的智识教育而又持有一种普遍的怀疑精神，这就又使他接近了后来的怀疑论者。这大抵就是目前我们能了解到的关于《讽世录（第一卷）》的内容。

据克雷曼考证，关于克塞诺芬尼自我介绍的一片段应属于《讽世录（第二卷）》的开始部分。这一片段篇如下：

因此，我本应该拥有智慧，能从正反两个方面来看待事物。但是我被一种欺骗性的方法诱惑了，并且我年岁已久，不了解任何一种怀疑论。任何事物在我这里都会消融于一。任何事物

---

[1] Dee L. Clayman, *Timon of Phlius*: *Pyrrhonism Into Poetry*, Walter de Gruyter, 2009, p.84, 此部分为笔者翻译。

都终归于那个一，那同一的本质。①

　　这一片段相对而言比较容易理解。克塞诺芬尼作为爱利亚学派的奠基者，主张最高的存在就是一（One），后来巴门尼德称之为存在。在这里，克塞诺芬尼说自己被这样一种学说诱惑误导了。之所以蒂孟笔下的克塞诺芬尼能够跳出自己原有的学说，是因为他通过与蒂孟的交流发现了一种更高的智慧，这种智慧就是怀疑论的智慧，其突出表现就是这样一种"方法"：能从正反两个方面来看待事物，而不是任何事物都消融于一这一方法。这两个方法有何区别呢？简单地说，第一种方法正是我们前面概括的怀疑论的方法论相对主义。方法论相对主义的关键要求就是对对等命题的求助，为什么要求助于对等命题呢？就是为了能够通过显示对等命题的同等有效性来消解各个命题的独断性。从正反两个方面来看待问题，正是为了要达到上述效果。②这样一种方法在蒂孟笔下的克塞诺芬尼那里被用来与另一种方法——将事物消融于一之中的方法——相对立。后者是历史上的克塞诺芬尼的本体论主张。这个一，在克塞诺芬尼那里多被称为神，是诸神之神，真正的神，而非拟人化的神、作为造物的神：

---

① Dee L. Clayman, *Timon of Phlius: Pyrrhonism Into Poetry*, Walter de Gruyter, 2009, p.86, 此部分为笔者翻译。
② 列奥·格罗尔克的怀疑论研究聚焦的主要线索之一就是（准）怀疑论者对"反题"（antithesis）的重视。

有一个神，在诸神之中和凡人之中是最大的，他与凡人全然不同。

他作为整体来观、思、闻。

他不费毫力就可通过自己的精神让事物运动。

他总是停留在同一个地方，自身不动，在不同的时间改变自己的位置对于他而言是不合适的。①

这样的神才是至高者，他作为世界的根据而存在。尤其是他的观、思、闻，是从整体的视角进行的。也就是说，任何个别的存在者在他的目光中都是作为整体的一个片段而存在的，其个别性的意义不大，只有作为整体、神、一的一个片段才有意义。从方法论的角度说，就要求从神、整体、一的角度来看待世界和个别事物，而非从个别事物的角度来看待事物、就物论物。用普特南的话来说，这是一种"上帝之眼"（God's Eyes）的目光。其结果就是能够消除掉事物之间的差异甚至对立，将世界通而为一。②正因为能够从神的视角来看待事物，将事物通而为一，所以这种视角所看到的世界才是真实的世界，才能由此把握到"真理"。从相反的视角出发，就会错失真实的世界，一直停留在"意见"和现象的世界之中。③当然，与巴门尼德类

---

① 第尔斯编著：《前苏格拉底哲学家残篇：英文》，弗里曼译，崇文书局，2021年，第23页，此部分为笔者翻译。
② 关于爱利亚学派这一思想的哲学效应，可借助后世"非总体化"思想家的思想来审视，如：列维纳斯、保罗·德曼、后期海德格尔、洛克莫尔等。
③ 第尔斯编著：《前苏格拉底哲学家残篇：英文》，弗里曼译，崇文书局，2021年，第24页。

似，历史上的克塞诺芬尼呼吁的是走上真理之路，超越意见的洞穴和现象的世界。这是其独断论的方面，正因此蒂孟说虽然与斯多亚的芝诺比起来克塞诺芬尼要非独断一些，但与皮浪比起来还远远不够，所以他只是个"稍微不被诱骗者"。另一方面，虽然克塞诺芬尼呼吁探寻真理，但是其思想中又时时表露出一种对意见世界的无奈甚至接受，比如《前苏格拉底哲学家残篇：英文》片段21.34，在这里克塞诺芬尼说意见统治着世人和世界，无人真正知晓真理。所以蒂孟说克塞诺芬尼又比较接近皮浪。现在，《讽世录（第二卷）》中的克塞诺芬尼开始怀疑自己以前的主张，慢慢接受怀疑论思想，认为自己以前的那种方法是"欺骗性的"，真正有智慧的应是怀疑论的那种方法，即"从正反两个方面来看待事物"的方法。

根据克雷曼的看法，还有一处片段属于《讽世录（第二卷）》。此处仍然是以蒂孟笔下的克塞诺芬尼的语气来说的：

因为普罗泰戈拉，并非说话含混不清，亦非马马虎虎，更不是格格不入。
然他们希望烧毁他的著作，因为他写到
要么众神不存在，要么他无法看到他们，
他们到底是哪一类存在，或到底存在与否，
以便让诸物物然。但是，这些神并没有保护他，
他逃遁了，因而不会被害进入冥府，

像苏格拉底饮鸩而亡那样。①

克雷曼认为这有可能是历史上的克塞诺芬尼之辞。从义理上看这确实有可能，但从历史上看似乎不太可能。在蒂孟笔下的克塞诺芬尼看来，普罗泰戈拉对神持有一种准怀疑论的立场，因为他无法确定神是否存在，既不断定其存在，也不断定其不存在。拉尔修说普罗泰戈拉在自己的某部著作中表达了这种犹疑："关于神，我既不知道其所是，也不知其所不是。"② 正是这样的准怀疑论立场，导致他被驱逐出雅典，著作也被焚毁。

此外，还有两段片段诗行在克雷曼看来也属于第二卷。不过因其与怀疑论思想关系不深，我们暂不考察。至于《讽世录》的第三卷，根据克雷曼的解读，基本上是对作者同时期的其他学派哲学家的批评。比如，第三卷某处的两个片段似乎是针对同期的伊壁鸠鲁的：

满足其口腹之欲，至为贪婪之欲。
来自萨摩斯岛的最后的、无耻的物理学家，
教师之子，反而是最无教养者。③

---

① Dee L. Clayman, *Timon of Phlius: Pyrrhonism Into Poetry*, Walter de Gruyter, 2009, p.88, 此部分为笔者翻译。
② 拉尔修：《名哲言行录》，徐开来、溥林译，广西师范大学出版社，2010 年，第 459 页。
③ Dee L. Clayman, *Timon of Phlius: Pyrrhonism Into Poetry*, Walter de Gruyter, 2009, p.90, 此部分为笔者翻译。

伊壁鸠鲁（Epicurus，前341—前270年）几乎与蒂孟同时，出生于萨摩斯岛（Samos）。他之所以被称为至为贪婪之人，就像克雷曼指出的那样，是针对他的快乐主义伦理学立场的。伊壁鸠鲁复活了德谟克利特的原子论哲学，从而形成了自己的自然哲学或物理学主张。据拉尔修记载，伊壁鸠鲁将自己的哲学分为三个部分：一是关乎方法的准则学，二是关乎自然的自然哲学，三是关乎幸福生活的伦理学。伊壁鸠鲁因复活了德谟克利特的原子论而成为当时"最后的"自然哲学家或物理学家，又因其快乐主义伦理学主张而被讥讽为追求口腹之欲的贪婪者。除此之外，斯多亚学派的阿里斯通和克里安提斯都在讽刺之列。

除了重构三卷内容外，克雷曼还专门探讨了《讽世录》中包含的一些典型场景，如论辩场景，我们不再一一考察。总体而言，除了那些遗失的哲学论文之外，蒂孟的《讽世录》可以说是其怀疑论思想最为集中的表达，虽然采用的是诗的形式，但其思想和内容非常类似于后世塞克斯都的《反对理论家》，即对以往一切"理论家"的主张和立场展开怀疑。

下面，我们进入第二个任务，即考察一下布鲁士维奇提出的皮浪主义的起源问题。

根据布鲁士维奇的观点，皮浪不是第一个皮浪主义者，第一个皮浪主义者是蒂孟。也即是说皮浪主义作为一个怀疑论传统，不是由皮浪本人肇始的，而是从蒂孟开始的。为什么如此呢？布鲁士维奇的主要依据是皮浪和蒂孟之间的差异。我们前文提到过，亚里斯多克勒斯片段的底本是蒂孟的言辞，针对这一片段，布鲁士维奇认为如果说从皮浪本人的立场出发来加以阐释，这段片段介绍的是皮浪关于伦理事务的看法，即人生幸福问题的看法，而非本体论更非认识论观点。但是如果结合蒂孟在其他地方的思想来看，布鲁士维奇认为这段片段表达了蒂孟的普遍怀疑思想和认识论主张。[①] 反过来说，正是蒂孟的工作将皮浪学说补充完整，尤其是"赋予其一个认识论维度"[②]。如果没有这种认识论维度上的怀疑论主张，皮浪学说就仅仅是一种关乎"我们的道德态度和人生幸福"的学说，不可能开创一个完整的怀疑论学派。这里面涉及两个问题。一是蒂孟的认识论主张，一是皮浪主义怀疑论是否包含且重视认识论。第二个问题从后来的皮浪主义者如塞克斯都那里来看确乎如此，认识论是皮浪主义怀疑论传统的重要组成部分。第一个问题即蒂孟的认识论主张问题，一方面蒂孟确实有明确的认识论主张，布鲁士维奇称之为"新皮浪主义的现象主义（neopyrrhonian phenomenalism）"，[③] 据拉尔修记载蒂孟撰有《论知觉》这样的认识论著作；另一方面，从蒂孟的认识论立场来解释亚里斯多克勒斯片段必须是合适的，唯此才能说片段表达的是蒂孟的

[①] Jacques Brunschwig, "Introduction: The Beginnings of Hellenistic Epistemology", in Keimpe Algra, Jonathan Barnes, Jaap Mansfeld, et al. ed., *The Cambridge History of Hellenistic Philosophy*, Cambridge University Press, 1999, p.247.

[②] Jacques Brunschwig, "Introduction: The Beginnings of Hellenistic Epistemology", in Keimpe Algra, Jonathan Barnes, Jaap Mansfeld, et al. ed., *The Cambridge History of Hellenistic Philosophy*, Cambridge University Press, 1999, p.248, 此部分为笔者翻译。

[③] Jacques Brunschwig, "Introduction: The Beginnings of Hellenistic Epistemology", in Keimpe Algra, Jonathan Barnes, Jaap Mansfeld, et al. ed., *The Cambridge History of Hellenistic Philosophy*, Cambridge University Press, 1999, p.249, 此部分为笔者翻译。

认识论思想，补充了皮浪本人的学说。我们知道，片段里的 pragma 指的是一切事物，尤其指实践事务。布鲁士维奇认为，从蒂孟的观点出发，我们的"知觉"和"信念"等看似主观的东西其实在蒂孟那里也是"事物"。[①] 我们更应该从这个角度来理解亚里斯多克勒斯片段。如此一来，片段表达的就不是一般的本体论的不确定性学说，而是关于我们的"知觉""信念"、认识活动等特殊事物的不确定性学说，这其实就是一种认识论主张。正因此，布鲁士维奇认为，恰恰是蒂孟而非皮浪才是皮浪主义怀疑论的真实开创者。

关于布鲁士维奇的这一主张，我们评论如下。当然，就思想实情而言，我们现在很难辨清亚里斯多克勒斯片段到底是皮浪本人思想的呈现还是蒂孟思想的表达。我们更加倾向于认为，亚里斯多克勒斯片段表达的是皮浪本人的思想。从皮浪之前的智识背景来看，该片段表达的那种不确定性学说是很容易得到理解的。反而是布鲁士维奇的解释，即将片段中的 pragma 解释为"知觉"与"信念"的做法，显得太过"现代"了。至于认识论维度的问题，虽然皮浪也许关注更多的可能不是认识论问题，但这并不等于说皮浪学说中没有认识论维度。确实，比较而言，蒂孟的认识论思想要更加丰富一些，对认识论问题的这种关注可能也确实如布鲁士维奇所言，来自蒂孟与同期的学园派怀疑论开创者阿塞西劳斯之间的论辩与对话。但是，这都

---

① Jacques Brunschwig, "Introduction: The Beginnings of Hellenistic Epistemology", in Keimpe Algra, Jonathan Barnes, Jaap Mansfeld, et al ed., *The Cambridge History of Hellenistic Philosophy*, Cambridge University Press, 1999, p.247.

不足以说明皮浪学说缺乏认识论维度，也不足以说明蒂孟而非皮浪才是皮浪主义的开创者。我们的建议与哈罗德·托斯鲁德（Harald Thorsrud）类似，即将皮浪和蒂孟一同视为皮浪主义怀疑论传统的奠立者，不同的是我们还会将纳乌斯法奈斯包括进来。

纳乌斯法奈斯（Nausiphanes，鼎盛年约前340—前320年），德谟克利特主义者，修辞学家，属于皮浪的第一代学生，曾教授伊壁鸠鲁哲学，但据说伊壁鸠鲁对此并不满意。关于纳乌斯法奈斯，我们所知甚少，但有两个很重要的证词保存下来。其一是由加达拉的斐勒德穆斯（Philodemus of Gadara，约前110—前30年）提供的。斐勒德穆斯是个伊壁鸠鲁主义者、修辞学家、讽刺诗作家，撰有大量著作。纳乌斯法奈斯著有《论三重关系》（*Tripod*）一书，多涉及认识论和修辞学内容，该书已经遗失，但斐勒德穆斯记载了该书的一些重要段落：

聪明的人追求修辞，因为荣誉来自于在政治事务中赢得明智的声誉，而不是靠过度夸大的美德。

聪明的人是能够说服他的听众的人；这种能力属于懂科学的人，其来源是他对事实的了解，所以他不仅可以把自己的信念传递给他的学生，还可以将其传给任何人。有了对事实的了解，他就能把听众引向他想要引向的地方，因为他能告诉他们什么是对他们有利的，这也是他们希望听到的。科学家还拥有最好的言辞：不是由虚妄的想象和功用创造出来的，而是以事物的本质为基础的。他还掌握着逻辑，没有这方面的知识就不可能有任何知识，而且还最有资格根据已知的事实来推断未知的东西，这种技能对于民主制或君主制或任何其他政治制度中的政治家而言是不可缺少的。

能够掌握连续性话语（continuous discourse）的人最懂辩证法，反之亦然。因为二者都依赖着对下面一点的一种精确判断，即如何将学生从已知的东西引到未知的东西上去；也就是说，它们都取决于对言语的"合适时机"和"合适尺度"的了解。

纳乌斯法奈斯将"如如不动"当作人生的目标，这是他对德谟克利特的"沉着冷静"的化用。

在那些看似存在的事物中，事物既不是存在也不是不存在。[1]

斐勒德穆斯记载的这段证词主要表明的是纳乌斯法奈斯的修辞学思想。纳乌斯法奈斯修辞学思想中很重要的一个特色就是他将修辞学与科学联系起来。这里说的科学，指的就是哲学，就纳乌斯法奈斯而言尤指德谟克利特的原子论物理学。为什么要将修辞学与哲学或辩证法联系起来呢？因为纳乌斯法奈斯说得很明白，掌握了事物原理的人最能够懂得如何说服听众、根据已知来推断未知。尤其对于政治家而言，更应该掌握这种基于科学的修辞学技艺。在修辞学主张之外，这段证词还表明了纳乌斯法奈斯怀疑论思想的一个重要维度。纳乌斯法奈斯不仅继承了德谟克利特的物理学，还继承了他的伦理学，将德谟克

---

[1] 第尔斯编著：《前苏格拉底哲学家残篇：英文》，弗里曼译，崇文书局，2021年，第124页，此部分为笔者翻译。

利特的伦理目标"沉着冷静"转换为自己的伦理主张即"如如不动",这与皮浪和蒂孟所要求的不动心状态是一样的。

关于那些"看似存在之物",纳乌斯法奈斯说这样的事物既不是存在也不是不存在,这种主张确实接近德谟克利特主义中的怀疑论维度。从德谟克利特的角度来看,那些看似存在的事物是在原子的流射和知觉系统的运作的双重作用之下形成的,它既是真亦是幻,既不是真也不是幻,既可以说它们"存在",也可以说"不存在",因为本性不确定。

关于纳乌斯法奈斯的另一处证词是由塞克斯都提供的:

还有可能的是,伊壁鸠鲁对纳乌斯法奈斯充满敌意。纳乌斯法奈斯是皮浪的弟子,他吸引了大批青年,认真地致力于艺术与科学研究,尤其是修辞学。伊壁鸠鲁虽然是纳乌斯法奈斯的弟子,但他竭力否认这一事实,以便让世人认为他是一个自学成才的原创性哲学家,由此他竭力抹去纳乌斯法奈斯的名声,诋毁纳乌斯法奈斯引以骄傲的艺术和科学。因此,伊壁鸠鲁在他的"致米提里尼的哲学家的信"中说,"我非常确定,那些'聒噪者'会以为我是'干鱼'的弟子,在他门下尽说一些废话"。他在这里称纳乌斯法奈斯为"干鱼",没有感情,并且在进一步诋毁纳乌斯法奈斯之后,他也暗示出纳乌斯法奈斯在艺术和科学上的精通,他说"纳乌斯法奈斯事实上是个令人惋惜的人,在不可能带来智慧的问题上锻炼自己"。事实上,我们可以推测出这就是伊壁鸠鲁向艺术和科学开战的那种深层动机。[1]

这段证词涉及纳乌斯法奈斯与其弟子伊壁鸠鲁之间的恩怨关系。在伊壁鸠鲁的诋毁之辞中我们了解到纳乌斯法奈斯确实是个从事且精通科学研究和修辞学的哲学家。我们还了解到，纳乌斯法奈斯之所以被伊壁鸠鲁称为"干鱼"，很可能是因为他的那些德谟克利特-皮浪主义式的伦理学主张，即人生目标在于不受外界扰乱，达到"如如不动"的境界。

如上所述，纳乌斯法奈斯是德谟克利特-皮浪一脉学说的追随者，不仅继承了德谟克利特的自然哲学兴趣，还精通并发扬了德谟克利特-皮浪一脉的伦理学思想，这一切使得作为皮浪第一代学生的纳乌斯法奈斯，完全有理由像蒂孟那样，成为与皮浪一道开创皮浪主义怀疑论传统的奠基性人物。与纳乌斯法奈斯几乎同时，同属皮浪第一代弟子之列的，还有一位哲学家，即阿布德拉的赫卡塔埃乌斯（Hecataeus of Abdera，约前360—前290年）。赫卡塔埃乌斯的身份比较多样，作为皮浪的学生，赫卡塔埃乌斯是个怀疑论哲学家；作为"哲学人种学"（philosophical ethnography）作家，他又是很多地理志、风俗志著作的创作者。[2] 正是因为这种多样化的兴趣和在埃及等地的游历经历，赫卡塔埃乌斯才能够写下很多诸如《极北之地》《埃及

---

[1] Sextus Empiricus, *Against Those in the Disciplines*, Richard Bett trans., Oxford University Press, 2018, P.39, 此部分为笔者翻译。

[2] Simon Hornblower, Antony Spawforth, Esther Eidinow ed., *The Oxford Classical Dictionary*, Oxford University Press, 2012, p649.

人的哲学》《论犹太人》这样的列国志、民族志著作。此外据说他还写有一部关于希腊本土文化的著作，即《论荷马和赫西俄德的诗》，但学者对此多有争议。目前来看，赫卡塔埃乌斯的著作大都遗失了，根据迪尔斯-克兰茨编订的《前苏格拉底残篇：希德对照版》(*Die Fragmente der Vorsokratiker：Griechish und Deutsch*) 来看，只有十七个片段被保存下来。[①] 这十七个片段，基本上都是风土志相关内容，记载或虚构埃及人、极北之人的生活图景、宗教信念等内容。与我们这里的主题相关的怀疑论思想，已无从考证。

皮浪主义的兴起是公元前4世纪到公元前3世纪期间希腊重要的智识事件。它的出现并不意味着希腊哲学传统的断裂或飞跃，因为我们已经看到，希腊哲学内部已经为这一事件的出现备好了条件。一旦时机成熟，早先已有的某些趋势或倾向就会将自身充分地展现出来。也许，从皮浪本人的角度看，该学说确实还没有获得充分的自我意识，但是这并非意味着要到埃奈西德穆甚至塞克斯都进行历史的、系统的总结时才能实现。我们的立场与布鲁士维奇类似但稍有不同，也许确实要到蒂孟那时尤其是当他开始基于怀疑论立场来进行哲学史批判时皮浪主义才真正显露自身，但皮浪主义的诞生不是蒂孟一人的作为，它是皮浪及其第一代弟子们共同运作的结果。无法否认的是，皮浪的位置确实具有双重性，一方面他非常类似于前怀疑论时期的那些准怀疑论哲学家，这种准怀疑论多少有点接近黑格尔

---

① Hermann Diels, *Die Fragmente der Vorsokratiker: Griechisch und Deutsch*, Cambridge University Press, 2018, pp.480-484.

说的"一般意义上的怀疑论",另一方面他又接近真正的哲学的怀疑论,即黑格尔意义上的作为哲学认识的怀疑论,一种有教养意识的怀疑论。[1]不过在黑格尔看来,皮浪更接近一般意义上的怀疑论,因为他"反对感性事物的直接真理性,也反对伦理生活的直接真理性,但不是反对作为思想内容的直接真理性"[2]。从这个角度说,布鲁士维奇的观点是准确的。但是,如前所述,这仍然是一种推测,我们无法完全接受亚里斯多克勒斯片段仅仅是蒂孟的构造而与皮浪毫不相关这一看法。从前怀疑论时期的智识发展背景来看,也无法完全承认皮浪思想中不包含"反对作为思想内容的直接真理性"的可能性。所以,总得来说,我们将皮浪及其第一代弟子一同视为皮浪主义怀疑论的创立者。公元前3世纪中期以后,尤其是皮浪的第一代弟子陆续退出希腊智识生活之后,皮浪主义作为一个学派不再存在,但这并不是说皮浪主义完全消失了。[3]其作为一个学派再次兴盛起来,要到罗马共和国的晚期了,而这已是近乎三百年之后的事情了。

---

[1] 黑格尔:《哲学史讲演录(第三卷)》,贺麟、王太庆译,商务印书馆,2009年,第109~110页。
[2] 黑格尔:《哲学史讲演录(第三卷)》,贺麟、王太庆译,商务印书馆,1997年,第112页。
[3] 黑格尔:《哲学史讲演录(第三卷)》,贺麟、王太庆译,商务印书馆,1997年,第114页。

第二节
皮浪主义怀疑论的中兴：埃奈西德穆和阿格里帕

我们前文说到，皮浪主义在皮浪及其第一代弟子去世之后，作为一个学派不复存在。直到埃奈西德穆出现，这期间近乎三百年时间，皮浪主义如黑格尔所说，一直是以个体形式即个别哲学家的形式而存在的。在这落寞的三百年间，据说唯有昔兰尼的托勒密取得了较大一点的成就，其他人大多是默默无闻的。这种境况一直持续到公元前1世纪左右才得到改变。是时，希腊化进程已接近尾声，罗马共和精神开始衰落，帝制趋势开始形成；柏拉图开创的学园派已经传承了好几代，新学园也在拉瑞萨的斐洛、安提俄库斯、西塞罗那里逐渐走向了终点；怀疑论的最重要对手之一，斯多亚学派也进入了它的折中主义阶段；伊壁鸠鲁学派有了新的传人，其中之一的卢克莱修开始了他的放荡而短暂的一生。正是在这样一个时代，埃奈西德穆和稍后一些的阿格里帕开始复兴皮浪主义的事业，由此也迎来了皮浪主义怀疑论在落寞许久之后的再次中兴。谓其中兴，并非指的是埃奈西德穆和阿格里帕将皮浪主义这一门派发展壮大，而是说在他们这里，皮浪主义怀疑论作为一种哲学立场重新进入希腊主流的智识生活之中。在这一部分，我们主要处理的就是这一中兴时期的皮浪主义怀疑论思想。

让我们先从埃奈西德穆开始。克诺索斯的埃奈西德穆（Aenesidemus of Cnossus，约前1世纪），鼎盛年在西塞罗殁后不久。据佛提乌斯（Photius，810—893年）在其《人物志》（*Library*）中的记载，埃奈西德穆撰有《皮浪主义对话录》（*Pyrrhonist discourses*）一书，该书最初是讲给埃奈西德穆的学园派同僚、罗马人卢修斯·图波罗（Lucius Tubero）的。[①] 由此我们也可以得出学界普遍持有的一个见解，即埃奈西德穆原为学园派中人。在埃奈西德穆的年代，学园派基本上已经传到了拉瑞萨的斐洛和安提俄库斯那里。与阿塞西劳斯和卡尔尼亚德斯领导下的学园派相比，斐洛和安提俄库斯的学园派转向了一种非常明显的独断论立场，有时人们也将这种立场称为可错论（fallibilism）。正是不满于这种独断论倾向，想要保持怀疑论精神的埃奈西德穆离开了学园派，转皈皮浪主义。在黑格尔看来，埃奈西德穆对于皮浪主义的意义，类似于布鲁士维奇赋予蒂孟的那种作用。我们前面提到过，布鲁士维奇认为正是因为蒂孟将认识论维度引入皮浪学说，使得皮浪学说得以完备，形成了皮浪主义，但在黑格尔看来，这个工作不是蒂孟完成的，而是埃奈西德穆完成的：

皮罗的怀疑论还没有显示出很多的教养，还没有表现出引

[①] A. A. Long, D. N. Sedley, *The Hellenistic Philosophers*, Vol. 1, Cambridge University Press, 1987, pp.468-469.

向思想的倾向，它只是反对感性的东西；这样一种怀疑论，对于斯多葛派、伊壁鸠鲁派、柏拉图派等等的哲学教养是不能有兴趣的。怀疑论要进而具有哲学所应有的资格，就必须在哲学的方面加以发展；爱讷西德谟便做了这种工作。①

黑格尔的论断抓住了一些实质性的东西。即便真像布鲁士维奇主张，蒂孟为皮浪学说补充了认识论维度，但这一点就现有资料来看是不明显的。历史地来看，反而是埃奈西德穆的工作，让皮浪学说具备了"哲学所应有的资格"。下面我们就来看看埃奈西德穆的工作中到底有哪些是富于"哲学教养"的。

目前来看，埃奈西德穆自己的著作已经全部遗失了，我们只能通过古人的一些证词或转述来了解他的思想。在这些证词中，拉尔修、塞克斯都、佛提乌斯、德尔图良等人提供的证词最为重要。下面，我们将结合这些证词及相关的一些问题来看看埃奈西德穆的怀疑论思想。通常的哲学史一般认为，埃奈西德穆是著名的"十式论证"（ten aceptical tropes）的提出者，这一点最早可以追溯到拉尔修那里。②不过即便在拉尔修那里，似乎也没有明确指出怀疑论的十式论证是由埃奈西德穆提出来的。③而根据塞克斯都在《皮浪主义概论》中的记载，与埃奈西德穆有直接关系的不是十式论证，而是用以反驳溯因推理

---

① 黑格尔：《哲学史讲演录（第三卷）》，贺麟、王太庆译，商务印书馆，2009 年，第 115 页。
② 亚里斯多克勒斯记载的是九式。
③ 拉尔修：《名哲言行录》，徐开来、溥林译，广西师范大学出版社，2010 年，第 473 页。

（aetiology）的八式论证。[1] 这里我们接受策勒等人的主张，即埃奈西德穆是十式论证的提出者，同时也接受塞克斯都的记述，即埃奈西德穆也是八式论证的提出者。关于埃奈西德穆我们将主要从以下三个问题来展开：第一，十式论证；第二，八式论证；第三，埃奈西德穆思想中的赫拉克利特主义问题。

对于十式论证，拉尔修和塞克斯都均有记载。在拉尔修的记述中，十式论证是用来反驳"现象中的一致或思想中的一致"的。[2] 根据塞克斯都的描述，所谓怀疑论的"式"，几近于"论证"或"立场"的意思，指的是达到怀疑论目标"悬而不决"的主要方式。[3] 现在所谓的"式"，对应的希腊语是"tropos"，其本义就是方式、方法的意思。拉尔修所谓"现象中的一致或思想中的一致"，大概指的是就一切对象而言我们能获得的一种真实认识，正因为是真实的认识所以能够在不同个体那里获得一致的承认。而十式论证就是要拆除这种真实性认识或一致性承认的，所以基本上与塞克斯都赋予"式"的作用是类似的。不过有一点是不同的，即通过十式论证，塞克斯都认为怀疑论者要抵达的是一种悬而不决和心灵宁静的状态，而拉尔修则指出，虽然这些论证的目标是要消解真实性认识，但它还有一个

---

[1] 塞克斯都·恩披里克：《悬搁判断与心灵宁静：希腊怀疑论原典》，包利民等译，中国社会科学出版社，2017年，第34页。不过，在《反对理论家》中塞克斯都承认十式是由埃奈西德穆提出的。
[2] 拉尔修：《名哲言行录》，徐开来、溥林译，广西师范大学出版社，2010年，第473页。
[3] 塞克斯都·恩披里克：《悬搁判断与心灵宁静：希腊怀疑论原典》，包利民等译，中国社会科学出版社，2017年，第10页。

结果，就是表明"所有的东西似乎都处在不断的变化之中"①。正是这后一点，成为埃奈西德穆研究中非常重要的一个问题即埃奈西德穆思想中的赫拉克利特主义倾向的支撑性材料，这个问题我们一会再论。

十式论证的第一式说的是，基于动物之间的物种差异，不同的动物对同一对象会产生不同的感受或印象。这一论述会造成什么样的结果呢？其直接结果就是不同物种之间的个体对同一对象会产生不同的印象，我们人也不例外，我们只能产生人这个特定物种条件限制下能够产生的那种特定印象。由此，印象与印象之间就会陷入纷争，拉尔修和塞克斯都均指出说，由这种印象之间的纷争而来的就是关于事物之本质的悬而不决。②第一式的关键点在于物种之间感官方面的生物学差异，这是不可否认的事实，由此得出的结论即感性印象之间存在差异也是不争的事实。但是从这一点得出关于事物本质悬而不决的结论是有一个跳跃的。塞克斯都准确地看到了这个跳跃。因为感性印象的差异并不一定导致本质认识的差异，这正是很多独断论者的主张。比如斯多亚学派认为，虽然感性印象不同，但是我们可以诉诸"理性"来把握本质，由理性把握的本质是能够得到一致承认的。我们可以根据塞克斯都的记述来推想埃奈西德穆可能会给出的回应：如果理性是非常独特的东西，甚至是将

---

① 拉尔修：《名哲言行录》，徐开来、溥林译，广西师范大学出版社，2010年，第473页。
② 拉尔修：《名哲言行录》，徐开来、溥林译，广西师范大学出版社，2010年，第473页；塞克斯都·恩披里克：《悬搁判断与心灵宁静：希腊怀疑论原典》，包利民等译，中国社会科学出版社，2017年，第14页。

人与其他物种区别开的东西，那么让我们暂时先承认这一前提，看看人所具有的理性能力到底有何优势，根据进一步的考察会发现，原先认定的唯有人具有的理性能力其实在很多动物那里也具备，所以最终说来理性也不是人独有的，它和感觉能力一样是基于物种的生物学条件的，由此独断论者认为可以用理性能力来超越纷争的感性能力从而达到对事物本质的把握是不成功的。有了这一层论证，第一式就自然能够导致悬而不决出现了。

第二式说的是人与人之间存在很多差异，这些差异遍布身体和灵魂，因而对同一对象也会产生不同的印象和认识。拉尔修举例说，亚历山大的仆人德谟丰就与常人不同，他在阴凉处感到热，而在太阳下面却感到冷，凡此种种。诚如塞克斯都所言，第二式可以看作对第一式的补充。因为第一式是就所有物种之间的平等性而言的，但是有些独断论者认为人与其他物种不同，人因有理性而地位高贵，所以塞克斯都说，即便我们先承认这点，即人与其他物种不同，我们还是会发现这无济于事，因为人这个物种内部个体之间仍然是遍布差异的。塞克斯都说这种差异，不仅是身体性的，还是灵魂性的。灵魂差异的重要表现，就是人们对事物的判断存在分歧，在判断事物对人的利弊作用时尤为如此。

第三式诉诸的是诸感官表象世界的方式之不同，来论证没有哪种把握是真实的。比如说，视觉器官能把握住事物的形状等属性，触觉器官也能够把握住事物的形状属性，但被把握到的这两种形状是有区别的，那么我们就无法确定到底哪种把握是真实的把握，这是其一。其二，基于前面的结论，我们甚至无法确定感官系统所形成的表象到底是不是事物的真实形象。其三，我们甚至还可以像塞克斯都做的那样，将这种怀疑进一步扩大，比如说，我们人有视觉听觉触觉等感觉器官，世界会向我们显现为现在显现的这个样子，如果设想一个人只有听觉器官而无其他感觉器官，她的世界会是如何的？再进一步，如果我们设想在遥远的太空里有一个星球，上面生活着一类物种，该物种全部只有一种感觉器官，其功能非常类似于我们人的听觉功能，那么对于这个物种来说，世界又是什么样子的？由此，我们可以看出第三式的深远意义。其怀疑论效应是，我们被牢牢地限制在我们所具有的如此这般的感性边界之内，没有办法超越这个界限。按照这个逻辑，虽然我有可能获得关于蝙蝠"看"世界的完备理论，但我们终究无法完全体会一只蝙蝠在看世界时发生的那种内部状态。甚至更糟的是，我们只知道自己的感觉，他人的感觉和世界对于我们而言是完全不可把握的，这就会导致唯我论问题的出现。

埃奈西德穆的第四式，其主要根据是拉尔修所谓的存在着颇多差异的身体的内在状况，塞克斯都所谓的环境或性格方面的差异。大意是，我们的身体时常处于某种状态，比如急躁或平静，清醒或酒醉，凡此种种。处于不同的身体状态或性情状态，我们对事物的把握是不同的。比如酒醉状态，我可能认为眼前的这个人正是我多年未见的故人，而清醒状态下我不会这样认为，我知道这个人不是我的故友。但是，就其实质而言，第四式想要指出的是我们没有办法在不同的状态之间进行孰优孰劣的区分。拉尔修说："即使是那些精神失常了的人，也处在同其自然相一致的状态。"① 其义是说，处于迷狂状态的人，他们对于世界的把握与我们的把握相比也具有同等的价值和地位，因为就那些人而言，他们对世界的把握对于他们自己来说是完全自恰的、合理的。从这一点来看，第四式的效力非常强。因为在怀疑论传统中有一类非常重要的论证，即与幻（错）觉论证相关的那一类论证。这类论证的核心主张是，我们知觉活动中的错觉经验和正常经验是无法彻底区分开的，它们具有同等的效力或地位。第四式就非常接近这种怀疑论论证，其导致的最终结果就是无法在环境或性格之间、诸印象之间做出区分，指出哪一类状态和印象是真实可靠的，哪一类是不值得信赖的。当代学者亨利克·拉格隆德也曾指出过这点。他说第四式包含了对后世怀疑论来说非常重要的一个论证，即"睡梦论证"（dream argument）。② 睡梦论证的效力也许的确要到笛卡尔那里才被真正发挥出来，但拉格隆德指出，这一怀疑论伎俩不仅早在埃奈西德穆这里就被预示了，甚至在斯多亚学派中人爱比克泰德那里就已被明确地提出来了。③ 拉格隆德的论断是合理的，

---

① 拉尔修：《名哲言行录》，徐开来、溥林译，广西师范大学出版社，2010年，第474页。
② Henrik Lagerlund, *Skepticism in Philosophy: A Comprehensive, Historical Introduction*, Routledge, 2020, p.14.
③ 爱比克泰德在其《对话录》中说："'你知道你醒着吗？''不知道'，他说；'因为下面这种情况不会发生：在睡梦中似乎我知道我醒着'。'那么醒着时的东西不会不同于睡梦中的东西？''是的，不会不同'……"（Henrik Lagerlund, *Skepticism in Philosophy: A Comprehensive, Historical Introduction*, Routledge, 2020, p.14, 此部分为笔者翻译）

笛卡尔怀疑论论证并非像伯恩耶特等人认为的那样是原创性的，睡梦论证以及更为著名的恶魔论证其实都可以在古希腊和中世纪哲学中找到对应物。不过，有一点需要指出的是，睡梦论证和恶魔论证在古代的效力的确不如它们在笛卡尔和近代哲学中的效力那样大。

这四种论式，塞克斯都将其归为一类，即从主体方面考虑得出的式，因为它们诉诸的基本上都是认知者本身的状况。[①]与此相反，剩下的第七式和第十式着眼的不再是认知者方面的状况，而是从被认知者角度出发进行的论证。第七式，在塞克斯都的转述中，其根据在于事物的数量和结构，对应于拉尔修转述中的第八式。[②] 从数量方面讲，拥有不同量的规定性的事物会表现出很大的差异，比如饮酒量少的话对身体可能会有一些益处，但是量大的话则可能带来坏处。结构方面，由同样的要素构成但构成方式不同的事物之间也会表现出巨大的差异来，比如塞克斯都举例说羊角屑散开看是白色的，如果聚合为羊角则是黑色的。第十式说的是人们的各种行为准则具有相对性，对应于拉尔修转述中的第五式。比如政治行为遵循的政治理念和法律规范等都是就某一个政治共同体而言的，人们的日常行为所遵循的习俗习惯等是相对于某个特殊的社会或团体才有效的。此外，第十式还包含对独断论者各自学说中核心概念和主张的

[①] 塞克斯都·恩披里克：《悬搁判断与心灵宁静：希腊怀疑论原典》，包利民等译，中国社会科学出版社，2017年，第11页。

[②] 塞克斯都·恩披里克：《悬搁判断与心灵宁静：希腊怀疑论原典》，包利民等译，中国社会科学出版社，2017年，第26页；拉尔修：《名哲言行录》，徐开来、溥林译，广西师范大学出版社，2010年，第476页。

批判。[1]比如，就希腊哲学家关注的世界的本原问题，不同的哲学家给出了不同的回答，德谟克利特主义者认为是原子，而柏拉图主义者则认为是理念。不论是行为规范，还是事物本身的各种规定性，这都不是判断者自身方面的因素，而是外在于判断者的、属于世界方面的因素，所以第七式和第十式可以被归为一类。剩下的还有第五、六、八和九式，塞克斯都将其归为第三类论式，即涉及事物和判断者之间关系的论式。

我们先来看第五式。第五式根据的是事物的位置、距离、场所之不同，来论证事物在这些不同的处境中的显像也是不同的。比如，太阳刚升起时看起来比较大，但时至中午时看起来又比较小。我们无法脱离开事物的位置、距离、场所等规定性来看待事物，因而根据这些规定性的不同，事物向我们的显现也是不同的。第六式指出事物向来是与其他事物混杂在一起、共同作用于我们的感觉系统的，因而我们通过感官只能把握到与其他事物混杂在一起的对象，而无法直接、单纯地把握住对象本身。比如一种声音，在潮湿的雨天听起来是这样一种声音，而在干燥的晴天听起来就又是另外一种声音了。"第八式依据的是相对性［或"关系"］……既然一切事物都是相对的［处于关系之中］，我们对其独立的、本真的性质只有悬而不决。"[2]这一点很好理解，因为上面我们提过的很多论式其实都在强调这点，

---

[1] 塞克斯都·恩披里克：《悬搁判断与心灵宁静：希腊怀疑论原典》，包利民等译，中国社会科学出版社，2017年，第29页。
[2] 塞克斯都·恩披里克：《悬搁判断与心灵宁静：希腊怀疑论原典》，包利民等译，中国社会科学出版社，2017年，第27页。

比如说第五式，事物的位置、距离、场所等，虽然我们可以将其视为事物的规定性，但严格说来它们不是事物自身的规定性，而是属于"相对性"或相对性关系方面的规定性，即它们是用来述谓事物与人之间的那种关系的。第九式是根据事物出现的频率而展开的论证。比如地震现象，对于居住在地震带、小震多发地区的人来说，地震相对没那么可怕，但对于很少遇见地震的人来说则是很可怖的。这四式，既不是强调事物本身的状况，也不是判断者自身的情况，而是根据事物与判断者之间的那种相对性关系展开的论证，所以塞克斯都把它们归为一类。

以上就是埃奈西德穆的十式论证。这十式被塞克斯都概括为三大类，即根据判断者、被判断者以及二者之间的关系而来的三类论证。更进一步，这三类论式又都被概括在"相对性"这一"种"（genus）之下，因而成了"属"（species），而十式则就成了"亚属"（subspecies）。[1] 关于这些论证及其包含的问题，学界已有很多研究和争论。比如，相对性这个范畴，到底是指包含十式的最高的种，还是指第八式？为什么相对性范畴会出现两次？如果相对性范畴作为十式最高的种是成立的，那么是否意味着在作为亚属的每个论式中都包含有或诉诸于相对性概念？诸如此类，不一而足。[2] 我们这里主要关注另外一个问题，即十式论证与悬置判断的关系问题。我们知道，十式论证

---

[1] 塞克斯都·恩披里克:《悬搁判断与心灵宁静：希腊怀疑论原典》，包利民等译，中国社会科学出版社，2017年，第11页。

[2] 关于十式论证中涉及的相对性范畴问题的讨论可参考以下书目。Julia Annas, Jonathan Barnes, *The Modes of Scepticism: Ancient Texts and Modern Interpretations*, Cambridge University Press, 1985, pp.128–146.

主要是为了达成怀疑论的目标即悬置判断而被概括出来的。所谓悬置判断，简单地理解就是不对事物进行任何理性的判断、断定。当我们对事物进行理性的断定时，一方面被断定的是事物的"所是"，即事物的真实状况，另一方面这种真实所是得到了理性的确认，断定者接纳了事物的所是，也可以说是断定者认同了事物的所是，将事物的所是"作为"那种所是确认下来。悬置判断，则是要悬置起上面这种情况，不让这种情况出现。为什么要阻止对事物的真实状况的断定呢？从怀疑论的角度来看，一方面是因为我们没有能力把握住事物的所是，另一方面是因为一旦放弃这种断定就能获得心灵的宁静。埃奈西德穆的十式论证，主要就是用来说明第一个原因的，即意在论证我们在把握事物的所是上无能为力。但是我们看到，十式论证在达成其目标的过程中存在一些断裂。十式论证虽然各自的根据不同，但基本上都有一个共同的地方，即它们都是通过强调不同的参照系最终来论证显像之不同。因而我们可以将十式论证的逻辑概括为下面的推论：

前提 P1

  事物 o 在一种情况 s 中显现为 a

  事物 o 在另一种情况 s' 中显现为 a'

前提 P2

  因为无法确定 s 与 s' 孰优孰劣

  所以我们也无法确定"o 是 a"和"o 是 a'"孰真孰假

结论 C

进一步，我们关于事物 o（是 a 还是 a'）无法做出判断，所以要悬置判断（达到心灵的宁静）

不同的根据或参照系统会带来不同的显像，这点是毋庸置疑的，蝙蝠眼中的昆虫印象和我们眼中的昆虫印象肯定是不同的，所以前提 P1 不是争论的焦点。问题主要出在前提 P2 这里。按照十式论证，因为我们无法确定不同的参照系统的优劣，所以我们也无法确定不同显像的优劣甚至真伪。然而，非怀疑论哲学家基本上都认为参照系统是有优劣之分的，或者说我们能够在不同的参照系统中发现非相对性的、共同的标准。比如，第一式诉诸物种之间的差异，不同的物种对同一事物的感受是不同的，树叶对于牛羊而言是可口的，但对于人而言就是苦涩的。但是在非怀疑论哲学家看来，这并不会导致悬置判断。比如我们上面提到的斯多亚学派的反对意见认为，虽然感受不同，但有一种"内在的理性"几乎存在于所有事物之中，它不仅构成事物的真实本质，还构成认知者的真实的认知能力，运用这种能力就能够把握住事物的真实所是，而不会仅仅停留在不同的感受上。所以，从这一立场来看，十式论证的前提 P2 是无法成立的。不同的根据或参照系统之间是可以通约的，即便不可以通约，我们也能运用理性能力来超越这种不可通约性。

从感觉印象的角度而非理性的角度来看，斯多亚学派同样会提出反对意见。即便不同的参照系统会产生不同的感觉印象，但这不能得出我们对事物的所是一无所知的结论，因为在诸印象中有一种印象是能够帮助我们把握事物的真实状况的。这种特殊的印象，斯多亚哲学家称为"cataleptic impression（或 cataleptic appearance）"（phantasia katalêptikê）。关于这类印象或显像，斯多亚哲学家基提翁的芝诺（Zeno of Citium，前335—前263年）是这样来加以界定的：

  表象是心灵中的印记，这名称很恰当地从印章在蜡块上所产生的印迹借来。表象分为可理解的和不可理解的。他们说，可理解的表象是事物的标准，从真实存在的事物中来，以印记的方式存在于人的心灵中，并同真实存在的事物相一致；不可理解的表象，或者不从真实存在的事物而来，或者即使从真实存在的事物而来，也不与真实存在的事物相一致，是不清楚和没有显示出轮廓的。①

  也就是说，在我们所有的知觉印象中，有一类印象之所以被称为 cataleptic impression，是因为这类印象是事物真实所是的路标，它来自真实事物，且与真实事物相似、一致，可以说在这种印象与事物之间有一种严格的对应性、符合性。与此相反，non-cataleptic impression 有两个相反的特点，一是它可能并不来自真实的事物，二是它即便来自真实事物，但却不与事物的真实所是一致。也就是说，non-cataleptic impression 与事物之间缺乏那种严格的对应性、符合性。这从希腊词 phantasia katalêptikê 也可以看出。从词源学上看，该词指的是这样一种显像，这种

---

① 拉尔修：《名哲言行录》，徐开来、溥林译，广西师范大学出版社，2010年，第325页。

显像能够非常牢固地抓住它的对象，非常明晰地而非模糊地显示它的对象。因而与此相反的显像就是那些不能够牢牢抓住其对象的显像，不明晰的、模糊性的显像，也即与其对象之间缺乏一种严格的对应、符合关系的显像。这样的显像与其对象之间的关联是松散的，借助其我们无法获得对事物本身的认识。而 cataleptic impression 则不然，因其与对象之间的关联是直接的、严格对应的，所以借助这种印象我们可以直接被带到对其对象的真实信念上去。① 所以，在斯多亚哲人那里，这类印象可以说就是怀疑论探讨的"标准问题"中的那类标准，据此标准，我们有望把握真理。从这个角度讲，即便十式论证表明我们的知觉印象有很多差异和模糊性，但是只要我们能把握住 cataleptic impression 这类印象，我们就能够越过印象的相对性而获得真理。这个角度的反驳不是对十式论证中我们无法区分处境 s 与 s' 的反对，而是对我们无法区分 a 与 a' 的拒绝。在所有的印象 a^n 中，总会有一种印象 $a^{cataleptic}$ 是真实的、可理解的，能够将我们带往对事物的真实认识上去。

现在我们看到，埃奈西德穆的十式论证从其逻辑结构上讲是要通过相对性论证通往悬置判断，但是正像斯多亚学派表明的那样，这一结构并不像怀疑论者认为的那样通畅。因为相对性论证大部分集中在现象呈现上，而悬置判断针对的则是对事

---

① 在斯多亚学派那里，知识并不等于真实的信念。对 cataleptic impression 进行认同，带来的是真实的信念而非知识。知识需要 epistêmê 即理智的参与才能够获得。在斯多亚的区分里，随便认同一个普通的印象带来的是意见，而认同一个 cataleptic impression 带来的则是真实的信念，通过理智的参与形成的信念则是知识。

物的真实所是的认识，这两者至少在独断论哲学家看来是不等同的，从现象呈现的相对性直接过渡到把握事物真实所是的无能存在着一种非法的跳跃。其实正是在这个地方，产生了将埃奈西德穆视为一个赫拉克利特主义者而非怀疑论者的部分合理性，我们将在后面再探讨这一问题，现在我们转到埃奈西德穆的八式论证。

八式论证与当时盛行的"医学经验主义"（medical empiricism, empiric school of medicine）有关。在希腊化时代，有一批医学实践者不仅从事临床治疗，还结合医学实践不断总结概括自己的医学主张，形成了一股极富特色的医学哲学潮流，对当时的希腊智识生活产生了重要影响，像后来的怀疑论者塞克斯都·恩披里柯有时就被视为其中一员。[①] 这一立场之所以被称为医学经验主义，是因为他们非常强调医疗经验在医学诊断中及日常经验在一般性推理活动中的优先性。之所以皮浪主义与医学经验主义有很多亲缘性，是因为后者像前者那样也认为，隐蔽在世界背后的根据是无法为人所知的，寄望于对最终根据的了解来进行医学治疗是不可达成的。我们应该采取的是另一种立场，即信靠我们累积下来的、通过不断的试错而获得的医学经验，因为试错或实验已经表明，经验中包含的医疗方法是有效的。虽然这种有效性不是绝对的、确定的，甚至是没有得到理性确证的，但这并不妨碍它仍然有一种可靠的有效性，其可靠性就来自我们长久积累下来的经验。与这种医学经验主义学派

---

① 后面我们还会介绍"医学方法论学派"，塞克斯都有时也被归入这个学派。

相对的医学立场是病因学（aetiology）立场，主张探究疾病现象背后的致病根源；从医学哲学的角度讲则是医学"理性主义"（logikoi）学派或"独断论"（dogmatikoi）学派，因为他们往往是越过经验而去追问那些未被给予的、非显然的（not evident）病因，认为医学治疗的根本就在于先行把握住病因，且我们确实能够通过我们的努力知晓病因或事物的最终根据，进而给出相应的治疗方法。与医学经验主义立场一致，埃奈西德穆的八式论证意在批判的就是那些持有病因学或医学独断论立场的人。

八式论证的第一式指出，病因学说到底探究的是非显然之物，非显然之物毕竟不是如现象这样的显然之物，因而无法被后者加以证明，所以从现象等显然之物出发推究非显然之物的做法是有问题的。这一论式强调的是显然之物与非显然之物并不同一，根据显然之物来推断非显然之物的做法是靠不住的。第二式指出当事物的原因是开放性和多样性的时候，人们常常倾向于用单一的原因来解释事物。这一式不像第一式那么极端，而是退一步说，即便归因行为是合理的，但是结论往往是有问题的，尤其是很多事物的原因并不单一，而人们往往倾向于用单一的根据来充当事物的原因，所以最终说来归因行为仍然是有问题的。第三式说的是这些独断论者给有秩序的、符合一定规则性的事物寻找到的原因往往无法解释事物的那种秩序性。埃奈西德穆似乎是说，独断论者的归因行为之所以是不可靠的，是因为得出来的原因与作为结果的事物之间并不匹配，比如事物是遵循着某种法则的，而原因则显得有些任意，或无法说明事物遵循的秩序和法则。第四式是说这些独断论者将现象界的规则直接等同于作为原因的事物的规则，以为掌握了现象界的"发生方式"也就掌握了原因的发生方式。第五式尤指自然哲学家，他们对原因的判定过于独断，因为他们都是从"始基""元素"这种世界之根基的角度来解释原因的。事物的原因也许并不是什么始基，没有必要深入到始基的层面上去，但是自然哲学家出于其探究始基的偏好，往往会将事物的原因追究到万物的始基上去。反过来说，这些独断论哲学家只承认那些能被自己的哲学理论解释的事物，而对于那些不能被解释的事物，就枉顾其存在和可信性，这就是第六式。第七式指出独断论者提出的原因经常与作为显然之物的现象相矛盾，且还与他们自己的某些预设前提相矛盾。第八式似乎是说，独断论者就某些并不太确定甚至可疑的事物进行研究，探究原因，而其最后得出的结论却是建立在对另外一些不太确定的甚至可疑的事物的理解之上的，这样的原因终究说来是不可靠的。[①]

以上就是埃奈西德穆针对独断论者或病因学学者的归因行为提出来的八式论证。不过正像塞克斯都所说，更加普遍的十式论证（和五式论证）就已经包含了对原因理论的批判了。所以严格说来，八式论证从逻辑上讲是应该能够被涵盖在十式论证（或五式论证）之下的。不过，正是这八式论证，对后来中世纪的威廉·奥卡姆产生了重要影响。接下来，我们进入有关埃奈西德穆的最后的一个问题，即其思想中的赫拉克利特主义倾向。

---

① 塞克斯都·恩披里克：《悬搁判断与心灵宁静：希腊怀疑论原典》，包利民等译，中国社会科学出版社，2017年，第34～35页。

据塞克斯都记述，埃奈西德穆及其门徒常谓他们的怀疑论是"通向赫拉克里特哲学的道路"①。这一证词被论者们看作将埃奈西德穆视为一个赫拉克利特主义者而非怀疑论者的重要根据。在塞克斯都的这种明确证词之外，还有几处古人的证词表明埃奈西德穆与赫拉克利特主义的亲近关系。其一是早期基督教神学家、教父德尔图良（Quintus Septimius Florens Tertullianus，约155—240年），其二是第欧根尼·拉尔修，其三是斐洛，其四是亚里斯多克勒斯。我们先来看看德尔图良的证词。在其著作《论灵魂》（De anima）中，德尔图良简要地论述了埃奈西德穆，且是将其放在与赫拉克利特同一行列来论述的，这些地方的证词被一些学者认为是表明埃奈西德穆的赫拉克利特主义倾向的根据。②在《论灵魂》的第九章，德尔图良追问说，"除了轻薄的透明的颜色外，你还会把什么颜色归于灵魂？这不是说，灵魂的实体实际上是以太或空气（虽然这是埃奈西德穆和阿那克西美尼的看法，同时像一些人认为的那样也是赫拉克利特的看法）……"③在《论灵魂》的第十四章，德尔图良论述灵魂的实体与功能："灵魂就其实体而言是整全的，虽然就其功能之发挥而言是分散的。这一观点与斯特拉图、埃奈西德穆、赫拉克利特等人的观点非常接近，因为后面这些哲学家都认为灵魂是统一

---

① 塞克斯都·恩披里克：《悬搁判断与心灵宁静：希腊怀疑论原典》，包利民等译，中国社会科学出版社，2017年，第41页。
② Roberto Polito, *The Sceptical Road: Aenesidemus' appropriation of Heraclitus*, Brill, 2004.
③ Tertullian, Philip Schaff, *The Complete Works of Tertullian*, Delphi Classics, 2016, pp.1282–1283.

的，虽然会分散在身体各处，但在每一部分中的存在都是完整的。"[1]在《论灵魂》的第二十五章，德尔图良继续就有关灵魂的规定而提及埃奈西德穆。[2]虽然这三处没有直接将埃奈西德穆视为一个赫拉克利特主义者，但从某个侧面反映了埃奈西德穆与赫拉克利特之间的相似性。拉尔修的记载虽然也没有明确提及埃奈西德穆与赫拉克利特类似，但他对埃奈西德穆思想的一些概括与斐洛、亚里斯多克勒斯等人的概括一样，都很容易被解释为一种赫拉克利特主义式的证词。拉尔修的相关记述如下：

> 据埃涅希德谟斯在《皮浪学说论纲》中说，皮浪主义的原则就是对现象或思想进行一种汇报，通过这种汇报，所有的一切都被拿出来进行相互比较，然后我们就会发现其中有的只是彼此冲突和混乱不堪。
>
> 埃涅希德谟斯在《皮浪学说》的第一卷中说，因为矛盾的存在，皮浪没有独断地确定任何东西，而是追随现象……[3]

斐洛，即亚历山大里亚的斐洛（Philo of Alexandria，亦作Philo Judaeus，约前20—50年），罗马亚历山大里亚城的犹太哲学家。在其著作《论酒醉》中，他详细记载了埃奈西德穆的

---

[1] Tertullian, Philip Schaff, *The Complete Works of Tertullian*, Delphi Classics, 2016, p.1296, 此部分为笔者翻译。

[2] Tertullian, Philip Schaff, *The Complete Works of Tertullian*, Delphi Classics, 2016, p.1328.

[3] 拉尔修：《名哲言行录》，徐开来、溥林译，广西师范大学出版社，2010年，第472~473页，第483页。

十式论证。① 在介绍十式论证之前，斐洛做了一段概括之词：

> 但是，既然我们发现我们实际上受到它们（感性和理性）不同的影响，因此，对任何事物我们均无法做出确定的判断。因此显现出来的东西不是固定的，而是经历着不同种类和不同形式的变化的。因为在显像不确定的地方，对其的判断也无法确定。这方面的原因有很多（比如十式论证）。②

亚里斯多克勒斯的相关证词如下：

> 当埃奈西德穆在其《皮浪主义大纲》中提出九式——根据这些式，他想表明事物是不确定的——时，我们可以问他到底是知道这些论式还是不知道这些论式？他说动物与动物之间是存在不同的，我们自己也是这样，城邦之间也是有差异的，生活方式、习俗以及法规莫不如是；他说我们的感官是脆弱的，很多外在的因素如距离、大小、运动等都会扭曲认识；年老与年轻、睡眠与清醒、健康与生病，各自情况不同，也会影响认识；我们对任何事物都缺乏认识，不管是单纯的还是复合的事物——因为一切事物都是混乱的、相对的。③

---

① Julia Annas, Jonathan Barnes, *The Modes of Scepticism: Ancient Texts and Modern Interpretations*, Cambridge University Press, 1985, pp.175–180.
② Julia Annas, Jonathan Barnes, *The Modes of Scepticism: Ancient Texts and Modern Interpretations*, Cambridge University Press, 1985, p.175, 此部分为笔者翻译。
③ Eusebius, *Praeparatio Evangelica: Teil 2 Die Bücher XI Bis XV, Register*, Akademie-verlag, 1983, pp.309–310, 此部分为笔者翻译。

拉尔修、斐洛、亚里斯多克勒斯的证词都是间接证词,没有直接认定埃奈西德穆就是个赫拉克利特主义者。但是根据这些证词我们可以看到,埃奈西德穆的思想确实有接近赫拉克利特哲学的成分。赫拉克利特因主张万物皆动变、无物常驻而被认为持有一种本体论的不确定性学说。不论是拉尔修的证词,还是后来斐洛和亚里斯多克勒斯的证词,确实如一些论者指出的那样,都含蓄地表露出在埃奈西德穆的思想中或多或少包含着一种赫拉克利特主义要素,比如这些证词都强调了埃奈西德穆持有这样一种看法,即至少就显现出来的事物而言它们是不固定的、动变不居的。诚然,这几处证词是就显现的事物而言的。塞克斯都知晓这一点,埃奈西德穆也知晓这一点,认为显现出来的事物是动变不居的并不直接等于说事物就其本质而言是动变不居的。但是,就像塞克斯都的证词所表,埃奈西德穆认为自己的怀疑论是通向赫拉克利特哲学的途径,认为显现出来的事物动变不居距认为事物本身动变不居仅有一步之遥。"因为,认为同一事物是相反的现象的主体的观点会导向认为同样的东西是相反的实在物的主体。"① 我们前面说十式论证存在一个问题,即在这些论证中存在一种从现象性把握到本质性把握的跳跃。这个跳跃现在被弥合了,因为根据塞克斯都及埃奈西德穆的说法,对现象相对性的把握会导向对本质相对性的把握,认识论的相对主义会导向本体论的不确定性学说。所以,从这

---

① 塞克斯都·恩披里克:《悬搁判断与心灵宁静:希腊怀疑论原典》,包利民等译,中国社会科学出版社,2017年,第41页。

个逻辑看，埃奈西德穆说他的怀疑论思想是通往赫拉克利特哲学的道路就是可以被理解的了。但是，如此一来就会出现一个问题，即埃奈西德穆就其思想本色而言并非纯正的怀疑论者，而是变成了一个赫拉克利特主义者，而赫拉克利特主义者至多只能说是个准怀疑论者。

接下来很自然的一个问题就是，这样的解释符合埃奈西德穆的思想实情吗？不得不承认，这是一个很难确切回答的问题，主要原因在于我们并不掌握埃奈西德穆的一手资料，关于他的思想我们只能通过后人的少量转述来了解。有不少学者主张埃奈西德穆思想中的赫拉克利特主义维度应作方法论观，即之所以埃奈西德穆会或有意或无意地接近赫拉克利特学说，是因为他要么像布克哈特解释的那样，仅仅用此方法来对斯多亚主义进行归谬论证，因为斯多亚主义者频繁声称赫拉克利特是该学派的思想先驱，要么就是像冯·阿尼姆（von Arnim）认为的那样，埃奈西德穆的做法仅仅是为了证明怀疑论对于赫拉克利特主义有种"逻辑上的优先性"。[①] 凡此种种。这种方法论的赫拉克利特主义，就像笛卡尔的方法论怀疑主义一样，笛卡尔的方法论怀疑主义恰恰证明了笛卡尔不是怀疑主义者，埃奈西德穆的方法论赫拉克利特主义恰恰证明了他不是赫拉克利特主义者。

让我们再次回到十式论证。十式论证基本上依据和论证的都是相对性这个最高的种，而相对性在认识论上说的无非就是塞克斯都所言的"同一事物是相反的现象的主体"，即同一事

[①] Roberto Polito, *The Sceptical Road: Aenesidemus' appropriation of Heraclitus*, Brill, 2004.

物相对于不同的知觉者或知觉系统可以表现出不同的甚至相反的现象来。说十式论证都在诉诸这点大抵说来是不错的。此外，十式论证还有一个中间环节，即事物的本性是不可知的，这点是直接从相对性论证那里得来的。最后是十式论证的终点，即要达成悬置判断的目标。所以综合来看，十式论证是由这三个环节构成的：

十式论证＝最高的种（"相对性"）＋中间环节（事物的本性不可知）＋目标（悬置判断）

那么接下来的问题就是，十式论证能否支持塞克斯都关于埃奈西德穆的那句证词？我们再回顾一下塞克斯都的证词，并对之进行补充如下：

命题：埃奈西德穆认为怀疑论是通向赫拉克利特哲学的道路

依据：持有同一事物是相反的现象的主体的观点会进一步持有同样的东西是相反的实在物的主体的观点

我们看到，如果十式论证能够起到积极的支持作用，就必须能够支持上文之依据。根据前面的论述，十式论证的第一个环节其实就是对依据中的前一个环节的论证，那么十式论证会支持依据中的第二个环节吗？第二个环节是说，同样的一个事物可以是相反的实在物的主体，即是说，彼此相反对立的两个事物而非现象，其存在的根基居然可以是同一个事物，反过来说就是，同一个事物居然可以既是 A 的根基又是 -A 的根基。这一点再稍微引申一下就会变成赫拉克利特主义的主张。因为如果同一个事物居然可以既是 A 的根基又是 -A 的根基，那么只能说这样的事物本性未定，处于持续的变动之中，而这正是赫拉克利特的本体论的不确定性学说。但是我们看到，十式论证中并没有包含对这一点的论证，它强调的是事物的本性不可知，而不是事物的本性是不确定的。所以，如果埃奈西德穆确是十式论证的提出者，那么从十式论证出发并不能得出埃奈西德穆是个赫拉克利特主义者的结论。十式论证只"断言"（我们姑且先用这个术语）了事物的本性不可知，并没有断言事物的本性是不确定的。从逻辑上看，如果断言了前者，那一定会否定后者，因为后者的逻辑前件是事物的本性可知。其实也正是因为这点，塞克斯都主张作为怀疑论者的埃奈西德穆并不是赫拉克利特主义者，因为赫拉克利特说到底仍然是个独断论者。[1]

然而，如前所述，十式论证存在一定的问题。从十式论证的依据来看，它正面加以阐述的都是与相对性有关的事实，从这一事实出发，要想达成悬置判断的目标，必须有中间环节的存在。但恰恰是这个中间环节，即事物的本性不可知，缺少必要的论证，使得其从相对性事实的得出变得不像一般认为的那样合理。也许，埃奈西德穆并没有意识到这里面的问题；第二种可能就是埃奈西德穆的十式论证并非如此，只是经过后人的转述方变得

---

[1] 塞克斯都·恩披里克：《悬搁判断与心灵宁静：希腊怀疑论原典》，包利民等译，中国社会科学出版社，2017 年，第 41～42 页。

如此。如果我们对比一下塞克斯都和斐洛的转述，我们会发现塞克斯都几乎在每一个论式后面都强调了由该种相对性会导致本性不可知，但是斐洛的记述则并没有这么强的语气，他有时会用较弱的语气来表达论证逻辑，比如在介绍完某一式的根据以及由此得出的相对性事实后，他会补充说根据这些相对性事实，我们"最好"悬置判断，悬置判断是一种"最安全的"方式。这种较弱的表达方式也许意味着，埃奈西德穆的十式论证只断言了相对性事实，至于事物的本性如何、可不可知，它并没有给予正面论述，从现象的相对性事实出发，我们仍然可以抵达悬置判断，因为这是一种最安全的选择，它因悬置了对事物本性的把握而避免了与这一把握相关的任何错误。如果这种可能是成立的，那么我们就可以将埃奈西德穆十式论证的内在逻辑改造如下：

十式论证＝最高的种（"相对性"）＋中间环节（避免一切错误）＋目标（悬置判断）

如果当真是这种内在逻辑，那么关于事物的本性问题，埃奈西德穆其实是回避了，或说在十式论证里根本没有涉及事物的本性问题。这样，我们就基本上无从得知埃奈西德穆关于事物的本性问题到底持有何种观点，除非我们相信塞克斯都的证词。塞克斯都证词中的关键地方在于上述"依据"部分。但是如果我们详细考察依据的论证逻辑，我们会发现它也存在着一定的问题。因为同一事物可以是不同现象的主体，而这不一定意味着同一事物可以是不同的实在的主体。我们不知道这是不是埃奈西德穆的主张，但我们知道这一点是被塞克斯都拿来用以证明埃奈西德穆是个赫拉克利特主义者的主要依据。不过我们已经看到，这一依据其实并不是一个清楚明白的真理，一个事物显现出不同的显像，仍然可以本性确定，德谟克利特主义者和柏拉图主义者就是这方面的代表。

所以，总的来看，不管是十式论证还是塞克斯都证词中的依据，从内在逻辑上讲均没有办法确定地支持埃奈西德穆是个赫拉克利特主义者。从结论上讲，我们比较支持布克哈特等人的观点，即被塞克斯都记述的埃奈西德穆及其弟子的言语，本身并不代表任何正面的主张或立场，而仅仅是一种方法论意义上的言辞，其意义要根据具体的语境来判定，比如与斯多亚学派进行争执的语境等。关于埃奈西德穆，我们就说这么多。接下来我们来看看皮浪主义的第二位中兴名将阿格里帕。

关于阿格里帕（Agrippa，约1世纪）的生平我们所知甚少，只知道他稍晚于埃奈西德穆，同为皮浪主义学派中人，有时被认为是埃奈西德穆的继承者。从拉尔修和塞克斯都的记载中我们知道，让阿格里帕名留青史的主要功绩就是与他相关的五式论证。不过，拉尔修和塞克斯都都没有明确说五式论证就是由阿格里帕提出来的，在拉尔修那里说的是"那些追随阿格里帕的人"，塞克斯都说的是"较晚近的怀疑论者"。[1]我们在这里不做这一细节争辩，按照学界通行的理解将五式论证看作由阿

---

[1] 拉尔修：《名哲言行录》，徐开来、溥林译，广西师范大学出版社，2010年，第476页；塞克斯都·恩披里克：《悬搁判断与心灵宁静：希腊怀疑论原典》，包利民等译，中国社会科学出版社，2017年，第33页。

格里帕提出来的。很显然，阿格里帕提出五式论证是以埃奈西德穆的十式论证为背景的，且在一定意义上是为了"补充"（拉尔修、塞克斯都）埃奈西德穆的十式论证而发明出来的。不过也有说法认为阿格里帕的五式论证不仅仅是为了补充十式论证，还意在"替代"后者。① 如果我们熟悉五式论证的内容就会发现，用五式论证来代替埃奈西德穆的十式论证会更有效地捍卫怀疑论立场。

五式论证第一式的根据是意见分歧。所谓意见分歧，不仅指常人在日常生活中对事物的看法不同，也指以往哲人对世界之真理、实相的把握各不相同。阿格里帕将这些把握视为"意见"而非"真理"，如果陷于这些纷争的意见之中，就会被其裹挟，难以取舍，从而无法安住身心，终日烦恼，所以最终只好悬而不决。第二式的根据是无穷倒退。一般而言，如果我们想要论证某个主张或论题的合理性，我们需要一个作为出发点来进行论证的前提，该前提往往是已得到公认的、被广泛接纳的论题。但是这种公认和接纳的依据不能是理性之外的因素，否则的话这种接纳就是不合理的。所以，作为前提的主张也必须得到论证。如此一来就会需要另一个以新的前提为始点的论证过程来论证上一前提的可信性。如此往复，就会陷入无穷倒退。第三式的根据是相对性。相对性论述与十式论证中的第八式类似，指的都是事物无法根据其自身而被把握，而是一直在一种相对性关系中被把握，比如某物相对于我们人类这一物种的视

---

① Simon Hornblower, Antony Spawforth, Esther Eidinow ed., *The Oxford Classical Dictionary*, Oxford University Press, 2012, p.45.

觉系统而呈现出特定的视觉图像。第四式根据的是独断论的"假定"、独断和想当然。这一式与第二式有关,第二式表明了前提的无穷倒退,为了止住这种倒退,独断论者提供出来的最后的根据,其实都不是经过合理的论证之后而得出的东西,而是一些假定之物,因而是独断的。最后一式的根据是循环论证。所谓循环论证指的是进行论证时所依凭的前提本身要借助被论证者来得到论证。

以上就是阿格里帕的五式论证。与埃奈西德穆的十式相比,阿格里帕的五式具有更高的概括性。拉尔修和塞克斯都均指出,阿格里帕的五式论证并不是要抛弃和代替十式论证,而是要补充后者,与后者结合起来共同为怀疑论服务。但是我们看到,如果埃奈西德穆的十式论证能够被概括为根源于相对性的论证,那么我们就可以将阿格里帕的五式论证视为对十式论证的一种替代,因为十式论证可以被涵盖在五式论证中的第三式里面。如此一来,阿格里帕的五式论证就要比埃奈西德穆的十式论证更广泛、更具概括性,同时也更为严谨,以至于我们今天如果要从事严谨的认识论研究的话就仍然不得不面对这些诘难。在当代知识论论争中,阿格里帕带来的这些诘难往往被称为"阿格里帕三难困境"(Agrippa's trilemma),它主要是由五式中的第二式、第四式和第五式构成(无穷倒退、独断论假定和循环论证),这是非常典型的知识论难题。知识的证成必须能够排除这三式,否则就很难说知识得到了证成。

在阿格里帕之后,他的追随者进一步对怀疑论论证进行概括和总结,又出现了"二式论证"之说。所谓二式论证指的是,我们对事物的认识要么是直接认识要么是间接认识，而这两种认识都是不可能的，因而我们无法认识事物，最好保持悬置判断。直接认识事物是不可能的，因为不管是十式论证还是五式论证都已经指出，事物是在相对性关系中呈现给我们的，所有的知觉表象都是相对的，我们不可能对事物获得直接的认识。间接认识也是不可能的，因为间接认识意味着我们要借助他物来认识某物，但对他物的认识我们又需要再次借助第三个事物，如此一来就会陷入无穷倒退的困境。

在埃奈西德穆以及阿格里帕所处时代的希腊-罗马智识生活中，卓越的学园派领袖卡尔尼亚德斯刚去世不久，克里托马库斯和拉瑞萨的斐洛相继成为新学园的领袖。漫步学派领袖之一罗兹的安德罗尼柯（Andronicoos of Rhodes，前1世纪左右，鼎盛年约在前60年）将同时期语法学家特兰捏（Tyrannio）的亚里士多德著作抄本当作自己的底本，开始了对亚里士多德著作的编订和整理，对后世产生极大影响。斯多亚学派经季蒂昂的芝诺创立后已经过了大约二百年的时间，正处于由中期阶段向后期阶段转折的过渡时期。菲德罗斯（Phaedrus，约前138—前70年）和斐勒德穆斯（Philodemus，约前110—前40年）在罗马开坛讲学，成为当时赫赫有名的伊壁鸠鲁主义者。比他们稍晚一些，卢克莱修（Titus Lucretius Carus，约前95—前51年）开始了他放浪不羁的一生，终因情爱而疯狂，早早结束了自己的生命。但正是这样一个人物，断断续续写下了他那传世的不朽诗篇，经西塞罗编订而流传至今，在今人玛莎·努斯鲍姆的解释学工作中大放异彩。至于西塞罗，几乎可以说是最能反映当时希腊-罗马智识生活面貌和风格的一位大师了，他曾求教于菲德罗斯门下，后经拉瑞萨的斐洛的教导从伊壁鸠鲁主义转皈学园派怀疑论，终成学园派怀疑论的最后一名伟大代表。然而，在这些诸子百家自鸣天籁、各择好音的丛林中，唯独少闻皮浪主义的声音。我们前文说过，自皮浪、蒂孟之后，皮浪主义就逐渐落没了，到埃奈西德穆再次复兴皮浪主义，此期间已有近二百年的时间过去了。虽然拉尔修粗略地记载了期间的传承关系，但总的来说皮浪主义迹近于无，直到埃奈西德穆的出现情况才发生了改观。根据佛提乌斯关于埃奈西德穆著作的说明，学者们推断埃奈西德穆本为学园派中人。是时的学园派已从克里托马库斯传到了拉瑞萨的斐洛，斐洛之后是安提俄库斯。从斐洛开始，学园派开始慢慢做出调整，其基本动向就是从绝对怀疑论立场后撤，越来越接近独断论的立场。当然斐洛还不至于完全地回归独断论，比较起来，其后的继任者安提俄库斯要更加独断，可以说完全抛弃了新学园的怀疑论立场，正式迈出了回归老学园的步伐。这些我们将在后面相关章节细论。在这里我们要指出的是，当安提俄库斯带领学园派转向独断论立场时，本是学园派中人的埃奈西德穆为了坚持怀疑论立场，离开了学园，捡起了皮浪主义传统，并将其发扬光大。他与西塞罗一样不满于安提俄库斯的做法，只不过西塞罗没有选择皮浪主义，而是继续坚守由卡尔尼亚德斯、克里托马库斯甚至还有斐洛所代表的学园派怀疑论立场。历此中兴，皮浪主义传统存续下来，当学园派在公元前1世纪中叶由安提俄库斯带领回归独断论之后，由埃奈西德穆所复兴的皮浪主义几乎成了古代怀疑论的唯一正宗代表。接着，又过了二百年左右的时间，皮浪主义终于在塞克斯都那里迎来了它的顶峰和尾声。在这二百多年的时间里，虽然皮浪主义的传承谱系仍不确定，但我们仍有理由相信，随着与医学经验主义的合流，皮浪主义在此期间相当活跃。[①]最终在塞克斯都那里，皮浪主义怀疑论与医学经验主义、方法论学派完美地结合在一起，形成了皮浪主义传统中最具系统性的阶段，同时也促使皮浪主义进入了它的尾声。接下来，我们就来看看这一部分的内容。

---

① Harald Thorsrud, *Ancient Scepticism*, Acumen Publishing Limited, 2009, p.123.

第三节
皮浪主义怀疑论的尾声：塞克斯都·恩披里柯

塞克斯都·恩披里柯（Sextus Empiricus），皮浪主义怀疑论的系统归结者。关于塞克斯都的生平我们知之甚少，其活动年代大概在公元2世纪到3世纪，鼎盛年在2世纪中后期，一生多在亚历山大里亚、罗马、雅典等地活动。有说法认为塞克斯都是当时盛行的医学经验主义学派中的一员[①]，但是根据塞克斯都本人的看法，似乎推导不出这一点，反而是与"医学方法论学派"（methodic school of medicine）关系更密。[②]

医学经验主义学派我们前文提到过。它出现于公元前3世纪左右，其根源甚至可以追溯到更早的公元前5世纪。创始人一般被认为是科斯的腓里努斯（Philinus of Cos，约前3世纪），他是医师赫洛斐琉斯（Herophilos，约前3世纪）的学生，亚里山大

[①] 这一看法最早可以追溯到拉尔修，另外还可见 James Allen, "Pyrrhonism and Medicine", in *The Cambridge Companion to Ancient Scepticism*, Richard Bett ed. New York: Cambridge University Press, 2010, p.232；包利民在《为什么我们今天要读怀疑论》一书中也持有这种看法。

[②] 塞克斯都·恩披里克:《悬搁判断与心灵宁静：希腊怀疑论原典》，包利民等译，中国社会科学出版社，2017年，第48～49页。

里亚的瑟拉庇安（Serapion of Alexandria，约前3世纪）的老师。此外该派还有很多其他成员，流传时间甚长，只是自埃奈西德穆的时代以降才开始进入活跃期。该派与医学独断论学派持有相反的立场。简单地说，后者主张探究疾病之症状背后的潜在原因，认为正是那些不可见的原因导致了疾病及其表现出来的一些症状，而医生的职责就在于把握住这些潜在的病因，根据这些病因给出治疗方案。这些潜在原因，大部分情况下指的不是外在于人身体的因素，比如蚊虫或病毒，而是指人身内部的运作机制。这一立场之所以被称为医学独断论，是因为在医学经验主义看来，症状背后的潜在原因是非显然的、间接的，不为人们所知的东西，从症状推导原因的做法最终说来是缺少可靠性的，因而原因本身也是缺少可靠性的，任何被设定为原因的东西都是独断之物。与此相反，如前所述，医学经验主义认为经验累积才是最重要的，虽然我们无法知道事物或疾病的最终根据，但是这并不妨碍我们通过积累下来的有益经验而达到有效的治疗目的。总而言之，医学经验主义者强调的是要把关注的目光集中在有效的、实验性的治疗实践上，而非推论甚至思辨上。

然而，在医学经验主义学派和医学独断论学派之外，古代晚期还有一个相关的医学学派叫医学方法论学派（methodic school of medicine）。[1] 比较起来，医学方法论学派出现的时间

---

[1] Galen, *Selected Works*, P. N. Singer trans., Oxford University Press, 1997, p.5; Jonathan Barnes, Jacques Brunschwig, Myles Burnyeat, et al. ed., *Science and Speculation: Studies in Hellenistic theory and practice*, Cambridge University Press, 1982, p.1.

较晚,有说是在公元前 1 世纪左右建立的,不过也有人主张说是在公元 1 世纪左右正式建立的。① 其渊源可以追溯到更早一些的医师比提尼亚的阿斯克里皮亚德斯(Asclepiades of Bithynia,约前 129—前 40 年)。② 医学方法论学派的出现,是为了在经验主义学派和独断论学派之外开辟第三条道路,来超越以往两个旧学派的各自缺陷。在医学方法论学派看来,医学实践既不能像医学独断论学派那样,汲汲于事物的原因或最终根据,也不能像医学经验主义学派那样放弃理智的努力,完全信靠经验和疾病之间的试错性关联,而是要找到属于自己的真正的"方法"(μέθοδος)。根据盖伦③(Galen,即 Claudius Galenus,129—216 年)的记述,医学方法论学派认为真正的医学方法在于"对显现出来的一般之物有所了解(gnōsis phainomenōn koinotēnōn),即对一些一般的、频繁出现的特征有所认识,这些特征出没出现可以通过检查来加以确定"④。什么是"一般之物"(koinotēnōn/generalities)呢?从形而上学实在论的角度讲,一般之物指的是个体事物之间在某个方面所共有的特性,它独

---

① Michael Frede, "The method of the so-called Methodical school of medicine", in Jonathan Barnes, Jacques Brunschwig, Myles Burnyeat, et al. ed., *Science and Speculation: Studies in Hellenistic theory and practice*, Cambridge University Press, 1982, p.2.

② Galen, *Selected Works*, P. N. Singer trans., Oxford University Press, 1997, xiv.

③ 盖伦,古代伟大的医学家、哲学家,古代医学的系统总结者,对西方医学、哲学思想产生过重要影响。

④ Michael Frede, "The method of the so-called Methodical school of medicine", in Jonathan Barnes, Jacques Brunschwig, Myles Burnyeat, et al. ed., *Science and Speculation: Studies in Hellenistic theory and practice*, London: Cambridge University Press, 1982, p3, 此部分为笔者翻译。

立于个体事物而存在。柏拉图主义就是一种典型的代表。比如说一朵玫瑰花是红色的，一朵海棠花是红色的，一朵玉兰花也是红色的，那么颜色"红"就是这些花的共性，正是因为这一共性的存在，红色的玫瑰花才成为红的，红色的海棠花才成为红的。然而，医学方法论学派这里所谓的一般之物，虽然指的也是共性，但却不是"膨胀的柏拉图主义"（麦克道威尔语）意义上的共性，根据迈克尔·弗雷德的看法，其采纳的仅仅是一种日常语言用法中的意义，即"相似性""共同性（similarity and likeness）"。[1] 比如说你的牙坏掉了，很痛，我的牙摔掉了，也很痛，这种牙部的痛就是你我之间那种共同性的东西。

如弗雷德所说，作为这种共同性的一般之物，它可以是显现出来的，也可以是隐藏着的。对于医学方法论学派来说，重要的是那些"显现出来的（phainomenōn）"共同性。道理很简单，因为那些没有显现出来的东西对于我们而言是间接的、难以把握的。医学独断论学派探究的那些隐藏在现象背后的原因就是这种没有显现出来的间接之物。医学方法论学派对此的看法与医学经验主义学派一样，认为医学独断论学派所设定的原因都是可被怀疑的，不确定的。所以他们主张工作的焦点不应该放在那些没有显现出来的东西身上，而是要放在显现出来的东西那里，由此就可以避开医学独断论学派之间的争议。治疗

---

[1] Michael Frede, "The method of the so-called Methodical school of medicine", in Jonathan Barnes, Jacques Brunschwig, Myles Burnyeat, et al. ed., *Science and Speculation: Studies in Hellenistic theory and practice*, Cambridge University Press, 1982, pp.8–9.

方式也不是来自深层的根据，而是直接出自对显现出来的共同性的把握。医学方法论学派经常比喻说，医疗方案的给出是自然而然的，就像饥饿本身就能给出寻找食物的治疗方案那样，医疗方案也不需要先行寻找病因或依靠积累下来的有益经验，而是直接来自疾病本身。但是，这并非意味着人们不再需要医生，因为唯有训练有素的医生才能把握住显现出来的共同性，真确地知道它是什么。一旦医生能够形成这样的认识，这种认识就是坚固的，不会出错的，所以也避免了医学经验主义学派的可错论立场。这样一种坚固的知识，本身就包含着治疗方案。道理也很简单，比如如果我们真确地知道流感这种疾病，那么这种知道里自然会包含何种方式方法能够治疗这种疾病，如果这种知识不包含治疗方法，那么就可以反过来说这种知识并不是关于流感的真正知识，而仅是一种"思索（speculation）"或"推测（conjecture）"。

历史地看，关于塞克斯都到底是不是医学经验主义学派或医学方法论学派中人这一问题，现在已经很难给出确切的回答了。但是，从塞克斯都本人的记述来看，我们倒是可以推导出这样一个结论，即也许经验主义学派与皮浪主义怀疑论确实有着很多共同性和亲缘关系，但塞克斯都却不属于这个学派，因为他明确区分了该学派与皮浪主义怀疑论之间的异同，反而是对方法论学派，塞克斯都给予了更多的认同。^①塞克斯都的主要根据是，医学经验主义学派对非显然之物的不可知性有所"断定"，是强意义上的断定，因而仍会陷入一种独断论，而医学方法论学派没有做出这种断定，对非显然之物的可理解性或不可理解性不予判断。^②但是我们看到，一方面，医学经验主义学派的"断定"可以被理解为一种较弱意义上的用法，用塞克斯都的话说就是"非独断的"方式，医学经验主义学派完全可以是非独断地断定事物的原因不可理解，所以这样来看的话医学经验主义学派与怀疑论的共同性大于差异性；另一方面，虽然医学方法论学派确实有很多方面与怀疑论相似，但是有一个主张却是与怀疑论相左的，即经过训练的医师对显现出来的一般之物的认识是一种坚固的、无错的知识。这是一种很强的独断论主张。

关于塞克斯都与医学经验主义学派和医学方法论学派的关系，我们就说这么多。接下来，我们将主要从下面两个方面来展开关于塞克斯都的论述：其著作概览以及对皮浪主义学说的归结。

我们先来看看塞克斯都的著述。根据拉尔修的记载，塞克斯都一生写有十卷本的怀疑论著作，这还不包括其他一些评论

---

① 这里会涉及塞克斯都著作顺序和思想发展进程问题。因为在《皮浪主义概论》中，塞克斯都明确表达了怀疑论与经验主义学派不同，倒是与方法论学派更亲密一些，这一立场与他在《反对理论家》表达的立场不一样，在后者这里，塞克斯都则是明确地将怀疑论与经验主义学派关联起来。
② 塞克斯都·恩披里克：《悬搁判断与心灵宁静：希腊怀疑论原典》，包利民等译，中国社会科学出版社，2017年，第48页。

性著述。拉尔修没有详细给出十卷著作的标题，所以我们目前也不清楚这十卷著作到底指哪些文本。从目前流传下来的著作来看，我们知道的有以下几种：《皮浪主义概论》，保存完整，共三卷：第一卷为"怀疑论的一般特征"，第二卷为"对逻辑学的怀疑"，第三卷为"对物理学和伦理学的怀疑"。《反对理论家》，部分轶失，共十一个部分：第一部分为"反对语法学家"，第二部分为"反对修辞学家"，第三部分为"反对几何学家"，第四部分为"反对算术学家"，第五部分为"反对占星术士"，第六部分为"反对音乐学家"，第七、八部分合为"反对逻辑学家"，第九、十部分合为"反对物理学家"，第十一部分为"反对伦理学家"。根据《反对理论家》的记载，应该还有《医学论集》《经验主义学派论集》《灵魂论集》《皮浪主义对话录》等著作，但已完全佚失。

其中，《皮浪主义概论》除第一卷总论皮浪主义怀疑论的整体特征外，剩下的两卷内容分别为对逻辑学、物理学和伦理学中的独断论立场的批评，其与《反对理论家》中自第七卷以后的部分有所重叠，但在规模上远不如后者详尽。有些学者认为《反对理论家》的第七卷以后的部分从属于一个更大的写作计划，这个更大的写作计划或著作是对《皮浪主义概论》的一个全面扩充。① 《反对理论家》的前六卷部分，主要针对当时一般的智识教育内容即"博雅教育"（Liberal Arts）——进行批评。所以有时人们也将前六卷和后五卷分开，区别对待，在拉丁语

---

① Karel Janáček, "Die Hauptschrift des Sextus Empiricus als Torso erhalten？", in *Philologus*, 1963（107）：271-277.

世界中前六卷经常被统称为《反对诸专家》，后五卷被统称为《反对独断论者》。至于《皮浪主义概论》《反对理论家》等书的写作顺序，学界也存在很多争议。以上就是我们现在能掌握到的塞克斯都的著述部分。从内容上看，这些著述包罗古代哲学众多流派，广涉皮浪主义怀疑论众多面向，成为今人了解古代怀疑论思想以及古代哲学基本面貌的重要资源之一。

《皮浪主义概论》的第一卷尤为重要，因为它是对皮浪主义怀疑论基本思想的一次系统性概括和呈现。如果雅纳切克（K Janacek）的观点是正确的，那么就意味着塞克斯都其实还有一部更详尽的著述，其中有一部分是对《皮浪主义概论（第一卷）》的充实性再现。但是非常可惜，即便属实，这部分内容也早已佚失了。接下来我们将根据《皮浪主义概论（第一卷）》的内容来概览一下塞克斯都对皮浪主义怀疑论基本思想的归结。这一部分，我们将从以下几个方面展开：怀疑论的正名、怀疑论的标准、怀疑论的论证、怀疑论的言说方式以及怀疑论的判别。先来看怀疑论的正名。

第一个方面为怀疑论的正名，我们前面简要介绍过。在塞克斯都看来，哲学可分为三种类型，即独断论、学园派和怀疑论。其根据在于：独断论自认为已经找到了真理，学园派（在这里指新学园）独断地认为我们永远无法知道真理，怀疑论拒绝前两种对待真理的独断态度，而一直保持着探寻和研究真理的姿态。所以，塞克斯都说怀疑论也被称为"研究派"。[①] 塞克

---

① 塞克斯都·恩披里克：《悬搁判断与心灵宁静：希腊怀疑论原典》，包利民等译，中国社会科学出版社，2017年，第3~4页。

斯都继续补充说，如果从研究过程中和研究后的心境来看，怀疑论又可以称为"悬而不决派"。悬而不决之后，随之而来的就是心灵的宁静，这既是怀疑论的"起因"，也是怀疑论的目标，我们前文称之为伦理学的应成派治疗主义。那如何从保持研究姿态的研究派转而变为悬置判断、悬置研究的悬而不决派呢？其中的关键涉及怀疑论的方法，我们前面曾称之为方法论相对主义主张。塞克斯都说："怀疑论体系主要的基本原则是：每一个命题都有一个相等的命题与之对立，因为我们相信这一原则带来的结果就是停止独断。"①怀疑论认为任何一个主张必会有一个同等有效的主张与之对立，所以我们无法在所有判断之间进行取舍，挑选出最为正确的那个判断，这种方法论相对主义的直接结果，就是悬而不决，我们前文称之为认识论的寂静主义。认识论的寂静主义的一个本体论后果，就是紧缩论的现象主义，而之所以称之为紧缩论的现象主义，主要是与怀疑论的标准问题有关。

第二个方面为怀疑论的标准，指的是与怀疑论者的言行所援引的那些标准和"背景信念"相关的问题。我们已经知道，怀疑论者不会独断地持有任何信念，否则就会陷入自相矛盾的境地。但是如此一来也会给怀疑论者带来很多难题，比如我们前文提到过的"非实践驳难"。该驳难是从实践方面提出来的一种反驳，意指如果我们像怀疑论者要求的那样，放弃所有的信念，那我们的日常生活和实践行为到底该如何继续，因为其

---

① 塞克斯都·恩披里克：《悬搁判断与心灵宁静：希腊怀疑论原典》，包利民等译，中国社会科学出版社，2017年，第5页。

正常展开的条件就是具有、相信和援引某些信念。甚至我们的理论行为和言语行为,在没有任何信念的情况下也是很难展开的,因为一旦我们进行言说,就会多多少少包含一些得到断定的要素,即便是怀疑论者说怀疑论不断定任何东西,此时在这种理论言语行为中也包含着一种断定。拉尔修曾专门指出过这种反驳:

这些怀疑论者自身也在进行理解、把握和论断。因为就在他们认为自己是在进行反驳的地方,他们也在进行理解和把握,同样也就在那里,他们也在进行正面的肯定和论断。[①]

按照这一反驳观点,如果想彻底地坚持怀疑论立场,就必须弃言(afasia)和绝行(apraxia)。塞克斯都对此有非常清醒的意识。因而在《皮浪主义概论》的开篇,塞克斯都就预先表明:"我下面要说的一切,并没有断定其事实真是如此;我只是像一个编年史家那样,按照事实当下向我呈现的样子,简单地记下每件事实。"[②] 也就是说,至少在塞克斯都的表述中,怀疑论者的言语行为并没有断定任何事情,而仅仅是以事物的"呈现"为依据而进行的简单记录。怀疑论者的心智类似一面镜子,只是端呈事物投射过来的影像或痕迹,但对此并无反思和

[①] 拉尔修:《名哲言行录》,徐开来、溥林译,广西师范大学出版社,2010年,第482页。

[②] 塞克斯都·恩披里柯:《悬搁判断与心灵宁静:希腊怀疑论原典》,包利民等译,中国社会科学出版社,2017年,第3页。

断定，因而能够避开反驳观点的指责。在这里，其实塞克斯都已经给出了怀疑论的标准，即事物向我们的呈现、呈现之物（appearance）。那什么是呈现呢？塞克斯都在这里所说的呈现多指"感觉呈现"，这从其用到的例子中也能看出这点。[①] 比如，蜂蜜对于我们而言是甜的，它呈现为甜的。感觉呈现有个特点，即它是一种被动性的、非意愿性的感受，因而不是怀疑的对象。如果我们对这种感受做出判断，那么这种判断就成了可以被怀疑的对象。还是刚才那个例子，蜂蜜对于我们而言呈现为甜的，这不是怀疑的对象，因为它是个自然事实，但是如果我们就此断定说蜂蜜是甜的，那么我们就超出了这个感性印象的范围，进入了非显然之物的领域并对其进行判断，此时做出的判断就是可被怀疑的。因而，呈现几乎等同于塞克斯都笔下的显然之物[②]。

塞克斯都的这一主张，明显继承了埃奈西德穆甚至更早一些的怀疑论者的思想。拉尔修详细记载了他们在类似问题上的相同看法。[③]

由此可见，埃奈西德穆等人说得很清楚，怀疑论者只以呈现本身为标准，至于附着在呈现身上的那些不确定的东西，要将其悬置起来，不做判断。因为一旦对其进行思考和断定，马上就会陷入可被怀疑的境地。这些不确定的东西，指的就是呈

---

① 塞克斯都·恩披里克：《悬搁判断与心灵宁静：希腊怀疑论原典》，包利民等译，中国社会科学出版社，2017年，第7～8页。
② 显然之物指 appearance，此处与 "what is apparent"，意思相当。
③ 拉尔修：《名哲言行录》，徐开来、溥林译，广西师范大学出版社，2010年，第482～483页。

现之外的、超出了呈现本身边界的那些东西，比如事物本身的境况、实相。从这一点来看，怀疑论与昔兰尼学派的一些主张非常相似。我们前面在介绍希腊怀疑论前传的时候曾指出，在昔兰尼学派的认识论思想中有一个非常重要的主张，即我们没有办法对事物的实相进行判断，因为如果我们不想出错的话，我们就必须将我们自己限制在知觉印象的范围之内，否则我们的判断就容易出错。昔兰尼学派的这一思想一路流传，到公元4—5世纪的奥古斯丁那里都还可以看到相似的主张。虽然我们无法确定怀疑论者是否暗中借鉴过昔兰尼学派的思想，但可以确定的是怀疑论者不可能不了解昔兰尼学派的相关主张。从认识论上讲，昔兰尼学派的这一主张恰恰是为了避免怀疑论问题的；但怀疑论的类似主张，其初衷则主要是为了应对非实践驳难的。非实践驳难批评怀疑论者其实并没有完全按其主张行事，因为如果将其原则贯彻到底的话会导致生活的不可能性。怀疑论者回应说，虽然怀疑论主张悬置任何判断及由之而来的任何信念，但怀疑论者的生活仍然可以顺利进行下去，因为他们并不拒绝呈现，按照事物向我们呈现出来的知觉印象行事。如果蜂蜜向我们呈现为一种甜的、可口的东西，我们就有非独断的理由接受它为一种有益的食物。如果一辆疾驰的马车正向我袭来，如果我不躲避，"看上去"它会撞到我，那么我们就有非独断的理由相信如果我不躲避它就会把我撞坏，因而就可以加以躲避。在拉尔修的记述中，埃奈西德穆说皮浪只追随现象，如果这点是可信的，那么卡里斯托斯的安提戈洛斯记载的那些轶事就是可疑的，在后者的描述中皮浪是个时时都需要在其弟子

141

的帮助下才能免于危险的人。

按照呈现非独断地生活,在塞克斯都那里被进一步等同为"按照通常的生活规则"来生活。① 严格来说,从按照呈现而生活转渡到按照通常的规则而生活是缺少逻辑必然性的,虽然这种转渡可能会具有一定的经验必然性。从基本观点、立场上看,怀疑论者是社会中非常极端非常激进的一类存在,但是从现实的和历史的角度来看,他们不仅不是激进的无政府主义者,反而是墨守成规、遵纪守法的保守主义者。塞克斯都说,按照呈现非独断地生活的结果就是按照通常的生活规则来生活,而这种通常的生活规则包含或来自以下四个方面:"自然的指导""情感的驱使""法律和习俗传统"以及"技艺的教化"。② 由此可见,怀疑论者从激进主义者到保守主义者的身份转变其实只差一步之遥。当我们真地无法断定好坏、真假、美丑的时候,我们最容易走向"ou mallon",即"谁也不更"或"无可无不可"。据说该词为德谟克利特所创,漫步学派亚里士多德的继承者泰奥弗拉斯图斯(Theophrastus,约前371—前287年)和伊壁鸠鲁主义者兰普萨库斯的克罗特斯(Colotes of Lampsacus,约前320—前268年)都用过这个概念,后来被怀疑论借鉴过来,成

---

① 塞克斯都·恩披里克:《悬搁判断与心灵宁静:希腊怀疑论原典》,包利民等译,中国社会科学出版社,2017年,第8页。
② 塞克斯都·恩披里克:《悬搁判断与心灵宁静:希腊怀疑论原典》,包利民等译,中国社会科学出版社,2017年,第8页。

了塞克斯都笔下所谓的怀疑论的"表达式"。①既然是谁也不更，无可无不可，那么在既有的法律和习俗条件下，似乎遵守法律、墨守成规是最便捷、最可取的。

塞克斯都对皮浪主义学说进行归结的第三个方面，是怀疑论的论证。该论证策略主要包括埃奈西德穆的十式论证、八式论证和阿格里帕的五式论证，甚至还有一个更简化的二式论证，相关内容可参考前文，在此不再复述。

下面我们转到怀疑论的言说即显明其怀疑论立场的主要表达问题。上文我们提到过 ou mallon，即"谁也不更"或"无可无不可"，这个表达式是塞克斯都提及的第一个表达式，也是相当重要的一个表达式。根据怀疑论的理解，ou mallon 来源于其方法论带来的一种独特感受。我们知道，怀疑论经常运用方法论的相对主义策略，认为任何一个独断性命题都会有一个等效的相反命题与之对立，由这种策略带来的一种感受塞克斯都称为"equipoise"，即"对反者的相持不下""对反者的等效性"。既然发现两个对反者相持不下，在二者之间无法做出最终的取舍，那么似乎就只剩下一个选择了，即 ou mallon，无可无不可。ou mallon 虽然看似包含着一种断定在里面（比如"谁也不更"），但是像塞克斯都说的那样，怀疑论者用这种表达式并"不是正面地肯定这话确实是真的和确定的，只不过是表达它对我们显

---

① 塞克斯都·恩披里克：《悬搁判断与心灵宁静：希腊怀疑论原典》，包利民等译，中国社会科学出版社，2017年，第35～36页，第42页。Leo Groarke, *Greek Skepticism: Anti-Realist Trends in Ancient Thought*, McGill-Queen's University Press, 1990, pp.52–53.

现出来的样子"①。

塞克斯都还提到了怀疑论者会使用的很多其他的表达式，比如"或许""可能""也许"。当怀疑论者使用这样的表达式来言说某事某物时，她只是在表示事物向她显现的情景，并没有断定事物就是这个样子。另外，还有一些表达式，如"我什么也不决定"，"一切都是不确定的"，"一切事物都是无法理解的"，"我不理解"等，这一类表达式比较特殊，因为它们似乎是一种断定，哪怕是一种消极意义上的断定。的确，单从表达式本身来看，这一类表达式确实是一种消极意义上的断定。尤其像"一切都是不确定的"，"一切事物都是无法理解的"，恰恰是对事物之本性的一种独断，断定事物之本性是"不确定的"和"无法理解的"。虽然如此，塞克斯都明确指出，作为怀疑论者的主要表达式，它们并不是被用来进行某种断定的，而只是在表达言语者的一种不决的心态。②说一切都是不确定的，无非是说事物向我们此时呈现为这样，彼时又会呈现为那样，其呈现是变动的、不稳定的，而我们也只能以该呈现为标准，认为一切事物都是不确定的。同时，也是因为这后一类表达式，我们尤为清晰地看到在怀疑论与此前的希腊哲学之间存在着一种相似性。不过正像我们在第一章表明的那样，相似性是一方面，另一方面就是塞克斯都指出的，最终说来二者之间还是有根本

---

① 塞克斯都·恩披里克：《悬搁判断与心灵宁静：希腊怀疑论原典》，包利民等译，中国社会科学出版社，2017年，第36页。
② 塞克斯都·恩披里克：《悬搁判断与心灵宁静：希腊怀疑论原典》，包利民等译，中国社会科学出版社，2017年，第38~39页。

的差别的，因为一切都是不确定的、一切都是无法理解的等表达式，在希腊哲学中的确是一种消极意义上的独断论表达，而在怀疑论这里则不是。所以，塞克斯都非常明确地主张要把怀疑论与赫拉克利特、德谟克利特、智者学派等区别开来。[①]这就是我们接下来要讨论的塞克斯都对皮浪主义学说进行归结的第五个方面，即怀疑论的判别。

有了对怀疑论的正名，并且也理解了怀疑论的标准、论证和言说方式，那么我们就能很容易地判别出怀疑论与其他哲学立场之间的区别。但是，有些哲学家或学派的思想本身就具有一定的怀疑论倾向，所以想在怀疑论与这样的立场之间进行区分是有一定困难的。塞克斯都提到了六个这样的立场，它们分别是赫拉克利特哲学、德谟克利特哲学、昔兰尼学派、智者学派、新学园以及医学经验主义学派。[②]因为现在我们要讨论的是怀疑论的判别问题，所以我们的关注焦点是怀疑论学派与其他哲学学派之间的区别，而非像前文那样，关注的是相似性问题。怀疑论与赫拉克利特哲学之间的区别问题，我们前面提到过。我们已经知道，这一问题的由来主要源自埃奈西德穆的一个说法，即他把怀疑论看作通往赫拉克利特哲学的一个环节。其主要根据就是：同一事物是相反现象的主体的看法会导致同一事物是相反的实在物的主体的看法。第一个看法是怀疑论认同的，

---

① 塞克斯都·恩披里克：《悬搁判断与心灵宁静：希腊怀疑论原典》，包利民等译，中国社会科学出版社，2017年，第41～44页。
② 塞克斯都·恩披里克：《悬搁判断与心灵宁静：希腊怀疑论原典》，包利民等译，中国社会科学出版社，2017年，第41～49页。

第二个看法是赫拉克利特主义的，由此就把怀疑论作为一个内在环节纳入了赫拉克利特哲学之中。塞克斯都对此的反驳有二。其一，塞克斯都指出，第一个看法即同一个事物会有相反的现象，不仅是个事实，而且还是很多哲学家都会感受到的事实，是不同的哲学学派构建自己的主张的共同出发点，它并不为怀疑论独有，所以说因为这个看法而仅把怀疑论纳入赫拉克利特主义是不合适的。其二，如果说怀疑论有立场的话，那就是非独断的立场，但赫拉克利特哲学恰恰不是非独断的，它的很多主张、观点都是典型的独断论的，因而将二者等同起来的做法是不合适的。①

德谟克利特哲学与怀疑论思想之间的亲缘性我们在前文中已有论述，至于二者之间的差异性，当然也有很多，塞克斯都指出来的有两点。其一，我们知道，ou mallon 这个表达式最先由德谟克利特所创，因为他注意到一个现象，即知觉印象因人而异，蜂蜜对有些人而言是甜的，但对另外一些人则是苦的，由此德谟克利特宣布说蜂蜜是甜的和蜂蜜是苦的二者之间谁也不比谁更正确，这其实是一种断定，断定两个命题都不正确，但是在怀疑论对该表达式的使用中却没有断定，它只是在表达一种不决的心态以及对事物本性如何的悬置，而不是在断定某个结论。其二，塞克斯都特别指出，德谟克利特哲学的独断性尤为明显地体现在他的自然哲学主张上，原子和虚空构成了世界的实相，而这一点正是怀疑论要加以质疑的。

---

① 塞克斯都·恩披里克：《悬搁判断与心灵宁静：希腊怀疑论原典》，包利民等译，中国社会科学出版社，2017年，第 41 ~ 42 页。

我们在前文中已经多次指出过昔兰尼学派与怀疑论之间的紧密关联，其中很重要的一个方面就是昔兰尼学派认识论思想中的副词理论与怀疑论的标准之间的相似性。昔兰尼学派认为，我们能够真正认识的只有我们自身的心灵状态，当我们看到一块白颜色的时候，我们能够确定的只是"我在白色地看"，而无法确定"我看见一块白色"，这与怀疑论追随感性呈现非常相似。但即便如此，塞克斯都还是指出在二者之间是有一定差异的。昔兰尼学派认为我们的确能够确定地知道我们自身的心理状态，这是其独断的地方。而怀疑论也追随知觉呈现，但它不是在断定意义上认同呈现，而仅仅是"无心之举"，像面镜子，简单地将映像呈现出来并受其指引。塞克斯都说怀疑论者就像"编年史家"，其任务只在于将发生的事情按其原委加以记录而已，指的就是这个意思。所以，在昔兰尼学派加以断定的地方，怀疑论者其实并没有进行任何断定。当然，对呈现的这种非断定的接纳和追随，到底是如何做到的，我们该如何理解这种接纳，这些问题包括塞克斯都在内的古代怀疑论者都没有给出过详细的解释。

在怀疑论之前的所有哲学派别中，似乎智者学派与怀疑论之间的关系最为亲近，以至于像文德尔班、策勒这样的哲学史家经常在其著作中相互阐发两个学派。[1]不可否认的是，智者学派在认识论上的确带来了一种非常强烈的相对主义主张，以至

---

[1] 慕子李甚至认为在策勒那里智者学派的相对主义立场和怀疑论观点之间是没有区别的（Mi-Kyoung Lee, *Epistemology after Protagoras: Responses to Relativism in Plato, Aristotle and Democritus*, Oxford University Press, 2005, pp.34-35）。

于像慕子李这样的学者认为，正是这种相对主义主张成为希腊化时期怀疑论思想的主要智识资源。[1]我们在引论部分也交代过二者之间的这种内在关联。在这里，我们跟随塞克斯都来看看二者之间的主要区别。塞克斯都指责智者学派犯有独断论错误的主要根据之一，就是智者思想中的赫拉克利特主义成分。塞克斯都认为普罗泰戈拉等人持有事物处于不断的变动之中的观点，不存在确定不变的结构，我们在前文中借鉴意大利学者齐柳利的观点，将这种看法称为本体论的不确定性学说。当然，这种学说是一种独断论，它断定世界的实相是不确定的。正是因为这一断定，导致了塞克斯都认为终究说来要将智者学派与怀疑论区别开。

柏拉图的学园派自阿塞西劳斯之后走向怀疑论立场，与皮浪主义怀疑论有很多相似之处。但是塞克斯都敏锐地意识到在两个怀疑论学派之间存在一定的区别，甚至在他的理解中只有皮浪主义传统才真正代表着怀疑论立场，而学园派只是一种虚假的怀疑论，骨子里仍是独断论。根据塞克斯都的记述，学园派经过了大致五个阶段的发展历程：第一个阶段即柏拉图时期，第二个阶段即由波来穆（Polemo）的学生阿塞西劳斯开创并领导的"中期学园"，第三个阶段即由卡尔尼亚德斯和克里托马库斯领导的"新学园"，第四个阶段即由拉瑞萨的斐洛和夏马达斯（Charmadas）领导的"第四学园"，第五个阶段即安提俄库

---

[1] Mi-Kyoung Lee, *Epistemology after Protagoras：Responses to Relativism in Plato, Aristotle and Democritus*, Oxford University Press, 2005.

斯领导的"第五学园"。[①]在这五个时期的发展过程中，塞克斯都指出只有阿塞西劳斯的立场才与他们的皮浪主义传统多少有点接近，其余者要么是显白的独断论者，要么是隐微的独断论者。当然从怀疑论的立场将柏拉图解释为一个怀疑论者不是不可能，但在塞克斯都看来，至少在很多方面，柏拉图都不是严格意义上的怀疑论者，而是标准的独断论者。[②]第三阶段，即由卡尔尼亚德斯领导的新学园时期，在塞克斯都看来这个时期的学园派虽然也公开支持一种怀疑论立场，但骨子里却是独断论的。之所以这么认为，主要是因为两方面的原因。首先，新学园常常独断地使用一些消极意义上的表达式如"一切都是无法理解的"，这与皮浪主义的使用方法是不一样的，后者是非独断地使用这样的表达式，只意在表达一种认识论寂静主义的心态，但新学园对此的使用却是独断的，他们往往是在断定这点，即一切都是无法被理解的，对此持一种认同态度。其次，也是最重要的方面，即新学园在认识论上提出一种比较独特的观点，即我们可以相信具有较高"可能性"（probability）的那些印象，尤其是那些具有较高可能性、同时又"检验过的和不可推翻的"那些印象。这样的印象是不容易出错的，所以我们可以相信它们。新学园针对这样的印象而升起的那种"相信"，与独断论的

---

① 塞克斯都·恩披里克：《悬搁判断与心灵宁静：希腊怀疑论原典》，包利民等译，中国社会科学出版社，2017年，第44页。我们在下文还会详述学园派的发展史。
② 塞克斯都·恩披里克：《悬搁判断与心灵宁静：希腊怀疑论原典》，包利民等译，中国社会科学出版社，2017年，第45页。塞克斯都说在其《评论集》中有关柏拉图思想中的怀疑主义问题的进一步解释，指的可能是《医学论集》或《经验主义学派论集》或《灵魂论集》，而非《反独断论者》。

信念持有方式是没有本质区别的，都是带着"强烈的认同"而来的信以为真，因为具有较高可能性的、检验过的和不可推翻的那些印象在他们看来的确是可以被信赖的。与此不同，我们前文曾指出过，寂静主义之所以是寂静主义，就在于认识论上的那种信念持有方式不是主动地认同，而是被动地接纳，"不抵抗而仅仅毫无积极性地跟随着"，跟随现有律法、习俗、自然感受等的指导。①

卡尔尼亚德斯和克里托马库斯的新学园之后，拉瑞萨的斐洛和安提俄库斯将学园派从怀疑论方向重又带回了柏拉图的独断论方向，怀疑论要素在这个时期的学园派中已成为慢慢消散的一股味道。至于阿塞西劳斯，时人多言其与皮浪主义相似之处，塞克斯都也多少尊重这一流传的看法，比起卡尔尼亚德斯等人来，阿塞西劳斯似乎表现得更像一个纯粹的怀疑论者，他从不对任何事物进行断定。之所以塞克斯都仍将其视为一个隐蔽的独断论者，主要有两方面原因，但这两方面的原因似乎都是站不住脚的。第一个原因就是虽然阿塞西劳斯不对任何事物进行断定，但塞克斯都认为他断定了不做断定为好、做断定为坏；第二个原因就是根据一种说法，阿塞西劳斯的怀疑论仅仅是一种工具或方法，用以考验或挑选出那些值得传授秘密教义的人，而这个秘密教义就是柏拉图哲学，所以阿塞西劳斯表面上宣扬怀疑论，但背后却教授独断论。既然有理由相信阿塞西劳斯不对任何事物进行断定，那我们基本上也有理由相信阿塞

---

① 塞克斯都·恩披里克：《悬搁判断与心灵宁静：希腊怀疑论原典》，包利民等译，中国社会科学出版社，2017年，第47页。

西劳斯对断定和不断定的看法很可能不是断定性的。阿塞西劳斯与卡尔尼亚德斯或克里托马库斯等人不同，后者确实偶尔会断定"一切事物都是不可理解的"，但阿塞西劳斯对任何断定都保持谨慎，基本上不会进行任何断定。而至于悬置判断和做断定，为了将怀疑论的立场表达出来，怀疑论者自然会偶尔教导说悬置判断是好的而做断定是坏的，但这只是方便法门，是非独断意义上的一个言语施设而已，不见得他们会真地断定这点。塞克斯都批评阿塞西劳斯是个虚伪的怀疑论者和隐蔽的柏拉图主义者，其依据只是当时流传的一个看法，至今都还没有被证实，并且现在也有不少学者认为这个说法与其说符合实情不如说更接近杜撰。总得来说，学园派中的阿塞西劳斯与卡尔尼亚德斯、克里托马库斯、拉瑞萨的斐洛等人比起来，更接近皮浪主义怀疑论的立场。

怀疑论与医学经验主义学派之间的判别问题，我们前面已有所述，在此不再复述。需要补充的一点是，虽然在前文中我们说与医学经验主义学派比起来，塞克斯都与医学方法论学派的关系似乎要更亲密一些。但是，历来人们都倾向于将塞克斯都与医学经验主义学派放在一起加以论述。究其原因可能有二：其一，医学经验主义与皮浪主义怀疑论两个传统之间的关系确实比较密切，尤其是在公元2世纪左右出现一些合流现象，比如这时尼克美迪亚的梅诺多图（Menedotus of Nicomedia，约公元150年）和老底嘉的泰奥达斯（Theodas of Laodicea，约公元150年）就既是著名的医学经验主义者，也是皮浪主义者，但梅诺多图激烈反对医学方法论学派，而此时稍后一些的塞克斯都在这一背景之下自然也容易被归入医学经验主义之列；其二，一些古代作家如伪盖伦（Pseudo-Galen）等人将塞克斯都归入医学经验主义行列，这些做法被后世的塞克斯都学者（如 Fabricius）继承下来并传播出去，从而产生了更大的影响。我们在前文已经看到，塞克斯都与医学经验主义、医学方法论学派之间确实有不少类似之处，但是也有很多重要的差异，并且根据塞克斯都本人的论述，他与方法论学派而非经验主义学派的思想关联要更大一些。

  以上就是塞克斯都对皮浪主义怀疑论的归结，我们是从怀疑论的正名、怀疑论的标准、怀疑论的论证、怀疑论的言说即表达式以及怀疑论的判别五个方面来进行概括的。这五个方面，基本上厘清了皮浪主义怀疑论的基本观点和立场。从这一立场出发，塞克斯都为进一步消解独断论哲学的独断性，又对哲学中的几个主要部门如逻辑学、自然哲学和伦理学分别进行了批评和解构，以便使皮浪主义传统更加有理可依，而非落于空谈。其实，从塞克斯都的著作也可以看出，他是先行归结皮浪主义怀疑论的一般观点和立场，进而以此立场为依据，对几乎所有的独断论哲学展开批评，一方面可以说是对皮浪主义怀疑论的应用，另一方面也可以反过来说是在各个具体的哲学部门中进一步论证皮浪主义怀疑论的可取性。[①]由此，塞克斯都的主要著作就彼此衔接，构成了一个完整的怀疑论体系（如果可以说怀疑论有"体系"的话），这个体系要比当初早期皮浪主义者尤其是蒂孟的尝试更为详细丰富。但是，这不是说这个体系就完全没有问题。围绕塞克斯都的怀疑论思想，学界已有很多研究和争论，也有不少学者指出在塞克斯都致力于构筑的怀疑论体系中，存在着很多不断变换调整的，甚至是不一致的、彼此矛盾的地方。比如，著名的近代哲学史家理查德·波普金就曾指出过塞克斯都的表述相当"含混"，哲学思想亦缺乏"原创性"。[②]但是总的来看，对于皮浪主义怀疑论的发展来说，塞克斯都居功至伟、不可或缺。比塞克斯都稍早一些的梅诺多图，虽然在皮浪主义后期阶段的发展过程中也发挥了不小的作用，但仍然无法与塞克斯都的工作和意义相提并论。

据拉尔修记载，塞克斯都殁后，经验主义学派中人萨图尔尼乌斯（Saturninus）继承了他的衣钵。萨图尔尼乌斯与拉尔修是同时代人，都活跃于公元3世纪左右。萨图尔尼乌斯之后，

[①] 塞克斯都的这一体系构想并不受其著作顺序的影响。关于其著作顺序问题，学界有很多争议。一般认为《皮浪主义概论》在先，《反对理论家》在后。但是皮埃尔·佩林根（Pierre Pellegrin）等人则认为《皮浪主义概论》在后，《反对理论家》因其初步性、粗糙性在前（Pierre Pellegrin, "Sextus Empiricus", in *The Cambridge Companion to Ancient Scepticism*, Richard Bett ed., Cambridge University Press, 2010, pp.120–141）。但是不管著作年代如何调整，我们知道，《反对理论家》其实从属于一个更大的写作计划，这个计划本来包含一个皮浪主义概论部分，所以不管从《反对理论家》来看还是从《皮浪主义概论》来看，塞克斯都似乎是有意识地在构想这个体系。

[②] Richard Popkin, *The History of Scepticism: From Savonarola to Bayle*, Oxford University Press, 2003.

皮浪主义的再传谱系鲜有记载，然而这不意味着该传统寿终正寝，至少在公元4世纪左右，我们仍然能够看到怀疑论在当时整个智识生活中的影响力。[1]然而，总的来看，即便我们必须承认塞克斯都在哲学史上并非一流的作家，但在塞克斯都之前和之后，的确无人能像他那样将皮浪主义怀疑论思想概括和发展得如此充分。公元4世纪以后，西欧逐渐进入中世纪，塞克斯都的思想和皮浪主义怀疑论也慢慢淡出了主流智识生活，变得杳然无闻，而至于其再次复兴赢得世人的瞩目，则是一千多年之后的近代了。

---

[1] 关于皮浪主义怀疑论在公元4世纪左右的情况，可参见以下书目。Luciano Floridi, *Sextus Empiricus*: *The Transmission and Recovery of Pyrrhonism*, Oxford University Press, 2002, pp.12–13.

第三章 学园派怀疑论

古希腊怀疑论一般有两个流派，其中之一就是我们在上一章中处理的皮浪主义，另外一个就是学园派怀疑论。与前者相比，学园派怀疑论更具建制性。由前文可知，皮浪主义怀疑论其实是个非常松散的传统，甚至自皮浪及其第一代弟子之后根本都不能称之为一个严格意义上的学派。但是学园派与此不同，他们一般都有固定的研修场所，领袖之间也有明确的传承关系，成员之间联系紧密，虽然发展到后期也略显松散，但总的来说传承有序，确实要比皮浪主义更像一个严格意义上的学派。两个学派虽然都是怀疑论学派，也都自称怀疑论学派，宣扬怀疑论立场，但是两派之间并不认同彼此的立场，尤其是皮浪主义者经常攻击学园派怀疑论并非真正意义上的怀疑论，而是一种隐藏起来的独断论。反过来也是一样，学园派怀疑论并不青睐皮浪主义，而是将更多的精力放在了其他智识资源那里，比如柏拉图哲学和斯多亚哲学。

　　接下来，我们将从以下几个方面来展开对学园派怀疑论的论述。学园派怀疑论是整个学园派发展史上的一个特殊阶段，所以在正式进入学园派怀疑论之前，我们将先简要介绍一下学园派的发展史。学园派自柏拉图之后，再传四代左右，于公元前268年，阿塞西劳斯继任为学园派第六代领袖，在他的带领下，学园派被正式带入怀疑论轨道。虽然关于阿塞西劳斯的怀疑论立场历来有很多争议和说法，但我们这里将其确定为学园派怀疑论的正式开创者。阿塞西劳斯之后，学园派怀疑论急速膨胀，终于在卡尔尼亚德斯及其弟子克里托马库斯那里达到顶峰。这并不是说卡尔尼亚德斯将学园派怀疑论推进得最为激进彻底，而是说学园派怀疑论的基本观点、立场和框架在卡尔尼亚德斯这里得到了最充分的表现。卡尔尼亚德斯之后，斯多亚学派的影响日渐深入，学园派在斐洛、安提俄库斯的领导下逐渐放弃了怀疑论立场，开始回转到独断论方向上去，所以我们将这个阶段视为学园派怀疑论的尾声。

第一节
柏拉图之后的学园派简史

学园派最早由柏拉图创建。苏格拉底被雅典城邦判处死刑饮鸩而亡之后，柏拉图离开雅典开始了他的第一次远行，经过诸多坎坷之后于公元前 387 年再次返回雅典，同年在阿卡德穆园地（Park Academus）附近购得一块土地，创建学园派（Academy），与其说是开坛讲学，不如说是组织研讨交流，继承了希腊智识生活中的"会饮"（symposia）之风。阿卡德穆园地位于雅典北部城邦大门之外，那里树木高大，绿荫遍地，是非常理想的会饮场所。所以，如大卫·费德勒（David Fideler）所言，柏拉图最初创建的学园，一方面有自己的场所和屋宇，另一方面会众也可以在阿卡德穆园地畅所欲言、进行交流，故而后人常谓的学园派中的学园，到底是指柏拉图自己购买的那块园地还是阿卡德穆园地，现在基本上已无从确定了。经过多年的努力，学园成为当时远近闻名的"学校"（school），一大批才俊慕名而来，其中就包括后来的第三代领袖卡尔西登的色诺克拉底（Xenocrates of Chalcedon，约前 396—前 314 年）以及亚里士多德。

斯彪西波（Speusippus，约前408—前339年）是柏拉图第一代追随者中非常突出的一位，也是柏拉图本人的外甥，曾跟随柏拉图出访过叙拉古。据拉尔修记载，斯彪西波是雅典人，柏拉图的姊妹波托尔（Potone）的孩子，生性易怒，少有柏拉图式的稳重，一生有大量对话录著作，全本今已佚失，只有一些片段留世，公元前339年，死于中风瘫痪，而普鲁塔克认为死于"虱病"。公元前348年柏拉图去世，斯彪西波继任学园领袖（scholarch），时年将近六十岁，掌管学园共八年。亚里士多德于公元前367年进入学园，斯彪西波继任时，亚里士多德已在学园待了二十余年，柏拉图死后，亚里士多德离开了雅典。这也成为今后研究者关注的一个重要问题，即为什么不是亚里士多德而是斯彪西波继任为学园领袖。其中有一种看法认为，亚里士多德之所以离开雅典，主要原因就在于不满斯彪西波对学园的掌管。但列奥纳多·塔兰（Leonardo Tarán）对此看法不同，他认为亚里士多德离开雅典主要原因不在于斯彪西波，塔兰有力论证了斯彪西波继任学园领袖的正当性和合理性，他认为斯彪西波继任很可能是柏拉图指定的，而非由选举产生。①

比斯彪西波稍晚一些的色诺克拉底，同为柏拉图的第一代弟子。据拉尔修记载，色诺克拉底自年轻时就追随柏拉图，并陪同柏拉图到访过西西里。与斯彪西波的莽撞性格相比，色诺

---

① Leonardo Tarán, *Speusippus of Athens: A Critical Study with a Collection of the Related Texts and Commentary*, E. J. Brill, 1981, pp.8-11. 塔兰的观点部分性地来自西格弗雷德·麦克勒（Siegfried Mekler）编辑的《学园派哲学家索引大全》(*Academicorum Philosophorum Index Herculanensis*)。

克拉底似乎更加沉稳一些，拉尔修说他是个最不傲慢和耽于沉默之人。[1]柏拉图死后，亚里士多德离开学园，跟随其一起离开的就有色诺克拉底。公元前339年斯彪西波因病去世，此前色诺克拉底应斯彪西波邀请重回学园，继任为学园新领袖，掌管学园长达二十五年，成为老学园派的最主要代表。根据塔兰的考证，在斯彪西波去世和色诺克拉底继任之间，有几个月的短暂时间学园是没有领袖的，斯彪西波去世后，学园中人共同推举色诺克拉底为新的领袖。[2]色诺克拉底一生著述颇丰，在拉尔修的记载中高达七十多部，但很可惜没有流传至今。

色诺克拉底之后，雅典的波勒莫（Polemo of Athens, ? —前270年）继任。根据拉尔修的记载，波勒莫年轻时是个放荡不羁之徒，后因色诺克拉底的讲学而浪子回头，投身学园，将终生献给了哲学。色诺克拉底在公元前315年或公元前314年去世，同年波勒莫成为学园领袖，直至去世，掌管学园长达四十余年。据说波勒莫一生同样著述颇丰，在哲学主张上是个色诺克拉底主义者，一直奉后者为至尊。此外，拉尔修还说波勒莫尤为看重哲学的实践维度，认为言辞的思辨技巧如果没有实际应用的话无异于鹦鹉学舌。从性情上讲，波勒莫年轻时虽放浪形骸，但转皈学园后清心寡欲，过着几乎是离群索居的生活。在他看来，过一种不动情和师法自然的生活似乎才是最善

---

[1] 拉尔修：《名哲言行录》，徐开来、溥林译，广西师范大学出版社，2010年，第180页。

[2] Leonardo Tarán, *Speusippus of Athens: A Critical Study with a Collection of the Related Texts and Commentary*, E. J. Brill, 1981, p.7.

之举。据拉尔修记载，色诺克拉底的弟子中还有非常重要的一位，即波勒莫的同窗科兰特（Crantor，前4世纪中期—前276年），此人品行良好，赢得了众多追随者，其中就有后来的阿塞西劳斯。

波勒莫的弟子众多，重要的有雅典的克拉底斯（Crates of Athens，？—约前268年）、季蒂昂的芝诺（Zeno of Citium）和阿塞西劳斯。其中，季蒂昂的芝诺是斯多亚学派的创始者。波勒莫去世之后，克拉底斯继任为学园掌门。克拉底斯不仅是波勒莫的学生，还是波勒莫的"爱恋之人"（ἐρώμενος，Erômenos）。在古希腊，男风盛行，Erômenos指的是在男同性恋关系中被爱恋的、被动性的那一方。克拉底斯作为波勒莫的爱恋之人，与后者一起生活在学园，甚至在去世后还与后者安葬在同一个墓穴里。

至此，学园派自柏拉图创立起，传至克拉底斯，盖有五代。人们一般将学园派的这段历史称为"老学园"或"早期学园"时期，以区别于接下来的新阶段。虽然像斯彪西波和色诺克拉底这样的学园派领袖提出了不少针对柏拉图哲学的修改意见，但总体说来老学园的特点就是在柏拉图哲学划定的范围内进行哲学研究和解释，基本上没有增加什么新的东西，更不至于提出怀疑论主张。老学园之后，学园派进入中期阶段，也正是在这个时期，学园派开始转向怀疑论立场。而这都是从第六代领袖阿塞西劳斯那里开始的。

与波勒莫、克拉底斯同时的，还有上面提到的科兰特和阿塞西劳斯。拉尔修说波勒莫与克拉底斯是爱恋的一对，而科兰特和阿塞西劳斯也是爱恋的一对,他们四人经常比邻而居。其中,阿塞西劳斯既可以说是波勒莫的弟子,也可以说是科兰特的弟子。阿塞西劳斯并非希腊本土人,而是东部小亚细亚一带的皮塔涅(Pitane)人,年轻时到访希腊,本打算学习雄辩术,但最终被哲学的魅力俘获,转皈哲学,先是跟随亚里士多德逍遥学派的第二代领袖泰奥弗拉斯图斯(Theophrastus,约前371年—287年)学习,后离开逍遥学派投奔学园中人科兰特。如上所述,科兰特对他亦是非常爱恋,拉尔修记载说科兰特曾从欧里庇得斯的剧作中引用诗句来打探阿塞西劳斯对他的态度:"噢,处子,如果我收留你,你会感激我吗?"而阿塞西劳斯的答复则是:"噢,外邦人,收下我吧,我愿意做你的仆人或是你的同床人。"① 当阿塞西劳斯来到雅典学习哲学时,怀疑论的皮浪、斯多亚派的芝诺以及伊壁鸠鲁等人正处于活跃期。② 阿塞西劳斯之所以会转向怀疑论,也许就与当时皮浪、蒂孟学说的影响有关。根据拉尔修的记载,阿塞西劳斯酷爱荷马和品达,品性良好,但在斯多亚学派、逍遥学派的眼中阿塞西劳斯则无异于海淫海盗之徒,因为他贪慕女色和男色,喜欢群氓之流。因早年醉心雄辩术,所以阿塞西劳斯辩才无碍,在当时的雅典几乎无人能及。但最终阿塞西劳斯选择了怀疑论,提倡悬置判断,所以斯多亚主义者阿里斯通和皮浪主义者蒂孟都说他始自柏拉

---

① 拉尔修:《名哲言行录》,徐开来、溥林译,广西师范大学出版社,2010年,第191~192页。
② Harald Thorsrud, *Ancient Scepticism*, Acume Publishing Limited, 2009, p.39.

图,终于皮浪。①

公元前241年左右,阿塞西劳斯去世,昔兰尼的拉居德斯(Lacydes of Cyrene,？—约前205年)继位。拉居德斯自幼家境贫困,但个人非常勤奋努力,进入学园后成为阿塞西劳斯的学生。阿塞西劳斯死后,拉居德斯成为学园派领袖,拉尔修将之确定为"新学园"的创始人。但是到公元前215年左右,因个人身体原因,拉居德斯不得不卸任学园领袖,让位给特勒克勒斯(Telecles)和欧安德洛斯(Evander),最后在公元前205年死于过度饮酒造成的瘫痪。拉居德斯死后,特勒克勒斯和欧安德洛斯继续领导学园,公元前167年特勒克勒斯去世,欧安德洛斯独自掌管学园,后将学园传给他的弟子佩加蒙的赫格希诺斯(Hegesinus of Pergamon)。关于赫格希诺斯,我们现在所知甚少,只知道他是一位学园派怀疑论者,教导和启发了他之后的卡尔尼亚德斯。

卡尔尼亚德斯,昔兰尼人,一开始研习斯多亚哲学,尤其是其中的逻辑学,后加入学园派,捍卫学园派怀疑论立场,攻击包括斯多亚哲学在内的诸多独断论哲学,成为学园派怀疑论的最著名代表。在公元前155年,卡尔尼亚德斯与斯多亚学派的塞琉西亚的第欧根尼(Diogenes of Seleucia,前230—约前150年)、逍遥学派的法塞利斯的克里图劳斯(Critolaus of Phaselis,约前200—前118年)一起,被选为代表出使罗马。此次罗马之行,卡尔尼亚德斯充分展示了他的无碍辩才,由此

---

① 拉尔修:《名哲言行录》,徐开来、溥林译,广西师范大学出版社,2010年,第193页。

名声大振。据说其中关于正义的几场演说对听众席中的老加图（Marcus Porcius Cato，前234—前149年）带来巨大震撼，由此导致了卡尔尼亚德斯被遣返雅典，以防止罗马青年受其影响。与阿塞西劳斯一样，卡尔尼亚德斯也是述而不作，拉尔修说除了几封书信外，其余东西都是他的学生编纂的。据拉尔修记载，有些人曾从阿塞西劳斯的学园转出去追随伊壁鸠鲁，而伊壁鸠鲁学园里的学生从不会背叛师门，但到了卡尔尼亚德斯这里就不一样了，伊壁鸠鲁主义者梅特罗多洛（Metrodorus）放弃了伊壁鸠鲁主义，转皈为卡尔尼亚德斯的学生。后人对卡尔尼亚德斯的了解，主要是靠他的传人克里托马库斯的记载来实现的。但是西塞罗在其《论学园派》中指出，克里托马库斯根本不懂其师的思想。

卡尔尼亚德斯之后到克里托马库斯继任学园派领袖之前，学园传承谱系有点复杂难辨。拉尔修对这段历史也没有记述。根据多兰蒂的梳理我们大概知道，卡尔尼亚德斯因为个人健康问题于公元前137年左右不再担任学园领袖，此时继任的是同名者卡尔尼亚德斯（Carneades, son of Polemarchus），我们可以称之为小卡尔尼亚德斯。小卡尔尼亚德斯于公元前131年前后去世，继任者是塔苏斯的克拉底斯（Crates of Tarsus）。公元前129年卡尔尼亚德斯去世时，其弟子克里托马库斯重返学园，在此之前，卡尔尼亚德斯退位之际克里托马库斯离开了学园，在帕拉丁（Palladium）开办了自己的学校。返回学园后再两年，克拉底斯去世,克里托马库斯继任为学园新领袖。①

克里托马库斯（Clitomachus,约前 187—前 110 年）,迦太基人,拉尔修说他四十岁时才来到雅典拜在卡尔尼亚德斯门下学习哲学。与此同时,克里托马库斯还研习斯多亚哲学和逍遥学派的思想。拉尔修说在这三个学派中,克里托马库斯都是出类拔萃之人。据说克里托马库斯写有四百多部著作,绝大部分都是用来阐发其师卡尔尼亚德斯的哲学思想的,但这些著作没有传世,我们今天只能在西塞罗的一些论述中间接地了解他的思想。

从卡尔尼亚德斯到克里托马库斯,这个阶段的学园派被塞克斯都称为"新学园"时期,从拉尔修的观点看新学园则可以追溯到更早的拉居德斯。自克里托马库斯之后,学园派开始进入尾声,其怀疑论味道也愈发缓和淡薄,甚至开始出现回转独断论立场的迹象。这一趋势,可以说是从克里托马库斯的弟子拉瑞萨的斐洛开始的。

拉瑞萨的斐洛（Philo of Larissa,约前 159—前 84 年）,在公元前 110 年克里托马库斯去世之后继任为学园领袖,由此开始了塞克斯都所谓的"第四学园"时期。第四学园时期学园派作为一个具有完整建制的学校组织开始遭到破坏并逐步走向解体,所以一般史家会认为斐洛乃学园的最后一位官方领袖。② 关于斐

---

① Keimpe Algra、Jonathan Barnes, Jaap Mansfeld, et al. ed., *The Cambridge history of Hellenistic philosophy*, Cambridge University Press, 1999, p.33; Charles Brittain, *Philo of Larissa: The Last of the Academic Sceptics*, Oxford University Press Inc., 2001, pp.45-46.

② Keimpe Algra, Jonathan Barnes, Jaap Mansfeld, et al. ed., *The Cambridge history of Hellenistic philosophy*, Cambridge University Press, 1999, p.34.

洛的生平我们所知甚少，目前只有斐勒德穆斯（Philodemus）在其《学园百科》(Index Academicorum) 中的几段记述比较详细一些。根据斐勒德穆斯的记载，斐洛在其24岁时来到雅典，原先是跟着卡尔尼亚德斯的学生卡里克勒斯（Callicles）学习，后又在克里托马库斯那里学了十四年，同时他还在阿波罗多鲁斯（Apollodorus，伊壁鸠鲁学园的领袖）以及斯多亚哲人那里学习过。关于斐洛继承克里托马库斯的领袖位置，到底是被克里托马库斯指定还是由学园众人选举出来，为什么是斐洛而非当时同样佼佼的梅特罗多洛、夏马达斯（Charmadas）等问题，学界存在很多争论，由于目前能够占有的资料太少，关于那一段时间中学园派内部发生的故事我们现在只能是猜测多于断定。[①] 在尤西比乌斯转载的努门努斯（Numenius）关于斐洛继任的一段评述中，我们可以看到斐洛接管学园之后，基本工作就是阐扬其师克里托马库斯的学说，并讨伐斯多亚哲学。由此我们可以推断，斐洛至少在公元前110年左右还没有表现出非常明显的独断论倾向，第四学园至少在这个时候还是以怀疑论为主导立场的。这种怀疑论立场得到消解和冲淡要到公元前90年左右了。

公元前88年，米特拉达梯战争（Mithridatic War）爆发，希腊多地告急，雅典城首当其冲。斐洛领导下的学园派受战争影响，完整建制逐步瓦解。为了躲避战争，斐洛离开雅典，避难罗马，此后他再没有返回过雅典，雅典城的学园据说由其同窗夏马达斯继续领导。四年后斐洛去世，可以说标志着学园派

---

① 关于这段复杂难辨的历史可参见以下书目。Charles Brittain, *Philo of Larissa: The Last of the Academic Sceptics*, Oxford University Press Inc., 2001, pp.50-55.

的正式落幕，学园派再无传人。根据史家的另一种说法，苏拉（Lucius Cornelius Sulla Felix）在公元前86年米特拉达梯战争中攻入当时倒向本都势力的雅典，拆毁了学园，标志着学园派的结束。斐洛之后，在斐洛的学生当中，阿斯卡隆的安提俄库斯（Antiochus of Ascalon，前130—前68年）因反对斐洛的主张而离开学园，建立了自己的学校，称之为"老学园"（Old Academy），以示与"新学园"的对立。在塞克斯都的转述中安提俄库斯的学园被称为"第五学园"。不过很多研究者认为，严格意义上的学园派基本上以斐洛的去世而正式落幕，安提俄库斯的学园可以说是柏拉图主义的一种延续，但不能说是柏拉图开创的那个学园派的延续。如果我们还记得克里托马库斯等人在正式继任学园派领袖之前也曾开办过自己的学校，我们就可以理解为什么不将安提俄库斯的学园视为学园派传统的延续是合适的了（如图3-1所示）。

老学园	中期学园	新学园	第四学园	第五学园
柏拉图	阿塞西劳斯	拉居德斯	斐洛	安提俄库斯
斯彪西波	—	特勒克勒斯和欧安德洛斯	夏马达斯	—
色诺克拉底	—	赫格希诺斯	—	—
波勒莫	—	卡尔尼亚德斯	—	—
克拉底斯	—	小卡尔尼亚德斯和克拉底斯	—	—
—	—	克里托马库斯	—	—

图3-1 学园派传承史简图

从公元前387年柏拉图建立学园算起，到公元前84年最后一位领袖去世，学园派传承盖有三百多年时间，经历了由独断论到怀疑论、再由怀疑论到独断论的发展历程。斐洛之后，学园派作为一个自柏拉图传承而来的学派不再存在。但这不意味着柏拉图主义后继无人，比如曾授业于斐洛和安提俄库斯的西塞罗，就一直坚持自己的学园派和柏拉图主义立场。西塞罗之后，柏拉图主义更是香火不断，甚至还有复兴之势。不管是公元2世纪后期罗马官方设立讲席支持柏拉图主义研究，还是到公元3世纪四五十年代普罗提诺（Plotinus，约204—270年）返回罗马开始发扬他的新柏拉图主义学说，再到公元4世纪雅典的普鲁塔克（Plutarch of Athens）在雅典重开柏拉图学校，都见证着自斐洛之后一直到查士丁尼（Justinian）在公元529年关闭所有异教学校为止，柏拉图主义的传承和延续。[①]

在后文中，我们将集中关注学园派的怀疑论时期。以阿塞西劳斯为代表的中期学园标志着学园派怀疑论的诞生。中期之后，学园派进入新学园阶段，该阶段以卡尔尼亚德斯和克里托马库斯为代表，是学园派怀疑论的集大成阶段。继克里托马库斯之后，学园派在斐洛尤其是安提俄库斯那里表现出回转独断论的倾向，不仅标志着学园派历史的终结，还代表着学园派怀疑论的终结。我们还将简要介绍一下作为斐洛和安提俄库斯学生辈的西塞罗在怀疑论方面的主要成就。

[①] 关于学园派怀疑论简史，努梅纽斯有过详细记载（Numénius, *Fragments*, Les Belles Lettres, 1973, pp.62-79）。

第二节
学园派怀疑论的诞生：阿塞西劳斯

如前所述，在公元前 264 年左右，克拉底斯去世，科兰特的弟子阿塞西劳斯继任为学园新领袖，在位二十五年，由此开启了所谓的中期学园派。中期学园与老学园之间的最大不同，就在于阿塞西劳斯将一种明显的怀疑论倾向引入进来，成为自此之后学园派内部的主导立场，由此标志着学园派怀疑论的诞生。本节我们将围绕学园派怀疑论的发起者阿塞西劳斯展开论述，我们将集中处理以下几个相关问题：第一，阿塞西劳斯将怀疑论引入学园派的历史-思想因缘；第二，阿塞西劳斯对斯多亚主义认识论的批评；第三，阿塞西劳斯对非实践驳难的反驳论证；第四，阿塞西劳斯思想的定位问题。这几个问题也是学界探讨阿塞西劳斯时常被提起的问题。

学园派发展到阿塞西劳斯，进入怀疑论阶段。在此之前，虽然不能说学派内部毫无怀疑论要素，但整体看来学派持有的是一种非常明确的独断论立场。所以我们面临的第一个问题就是，为什么在阿塞西劳斯这里学园派被带向了怀疑论？阿塞西劳斯引入怀疑论的历史-思想因缘是什么？

阿塞西劳斯所处的时代，正是季蒂昂的芝诺、皮浪及第一代皮浪主义者如蒂孟等人的活跃时期。阿塞西劳斯不可能不了解芝诺，因为根据西塞罗、努梅纽斯的记载，两人都曾求学于波勒莫。同样地，阿塞西劳斯也不可能不了解皮浪的学说，根据拉尔修、阿里斯通和蒂孟的记载，阿塞西劳斯的学说最终说来效仿的不是别人正是皮浪。[1]因而，这就成了阿塞西劳斯引入怀疑论的历史-思想因缘之一。这点从塞克斯都的证词中也能部分地得到证明。当论及阿塞西劳斯时，塞克斯都说：

在我看来与皮罗学说有许多共同之处，所以他的思想方式几乎与我们一样：因为他从未对任何事物的实在性或非实在性加以断定，他也不曾认为任何事物比起别的事物在或然性或非或然性上有什么不同，他对一切都悬而不决。他也说过终极目的就是悬而不决，伴随悬而不决而来的是宁静，正如我们所说的那样。[2]

我们可以看到，塞克斯都多次表示阿塞西劳斯的观点与他们皮浪主义者有很多共同之处：不断定事物是否真实存在，不判别不同事物的可信性，对一切悬而不决，甚至最终要达成的目标即灵魂的宁静都是一样的。努梅纽斯也有过类似的记载，

---

[1] 阿里斯通和蒂孟都曾指出阿塞西劳斯始自柏拉图，终于皮浪，中间则是麦加拉学派传人、辩证法学家狄奥多鲁斯·克罗努斯（Diodorus Cronus，？—前284年）。
[2] 塞克斯都·恩披里克：《悬搁判断与心灵宁静：希腊怀疑论原典》，包利民等译，中国社会科学出版社，2017年，第47～48页，引文有改动。

他说芝诺和阿塞西劳斯追随不同的哲学家,芝诺追随的是斯提尔波(Stilpo,前360—前280年)、赫拉克利特和克拉底斯,而阿塞西劳斯追随的则是泰奥弗拉斯图斯、科兰特、狄奥多鲁斯及皮浪。柏拉图主义者科兰特让他变得"令人信服",狄奥多鲁斯让其变得"像个智者",而皮浪则使其变得"多才多艺、毫无顾忌、无动于衷":

> 因而,通过将皮浪的论证、怀疑论与擅长辩证法的狄奥多鲁斯的微妙技巧结合在一起,阿塞西劳斯用柏拉图式的逼人语气编织出满嘴的侃侃而谈,说了又没说,从这边进行言说又从那边进行言说,或者从两边进行言说,只要需要的话,也会收回自己的话,模糊的、不一致的、冒冒失失的话,他经常非常坦诚地说自己一无所知,然后不知怎的,在他的谈话中以各种角色展示了自己之后,似乎又变成一个什么都知道的人……
>
> 阿塞西劳斯……也参加了皮浪学派……因此,阿塞西劳斯虽然名义上不属于皮浪主义,但他尊奉推翻一切的皮浪学说。①

我们前面介绍过,阿塞西劳斯最初意在学习修辞术和智者的技艺,后来钟情于哲学,先后在泰奥弗拉斯图斯、狄奥多鲁斯、科兰特、波勒莫等人那里学习。公元前3世纪的著名辩证法学家狄奥多鲁斯不仅教过季蒂昂的芝诺,还教过阿塞西劳斯,其高超的辩证法技艺使得阿塞西劳斯能言善辩、辩才无碍。努

---

① Eusebius, *Die Praeparatio Evangelica*: Teil 2 *Die Bücher XI Bis XV, Register*, Akademie-verlag, 1983, p.275, 此部分为笔者翻译。

梅纽斯认为在狄奥多鲁斯的影响下阿塞西劳斯变得像个智者，而爱恋之人科兰特则传授给阿塞西劳斯柏拉图学说，最后则是皮浪使其接纳了怀疑论思想。由此阿塞西劳斯将怀疑论与修辞术结合起来，给人展示出一种完美的"ou mallon"形象。

在拉尔修、塞克斯都和努梅纽斯的证词中，我们发现阿塞西劳斯非常明确地致力于悬而不决、悬置判断。并且，根据努梅纽斯的看法，阿塞西劳斯采用悬置判断并非像克尼多斯的狄奥克勒斯（Diocles of Cnidos）说的那样是出于避开泰奥多鲁斯（Theodorus）之辈和宾恩（Bion）之流攻击的权宜之计。[1] 我们知道，悬置判断这个概念并不是苏格拉底-柏拉图学派的用语，哪怕从该派的怀疑主义维度来看，他们也不曾使用过这个概念。所以，这也间接地证明了努梅纽斯等人的一个看法，即阿塞西劳斯对悬置判断的使用确实表明他曾受教于或熟悉皮浪主义学说，并至少接受了该学说中的部分思想。

此外，苏格拉底-柏拉图学说也是阿塞西劳斯阐扬怀疑论的重要历史-思想因缘。我们在引论部分简要提到过，苏格拉底-柏拉图哲学中包含着一定的准怀疑论要素，很可能正是这些要素从学园内部激发阿塞西劳斯转向了怀疑论。拉尔修说"他是由于相反理论的相互否定而悬置判断的第一人。他也是第一个就一个问题的两个方面进行论证，第一个修改了由柏拉图传下

---

[1] Eusebius, *Die Praeparatio Evangelica*: *Teil 2 Die Bücher XI Bis XV, Register*, Akademie-verlag, 1983, p.276.

来的理论，并通过提问与回答使其更像辩论术的人"[①]。固然，皮浪主义怀疑论也在使用诸如"相反理论的相互否定""就问题的两个方面进行论证"等方法，但是我们不要忘了，苏格拉底-柏拉图哲学也在频繁使用类似的方法。在柏拉图的对话中，苏格拉底反诘对谈者时诉诸的往往就是对等命题，针对对谈者提出的一个断定性见解，苏格拉底会给出一个与之相反的断定性见解。关于所有讨论中的事物也是如此，苏格拉底和柏拉图往往是从正反两个甚至多个角度来加以论述，而最终也没有给出一个确定的结论。所以，阿塞西劳斯的方法从学园内部看确实是对苏格拉底-柏拉图学说的继承和推进，以至将其发展到怀疑论的地步。因此，普鲁塔克会说阿塞西劳斯并不喜欢标新立异，也不喜欢将古人的学说占为己有，所以同时代的智者批评他将他自己的观点即悬置判断强加给了苏格拉底、柏拉图、巴门尼德和赫拉克利特等人是不合适的。但是，普鲁塔克指出阿塞西劳斯确实想根据这些人的思想来证实自己的学说，所以我们要感谢克罗特斯等人，因为他们表明发展到阿塞西劳斯这里的学园派理论有个古老的传统。也就是说，在普鲁塔克的记述中，阿塞西劳斯的悬置判断以及与此相关的怀疑论思想与学园派尤其是苏格拉底-柏拉图哲学之间并不冲突，而是存在着一种传承延续关系。此前的哲学家，如苏格拉底、柏拉图、德谟克利特和赫拉克利特等本身很可能就是持有怀疑论的，只不过阿塞西劳斯将这点最为明确地表达出来了而已，而伊壁鸠鲁主义者克

[①] 拉尔修：《名哲言行录》，徐开来、溥林译，广西师范大学出版社，2010年，第191页。

罗特斯等人持有的恰恰就是这种看法。

至于上述两个历史-思想因缘之间的关系问题，我们现在倾向于努梅纽斯的说法，即在阿塞西劳斯这里，皮浪主义学说和学园派思想是非常复杂地交织在一起的，其引入怀疑论的动机并非单一地来自二者中的任何一个，而是双向继承和改造的结果。阿塞西劳斯熟悉皮浪主义是个不争的事实，他的修辞术和辩证法思想又会引导他关注苏格拉底-柏拉图思想中的不确定性维度，而这种不确定性维度甚至怀疑论维度在皮浪主义的激发之下会变得更醒目。阿里斯通和蒂孟说阿塞西劳斯始自柏拉图，经过狄奥多鲁斯，终于皮浪，其实更合适的说法应该是努梅纽斯的表述，即阿塞西劳斯将这三者融入自己的怀疑论学说之中。

接下来，我们进入第二个问题，即阿塞西劳斯对斯多亚主义认识论的批评。对斯多亚认识论的批评是阿塞西劳斯思想中非常重要的一个方面，其实这个工作也应该是所有怀疑论者必须面对的一个任务，因为斯多亚哲学尤其是他们的认识论思想乃是当时独断论哲学的主要立场，阿塞西劳斯之后的怀疑论者，如卡尔尼亚德斯、斐洛、塞克斯都等人无不花费很大精力来对抗和拒斥斯多亚主义。我们前面说过，阿塞西劳斯和斯多亚的芝诺曾共同求学于学园派领袖波勒莫，芝诺稍长于阿塞西劳斯，由芝诺建立的斯多亚学派在阿塞西劳斯掌管学园之前就已经繁盛起来了。西塞罗说，柏拉图的学园派传至波勒莫、克拉底斯、科兰特，柏拉图学说得到了极大的支持和捍卫，但自波勒莫的学生芝诺开始，这一学说得到了修正。①芝诺的修正动作是巨大的，其中在哲学的"第三个部分"即探讨理性、论证、真假等问题的部分，芝诺提出了他著名的认识论核心主张。这个主张是从感觉表象（phantasia）或印象（visum）出发的。感觉印象是外部作用联结的结果，但在芝诺看来并非所有印象都是真实的，只有其中的一类特殊印象才是值得信赖的，他把这类印象称为"phantasiai kataleptikai"，即可被理解的、认知性的印象。我们前面提到过，这类印象的特点就是它们与事物之间有种严格的对应性，它们来自真实的事物而非虚假的事物，标识着事物的真实状况，借助这样的印象我们会被带到事物自身那里而非虚幻的东西那里。②这样的印象在芝诺看来就是我们的赞同的对象，只有对这类印象加以赞同才不会出错。接受或赞同这样的印象，就是"把握"，由把握形成的感觉是如此真实、如此不可更改，以至于芝诺说这样的感觉就是"知识"。③

根据西塞罗的表述，阿塞西劳斯针对芝诺的这一认识论思想曾提出过批评意见，但是《论学园派》的第一卷最后部分没有了，以至于我们现在无法看到阿塞西劳斯与芝诺争论的全貌。但是可以确定的是，阿塞西劳斯确实针对芝诺的上述思想提出

---

① 马库斯·图留斯·西塞罗：《论学园派》，崔延强、张鹏举译，中国人民大学出版社，2022年，第24页。
② 马库斯·图留斯·西塞罗：《论学园派》，崔延强、张鹏举译，中国人民大学出版社，2022年，第28页。
③ 马库斯·图留斯·西塞罗：《论学园派》，崔延强、张鹏举译，中国人民大学出版社，2022年，第28页。拉尔修：《名哲言行录》，徐开来、溥林译，广西师范大学出版社，2010年，第326～327页。

了质疑,不仅西塞罗提示过这点,努梅纽斯、塞克斯都等人也都指出过这一争执。从西塞罗提供的现有部分来看,阿塞西劳斯总体上认为"无物可知",一切事物都是晦暗不明的和无法被理解的。因而明智之人不应该做出任何断定,不应赞同或认可任何东西。他在学园内部复活了苏格拉底的方法,从不正面表达自己的见解,而是根据来者的意见进行反驳论证,让任何来者认识到自己所持有的见解的对立面同样是有效的,从而进入存疑的状态。① 从这种总体立场出发,我们很容易推测出阿塞西劳斯对待斯多亚认识论的态度,尤其是他不可能会认同芝诺提出来的认知性印象。《论学园派》的第二卷证实了这一结果。西塞罗在第二卷中设想了如果阿塞西劳斯和芝诺就该问题进行对话会出现的结果。芝诺认为认知性的、可理解的印象就是那类印象,它们自身不可能来自虚假的事物,但是阿塞西劳斯则紧紧抓住这点进行反驳,认为不可能存在着这样的印象,以至于我们找不到一个与其一样的、但来自虚假事物的印象。② 也就是说,即便是斯多亚重视的那种认知性印象,我们也可以找到一个一样的印象,这后一个印象与事物并非严格对应,而是来自虚假的事物。比如,在西塞罗的表述中,诸如非常相似以至于无法区分开的两个事物所产生的印象,以及迷幻或睡梦中所

---

① 马库斯·图留斯·西塞罗:《论学园派》,崔延强、张鹏举译,中国人民大学出版社,2022年,第32页。
② 马库斯·图留斯·西塞罗:《论学园派》,崔延强、张鹏举译,中国人民大学出版社,2022年,第94页。

产生的印象，我们是无法区分开的。[①] 阿塞西劳斯用这样的例子想要指出的是，确实存在着两种完全一样的印象，我们无法区分开它们，它们有的来自真实的存在，而有的来自虚幻的存在，像斯多亚提出的那种认知性印象，我们同样可以找到与其完全一样的一种印象，但这种印象不是认知性的，因为它并非来自事物本身，由此斯多亚学派赋予印象的那种认知性地位和认知优先性就被取消了，其用以建立认识论的基础就被置入到可被怀疑的境地之中了。更进一步，阿塞西劳斯还根据这种质疑和斯多亚的逻辑归谬论证了明智之人最后会走向悬置判断的结论。[②]

阿塞西劳斯对斯多亚认识论的拒斥是显而易见的。当然这并不是说阿塞西劳斯与斯多亚学派之间完全没有交集。在接下来我们要处理的第三个问题中就能够看到二者之间的重叠性。第三个问题是阿塞西劳斯对非实践（apraxia）驳难的拒斥。很多古人都记载过这一驳难，如拉尔修、塞克斯都、普鲁塔克、努梅纽斯等，所谓非实践驳难，我们前文提到过，概括地说指的是这样一种质疑，即如果将怀疑论原则贯彻到底的话，那么会导致任何生活实践、行动的不可能性。并且我们知道，非实践驳难自怀疑论诞生之初就出现了，一直伴随着怀疑论的发展，成为反怀疑论论证中最重要的一种。怀疑论的一般立场都会主

---

① 马库斯·图留斯·西塞罗：《论学园派》，崔延强、张鹏举译，中国人民大学出版社，2022年，第99~102页。
② 塞克斯都·恩披里克：《反对理论家》，孙仲等译，中国社会科学出版社，2017年，第34~35页。

张不做任何判断，不做任何认同，关于事物不形成任何信念。因为判断、认同和信念必然是对事物本性而言的，但是怀疑论认为事物的本性恰恰是不可知的。但是，我们人的任何行动都是以一定的判断、认同或信念为基础的，没有信念的行动是不可想象的。由此，反怀疑论者指出，因为怀疑论主张取消认同和信念，所以他们同时也取消了由信念导致的相关行动，最终说来是取消了一切行动的可能性，让我们处于一种几近瘫痪的境地。怀疑论者对这一驳难并不陌生，阿塞西劳斯也是如此，针对这一驳难，阿塞西劳斯提出了与埃奈西德穆等皮浪主义者类似的反驳论证。

根据塞克斯都的记载，阿塞西劳斯的反驳论证诉诸的关键概念是"合乎情理（reasonable）"："'合乎情理性'的人将会行动恰当从而是幸福的。"[1]这里所说的"合乎情理"，其实就是"eulogon"，这个概念的基本意义是"合理的""可信的""可能的""具有好的理由的"，原是斯多亚学说中的一个非常重要的概念。[2]斯多亚学派在界定何为一个恰当的行动时指出，当该行动是 eulogon 的时候它就是一个恰当的行动，斯特赖克将其解释为拥有"合理证成"（reasonable justification）的行动。[3]那什么算合理的证成呢？在斯多亚学说中最根本的指的就是拥有关于

---

[1] 塞克斯都·恩披里克：《反对理论家》，孙仲等译，中国社会科学出版社，2017年，第35页。

[2] Gisela Striker, *Essays on Hellenistic Epistemology and Ethics*, Cambridge University Press, 1996, p.101, 此部分为笔者翻译。

[3] Gisela Striker, *Essays on Hellenistic Epistemology and Ethics*, Cambridge University Press, 1996, p.101, 此部分为笔者翻译。

事物的正确知识。当然，在阿塞西劳斯的使用中 eulogon 并不是斯多亚意义上的 reasonable justification，因为他根本上怀疑知识的可能性。所以，目前来看 eulogon 只是一个形式概念，但可以确定的是它在阿塞西劳斯这里的用法与斯多亚的并不等同，斯特赖克的观点即阿塞西劳斯只是在拙劣地模仿甚至抄袭斯多亚理论是不合适的。

那到底该如何理解阿塞西劳斯那里的 eulogon 呢？普鲁塔克的记述为我们提供了方向。根据他的记载，阿塞西劳斯认为：

灵魂有三种运动：感觉、冲动和认同。

现在，即便我们想消除，感觉方面的运动也是无法消除的；相反，碰见事物时，我们必然会接受到印压、有所感触。

由感觉引起的冲动将我们带入朝向某个合适目标的行动之中，就像在我们的控制机制中增加一些重量，一种定向运动就开始了。因而，那些在所有事情上都悬置判断的人并不取消这第二类运动，而是跟随他们的冲动，该冲动将其自然而来地导向由感觉呈现出来的善好那里。

那么，他们唯一拒绝的是什么呢？是那种能够产生虚假和错误的东西，即形成意见、草率地介入认同，虽然这种认同是对呈现的屈从。因为行动需要两种东西：感觉必须呈现善，冲动必须朝向呈现出来的善。这两者与悬置判断都不矛盾。因为论证让我们脱离意见，而非脱离冲动或感觉。因此，一旦好的东西被我们感知到，根本就不需要什么意见来让我们朝向善好之物运动，冲动直接到来，仅有冲动本身就够了，它是由灵魂发起和追求的运动。①

在阿塞西劳斯看来,感觉是无法消除的,尤其是无法从主动性方面去掌控的。因为这是感觉的事实,后来的康德、麦克道威尔等哲学家都非常看重感觉的这一特征,即被动性。阿塞西劳斯这里提到的无法消除性,指的就是这种被动性,不管我们愿不愿意,感觉器官都会被动性地接受感觉,比如当把手放在火上时,不管我们的意志有多强大,只要我们是正常的自然存在者,我们都无法忽视手上的烧灼感。感觉运动会激发起灵魂的第二种运动,即冲动。所谓冲动,指的是被感觉激发起来的、朝向由感觉呈现出来的可欲求之物的运动。比如当我们在沙漠中行走数天,突然视觉中呈现出一片湖水,这时由感觉激发起来的冲动会带领我们走向那片湖水。阿塞西劳斯说,明智之人遵循的就是这两种运动,他不否认它们,而是跟随它们。并且阿塞西劳斯还指出,跟随感觉和冲动这两种运动与悬置判断并不矛盾。因为悬置判断主要针对的是灵魂的第三种运动,即认同。感觉是无法避免的,而由感觉激发起来的冲动往往也是自然而然的、无法避免的,但是灵魂的第三种运动即认同却不一样,它是可以避免的,并且也是阿塞西劳斯主张要去避免的。这里的认同(sunkatathesis),同样是一个斯多亚术语,其基本意义就是"assent"。这里的认同(assent),不仅仅是对某一事物的赞同、肯定,还可以包括对事物的不赞同和否

---

① Plutarch, *Moralia XIV*, Benedict Einarson trans., Harvard university press, 1967, pp.281-283, 此部分为笔者翻译。

定。也就是说，sunkatathesis 其实指的是概念化，是我们能够将如此这般的事物"作为"如此这般的事物来看待，将如此这般的事物"持认为"是如此这般的事物，这个事物可以是一个知觉印象或片段，也可以是一个命题内容，用现代哲学的话来说 sunkatathesis 非常类似于"命题态度"。虽然在阿塞西劳斯的表述中看不出他对认同的进一步界定，但是我们不难想到在他的使用中，认同多指的是这样一种行为，即灵魂将感觉呈现与其来源结合起来。还是那个例子，当我们在沙漠中行走数日，眼前出现一片湖水时，湖水的印象就是感觉运动的结果，由这种印象激发起我们的一种冲动，即奔向湖水啜饮的冲动，而认同则是我们做出这样一种判断，即眼前真有一片湖水，看到的这片湖水真在眼前不远处。阿塞西劳斯认为明智之人需要避免的恰恰就是这种认同，因为正是这种认同和判断，将我们带入意见纷争的领地，而事物最终说来又是晦暗不明和不可认识的。所以，阿塞西劳斯说明智之举就是悬置判断和不做认同，将自己仅仅限制在感觉和冲动的领域。这里我们看到，阿塞西劳斯的这一思想与此前的昔兰尼学派非常类似，同时后来的奥古斯丁也在一些方面持有类似的立场。在《驳学园派》中，奥古斯丁说："因此，我将包含和支持我们的整全——不管它是什么——称为'世界'，这个整全，我认为，就是在我们眼前显现的东西，我感觉到的包含着天与地的东西。"[①] 在奥古斯丁的理解中，所谓世界，不是那个外在的、与人无涉的存在者整体，而

---

① Saint Augustine, *Against the Academicians*, Marg Patricia Garvey trans., Marquette University Press, 1957, p.67, 此部分为笔者翻译。

是向我们显现的、由此显现构成的显现者整体。针对存在于这样的世界之中的事物，如果我们断定它们本身如何，这就超出了显现的边界，从而变得不确定。如果我们仅仅在显现之域中活动，那么就排除了一切错误的可能。事物自身的颜色可能是红色的，但是在我看来它是绿色的，虽然与红色的实相相比绿色是虚假的，但就我的视觉感受而言"它显现为绿色的"这点的确是无可置疑的。奥古斯丁的初衷是反驳怀疑论，然而从这个世界理论的角度看他的反驳似乎走向了与怀疑论类似的方向。如果我们能想到近代哲学中出现了以观念之幕为特征的观念论（在其源始意义上）和表征主义认识论，那么我们就会发现这一传统并非近代首创，而是其来有自，至少像我们这里提及的怀疑论、昔兰尼学派、奥古斯丁等人都可算作它的古代渊源。

以上就是阿塞西劳斯反驳非实践驳难的核心论证。我们看到为了拒斥这一责难，阿塞西劳斯采取了与埃奈西德穆等皮浪主义者类似的策略，即仅仅追随感觉、不做任何认同。阿塞西劳斯认为这就是美德之所在，怀疑论的贤者之所以是贤者和有德性就在于他们能够做到这点。[1] 后来的卡尔尼亚德斯继承了这一路径，并在同样的方向上做了进一步的推进。下面我们来简要地反思一下这个策略。阿塞西劳斯主张，灵魂必须避开认同运动，只服从感觉和冲动的引导即可让我们顺利地开展实践活动，并且还有望实现德性的生活。但是只服从感觉和冲动的引导的生活其情形如何呢？难道这样的生活不是正与动物类似吗？

---

[1] 塞克斯都·恩披里克：《反对理论家》，孙仲等译，中国社会科学出版社，2017年，第35页。

如果说动物问题我们现在还处于甚难把握的阶段，那么这样的生活难道不类似于机械装置和"行尸走肉"（mindless zombies 或 living dead man）吗？从一定的意义上说确实是这个样子的。当然，阿塞西劳斯意义上的灵魂或人不是当代心智哲学所讨论的"zombies"，在后一语境中，zombies 具有严格的限定，它指的是从行为和功能上看表现得似乎有"意识"（consciousness）但实际上却没有意识的那类东西。① 虽然阿塞西劳斯并没有主张人应该摒除意识，但是他对明智之人的界定即仅仅由感觉和冲动来引导却非常接近于 zombie 的宽泛特征。如果一个人的所有行为、生活实践完全是靠感觉和冲动来引导完成的，在这一过程中没有任何概念和信念要素参与其中，我们暂且先不说对于人而言这是如何可能的，假定其是可能的，那么这样的人其实已经是一个"无心之人"（mindless zombie）了。

但是，我们可以从两个方面来评价阿塞西劳斯的这种无心智者。其一，这种无心智者与 zombies 或单纯的刺激-反应装置无异，它力求避开或说根本没有能力做出认同、形成信念，它的行为只是纯粹机械性的刺激-反应活动，因而处于造物秩序中的最低端，当时的斯多亚学者就持有这种看法。其二，这样的智者接近于造物秩序中的最高状态而非最低状态，他们并非机械装置，不是没有能力做出认同，而是有能力做出认同、形成信念但却力求避免之，不是没有能力进行判断而是有能力进行判断但却要悬置判断、不做判断，从其所要达成的终极目标即

---

① Stevan Harnad, "Why and How We Are Not Zombies", in *Journal of Consciousness Studies*, 1995（1）: 164–167.

灵魂的宁静来看，他们这些奇怪的甚至机械性的做法就会变得容易理解，之所以宣扬跟随感觉、弃绝信念和认同，主要在于想达成一种"超脱"的状态，在这种状态下日常生活能够正常展开，但灵魂却不为其所累，所以从这个角度看这里说的无心不是当真没有心、缺少心，而是有心，但此心为超越之心，它不执着于物，外来的任何冲击在它那里留不下痕迹。从普鲁塔克的记载来看，第二种理解似乎是更加合理的，对于心或"灵魂"，阿塞西劳斯并没有持有一种彻底的"取消主义"立场，需要取消的只是认同、形成意见和草率的判断，这只是灵魂诸多功能中的一种。另外，从拉尔修关于皮浪主义者尤其是埃奈西德穆的记载来看也能间接地证明这点，当埃奈西德穆说怀疑论者为了能够正常生活而追随现象的时候，一些反对者提出异议说如果是这样的话，那么怀疑论者就无法避免"吃掉自己的父亲"，因为当没有食物可吃的时候怀疑论者出于饥饿感会自食同类，但是怀疑论者说他们关于实践标准的说明主要是为了避免陷入独断论者所究的那些东西之中，而在生活实践方面他们会遵守现有的礼法行事。[①]所以，从辩护的角度讲，无心一说可以比附为佛教中"无常""无我"观的一种推论。

无心不是说当真像机器那样没有心，而是有心，只不过此心被提升到一定的高度，成了超越之心。此心的超越性体现在不为外物所累、不固执于物的那种否定性上。当灵魂接触事物时，就像风行水上，风所到之处，水随之摇曳飘荡，粼粼波光，

---

① 拉尔修：《名哲言行录》，徐开来、溥林译，广西师范大学出版社，2010年，第484页。

等到风息，风与水互不相扰，至于风的缓急冷暖，水无心过问："风行水上，涣为文章。当其风止，与水相忘。"① 关于事物本身状况如何，灵魂也是不进行判断。当然，这还是说有心，且是从认识论的意义上指向一种寂静主义。我们会发现在佛教的无常、无我等本体论思想中，其实也可以推导出一种类似的认识论取向。无常、无我以及无住、空，可视为佛教本体论思想的核心教义，《大智度论校勘（卷二十二）》云："佛法印有三种：一者，一切有为法，念念生灭皆无常；二者，一切法无我；三者，寂灭涅槃。"② 无常、无我以及寂灭空义，常被称为佛教的"三法印"，即佛教的最高教义，用以审视万法的最高尺规。常，即为依自性恒在，断除因缘流转，所以无常即无自性恒住，之所以万法无常，是因为万法乃是因缘和合而来，生生灭灭。《大智度论校勘（卷二十三）》云"生时无来处，灭亦无去处，是故名无常"③，"一切有为法无常者，新新生灭故，属因缘故，不增积故"④。无我，与无常类似，指的是无自性，这里的"我"说的是万法的自性实相，无我就是自性空。《大智度论校勘（卷二十二）》云："一切法无我……一切法皆属因缘；属因缘故不

---

① 归有光:《震川先生集》，周本淳校点，上海古籍出版社，1981年，第975页。
② 龙树菩萨:《大智度论校勘》，鸠摩罗什译，弘学校勘，社会科学文献出版社，2014年，第730页。
③ 龙树菩萨:《大智度论校勘》，鸠摩罗什译，弘学校勘，社会科学文献出版社，2014年，第760页。
④ 龙树菩萨:《大智度论校勘》，鸠摩罗什译，弘学校勘，社会科学文献出版社，2014年，第760页。

自在，不自在故无我，我相不可得故。"①万法没有一个常住的实体，都是因缘际会下的诸行，故而叫"不自在"，即无自性、自性空寂，这又可称之为无我。如此，从这种无常、无我的本体论出发自然会导出一种与怀疑论类似的认识论甚至伦理学主张。诸行无常，一切法自性空寂，不自有、不自成，不依自体而在，那自然会要求我们离去一切戏论，抛开一切自性执着，不著于名相、分别、对待，离欲寂静："说一切有为法，因缘生故无常；本无今有，已有还无故无常。因缘生故无常，无常故苦，苦故无我，无我故，有智者不应著我我所；若著我我所，得无量忧愁苦恼。一切世界中，心应厌求离欲。"②为什么要不著我我所？就是因为一切法缘起自性空，我、我所也是如此。不著我我所，不生执着，深观缘起无自性，得自在解脱。

在上述辩护视角之外，我们还可以对这种无心说进行另一种辩护。虽然这里谈论的是学园派怀疑论，但如前所述，这里涉及的问题与皮浪主义是相通的。这个问题最终说来就是：一种无心的、即不带信念的生活是什么样的？它是可能的吗？维特根斯坦在《论确定性》中表达过这样一种看法，即我们之所以能够进行怀疑，是因为已经先行设定了对被怀疑对象的一种命题性把握，怀疑只能出现在可被怀疑的东西身上，而可被怀疑的东西不是"枢机命题"这种背景性信念，而是在这种背景

---

① 龙树菩萨：《大智度论校勘》，鸠摩罗什译，弘学校勘，社会科学文献出版社，2014年，第730页。
② 龙树菩萨：《大智度论校勘》，鸠摩罗什译，弘学校勘，社会科学文献出版社，2014年，第96页。

性信念之中得到理解的具体对象。① 也就是说，阿塞西劳斯和皮浪主义者的怀疑如果是维特根斯坦意义上的怀疑的话，那这种怀疑就是不可能的，即便它是对一些具体对象的怀疑，那也是发生在某种理解性背景之中的，所以一种完全无我、无心、即不带信念的生活是不可能的。然而，当代学者本森·马特（Benson Mates）为我们提供了另一种理解。在马特的研究中，皮浪主义和学园派的怀疑并非维特根斯坦意义上的怀疑。他指出，古代怀疑论者的"怀疑"（aporō 或 amēchanō），其表达的意义接近于"to be at a loss"，即我们常说的一种茫然状态。② 马特借鉴弗雷格对命题（proposition）和句子（sentence）的区分：命题是理解的对象，句子则不一定是。对命题进行怀疑暗含了对命题内容的先行理解，而对句子进行怀疑则没有暗含这点，它并不一定预设对句子有命题性把握。③ 马特认为古希腊怀疑论者的怀疑作为一种茫然状态的表达，更接近弗雷格所说的对句子的怀疑。其实，马特厘清的这种作为茫然状态的怀疑在我们的生存处境中并不陌生。海德格尔在1929年的文章《形而上学是什么？》中曾专门刻画过一种所谓"真正的无聊"，"甚至当我们并没有专门地忙碌于事物和我们自身时，而且恰恰是在这个时候，存在者'在整体中'向我们袭来，例如，在真正的无

---

① Ludwig Wittgenstein, *On Certainty*, G. E. M. Anscombe, G. H. von Wright ed., Denis Paul, G. E. M. Anscombe trans., Basil Blackwell, 1969, pp.10-30.
② *The skeptic way : Sextus Empiricus's Outlines of Pyrrhonism*, Benson Mates trans., Oxford University Press Inc., 1996, pp.30-32.
③ *The skeptic way : Sextus Empiricus's Outlines of Pyrrhonism*, Benson Mates trans., Oxford University Press Inc., 1996, p.31.

聊中……这种深刻的无聊犹如寂然无声的雾弥漫在此在的深渊中,把万物、人以及与之共在的某人本身共同移入一种奇特的冷漠状态中"[1],"万物和我们本身都沦于一种冷漠状态之中"[2]。由"真正的无聊"带来的这种冷漠状态,不是心理学意义上的不闻不问,而是在人与世界共同脱落的过程中而弥漫出来的一种距离感和陌异化,此时"我"(如果还有"我"的话)是"漂浮"着的、不执着于任何事物的一个旁观性视角,而世界也似乎变成了陌生的、无意义的存在。马特说怀疑论的这种"怀疑"(aporia),作为一种"茫然"(being-at-a-loss)的心境,是与epoche相一致的。后者就是"悬置判断",所以,我们也许正可以从弗雷格、海德格尔的角度来理解这种不做任何判断的状态的可能性。

接下来我们进入最后一个问题,即阿塞西劳斯的思想定位问题。阿塞西劳斯在学园中复活了苏格拉底的辩证法,从不正面表述自己的见解,而是邀请对谈者说出自己的某一见解,然后就此见解提出难以反驳的归谬论证。这种方法非常接近于大乘中观佛学中以佛护为代表的应成派所使用的论证方法。应成派亦可称为随应破派(Prāsaṅgika),其使用的方法"随应破"(prasaṅga)其原意就是"堕于过失",即从对方的立论出发,一步步推导出矛盾的结论,显明其过失,由此将原有的论点归

---

[1] 海德格尔:《路标》,孙周兴译,商务印书馆,2000年,第127页。
[2] 海德格尔:《路标》,孙周兴译,商务印书馆,2000年,第129页。

谬。①阿塞西劳斯使用的就是这种方法，但是也正因此，我们很难看到他本人到底持有什么样的思想立场。以至于塞克斯都记载说，阿塞西劳斯的怀疑论只是惑人耳目的面具，他用怀疑论来检验他的同伴和学生，对于那些能够通过检验、本性刚强的人，他则会秘密地传以柏拉图教义，因而他本质上是个"柏拉图主义者"。②

根据拉尔修和塞克斯都的记载，阿塞西劳斯有时会使用独断论的表达方式来表达自己的怀疑论见解。比如拉尔修说阿塞西劳斯有时会这样来表述"我断言"③。塞克斯都的记载与此类似，在比较皮浪主义怀疑论与阿塞西劳斯怀疑论的区别时塞克斯都指出，阿塞西劳斯对悬置判断自身是好的这点进行了断定。④凡此种种，都在指向着一个问题，那就是阿塞西劳斯的立场似乎是不透明的、双重的。或者是柏拉图为里、怀疑论为外，或者是一方面要悬置判断另一方面又对悬置判断本身进行断定。这一问题在学界关于阿塞西劳斯的研究中一般被称为"不一致性问题"，即阿塞西劳斯的立场是矛盾的、不一致的。⑤

---

① 平川彰：《印度佛教史》，显如法师、李凤媚、庄昆木译，贵州大学出版社，2013年，第451~452页。
② 塞克斯都·恩披里克：《悬搁判断与心灵宁静：希腊怀疑论原典》，包利民等译，中国社会科学出版社，2017年，第48页。
③ 拉尔修：《名哲言行录》，徐开来、溥林译，广西师范大学出版社，2010年，第194页。
④ 塞克斯都·恩披里克：《悬搁判断与心灵宁静：希腊怀疑论原典》，包利民等译，中国社会科学出版社，2017年，第48页。
⑤ Leo Groarke, *Greek Skepticism: Anti-Realist Trends in Ancient Thought*, McGill-Queen's University Press, 1990, p.111. Harald Thorsrud, *Ancient Scepticism*, Routledge, 2009, pp.53-54.

学界关于这一问题有不同的见解，最有名的辩护角度似乎是由"辩证解读"（dialectical interpretation）提供出来的。[①] 所谓辩证解读指的是这样一种辩护立场：阿塞西劳斯运用苏格拉底的辩证法，从不正面表达自己的任何观点或立场，至于在他的论证或言谈中出现的那些看似是独断论的观点，其实并非他自己持有的东西，而是在辩证讨论或归谬论证的过程中暂时接受的观点，对其的持有是暂时性的和方法性的，其目的在于让归谬论证顺利进行下去，并最终解构掉这些观点。正如索斯鲁德所说，这种解读方法的好处就是能够使阿塞西劳斯摆脱不一致性的指控，保持住怀疑论立场的一致性。但是它也存在一定的问题。在阿塞西劳斯诉诸 eulogon 来反驳非实践驳难时这一方法似乎有一定的解释效力，但是当用来解释他的一般性断言时这种方法似乎就有点不太合适了。更合适的方法也许是格罗尔克提供出来的那种方法，即阿塞西劳斯作为怀疑论者，虽然会做出一些看似独断性的断言，但他并不是在认同实在论真理的意义上来认同那些断言所包含的真理的，所以他所断定的不是事物的是或不是，而是事物的看上去是或不是。比如他断言说悬置判断是好的，并非是说他认为悬置判断本身是最正确的、最好的，而是说悬置判断看上去是好的。也正是从这一解读角度出发，我们才能更好地理解后来者卡尔尼亚德斯对"可信性"的坚持其实是继承了阿塞西劳斯的思想的。

---

① Harald Thorsrud, *Ancient Scepticism*, Acume Publishing Limited, 2008, pp.53-54.

第三节
学园派怀疑论的集大成：卡尔尼亚德斯和克里托马库斯

阿塞西劳斯之后，学园派传给拉居德斯，开启了新学园时期。从拉居德斯至卡尔尼亚德斯，新学园的传承稍显混乱，我们只知道此期间有特勒克勒斯、欧安德洛斯和赫格希诺斯等人主持过学园，至于他们的生平、思想现有记载则很少。赫格希诺斯之后，卡尔尼亚德斯开始领导学园，在他的主持下，学园派怀疑论迎来了它的高峰时刻。

如前所述，卡尔尼亚德斯本人和苏格拉底、阿塞西劳斯一样，述而不作，关于其思想的零散记录多见于后人，如西塞罗、普鲁塔克、努梅纽斯、塞克斯都等人，而他们的记录据说大部分或直接或间接地来自卡尔尼亚德斯的弟子。在他的所有弟子中，据传克里托马库斯最为有名，西塞罗著作中关于卡尔尼亚德斯的大部分记载都来自他（第二个主要来源是梅特罗多洛，第三个主要来源是克里托马库斯的学生斐洛）。克里托马库斯对待卡尔尼亚德斯最为忠诚，终其一生都在疏解和传播其师的思想，但有些古代作家却认为他实际上并不真正理解卡尔尼亚德斯的学说，反而是斯特拉托尼希亚的梅特罗多洛（Metrodorus of Stratonicia）的理解最为切实。关于卡尔尼亚德斯的怀疑论思想，我们将从方法论、认识论和实践哲学三个方面展开。在方法论部分，我们将探讨他的"双面论证"（Pro and Contra argument）方法。在认识论部分，我们将首先探讨卡尔尼亚德斯对斯多亚认识论的批评，其次分析卡尔尼亚德斯本人持有的认识论立场，最后探讨其认识论思想中的怀疑论特质。在实践哲学部分，我们将重提他的认识论立场，因为他的认识论和实践哲学是没有办法完全分开的，尤其是他的认识论思想直接构成了其实践哲学的内核；在这一部分我们还将简要探讨一下他的宗教哲学思想。

根据盖伦的记述，我们发现在阿塞西劳斯和卡尔尼亚德斯之间存在着一个重要的方法论差异。[1] 阿塞西劳斯像柏拉图对话中的苏格拉底那样，在进行教导时，先要求对话者将自己的观点摆明出来，进而以此为基础进行反驳论证。而卡尔尼亚德斯则是在提出一个关于某主题的正面见解时就已经做好准备或说已经先行构想出了该见解的对立面。盖伦将这点视为卡尔尼亚德斯与阿塞西劳斯之间的一个重要差异，且认为如果阿塞西劳斯的方法论重演的是柏拉图早期对话录中的苏格拉底方法的话，那么卡尔尼亚德斯的方法论借鉴的则是诸如《美诺篇》《泰阿泰德篇》中的苏格拉底方法。前一种方法容易让人倾向于认为阿塞西劳斯在反驳了对话者的见解之后会有一个自己正面支持的

---

[1] A. A. Long, D. N. Sedley ed., *The Hellenistic philosophers. Vol. 1: Translations of the Principal Sources, with Philosophical Commentary*, Cambridge University Press, 1987, p.448.

见解，而后一种方法则祛除了这种可能性，通过对某一主题进行双面论证，卡尔尼亚德斯留给人的印象更加肖似于智者，他的论证只是在展现自己的论辩技巧，而无关乎论证的内容。克里托马库斯就持有这种看法，认为卡尔尼亚德斯的论证是辩证性的，只在于通过正反论证引导人们不落于任何常见或断见。但梅特罗多洛及后来的斐洛则看法不同，他们认为卡尔尼亚德斯的这种方法背后其实蕴含着一种对自己持有的正面见解的指引。当然，正如前文所说，阿塞西劳斯的方法同样可以被视为一种辩证论证（dialectical argument）。所以，在阿塞西劳斯的方法和卡尔尼亚德斯的方法之间，也许并非像盖伦说的那样存在着差异，而是本质上相似的。从怀疑论的最终立场来看，二者之间确实不存在本质差异。至于克里托马库斯和梅特罗多洛、斐洛关于卡尔尼亚德斯的解释之间的差异，并不能仅仅基于对卡尔尼亚德斯的方法论的不同理解来得出，尤其还要依赖卡尔尼亚德斯的其他实质性哲学见解，这种实质性见解主要集中在他的认识论和实践哲学方面。

在卡尔尼亚德斯的年代，斯多亚学派经季蒂昂的芝诺建立之后，历第二代领袖阿索斯的克里安德斯（Cleanthes of Assos）而传至索里的克吕西普（Chrysippus of Soli，前279—206年）。如果说卡尔尼亚德斯是学园派怀疑论的集大成者，那么也可以说克吕西普就是斯多亚哲学的集大成者。克吕西普是克里安德斯的学生，在后者于公元前230年左右去世之后继任为斯多亚的第三代领袖。正是在克吕西普的带领之下，斯多亚学派一反由阿塞西劳斯等学园派怀疑论者的攻击所导致的普遍的低迷状态，将自身的理论概括和提升到了一个新的历史高度。[①] 反过来说，对于学园派怀疑论而言，当时最强大的对手之一就是克吕西普领导下的斯多亚学派。克吕西普曾求学于学园派阿塞西劳斯和拉居德斯门下，所以他非常熟悉学园派怀疑论的学说。而根据拉尔修的说法，卡尔尼亚德斯也非常熟悉斯多亚哲学，尤其是克吕西普的学说，以至于卡尔尼亚德斯曾说如果没有克吕西普，也就不会成就他自己。[②] 卡尔尼亚德斯与克吕西普、学园派与斯多亚学派之间的论战构成了公元前2世纪希腊智识生活中非常重要的一个方面。

从现有的一些零散的记载来看，卡尔尼亚德斯对斯多亚认识论的攻击持久而深刻。不过我们无法看到这一批评的全貌了，现有的资料（主要是由西塞罗和塞克斯都提供的）对此只有零星的记载，很多重要部分已散佚。[③] 在《论学园派》的第二卷中记载，西塞罗借克里托马库斯的转述论及卡尔尼亚德斯的部分认识论思想。我们前面提到过，对于斯多亚认识论而言，"可理解的印象"因其与对象之间的严格对应性和因果性而是不可错的，因而成为知识的真正根基，在斯多亚认识论思想中居于核

[①] 拉尔修：《名哲言行录》，徐开来、溥林译，广西师范大学出版社，2010年，第381页。
[②] 奥古斯丁也表达过类似的意思，他说卡尔尼亚德斯的主要任务就是"推翻并摧毁克吕西普和斯多亚学派本身"（奥古斯丁：《论灵魂的伟大》，石敏敏、汪聂才译，中国社会科学出版社，2019年，第110页。
[③]《论学园派》的第一卷最后部分从现有资料来看应该还包括对卡尔尼亚德斯认识论思想的详述，但该部分已经散佚。

心地位。①但是，卡尔尼亚德斯指出这一类印象是不存在的。西塞罗说，卡尔尼亚德斯的第一步是区分两类印象，第一类是可理解的和不可理解的印象，第二类是有说服力的和没有说服力的印象。②接着，卡尔尼亚德斯指出可以接受的是这两类印象中的第二类，而非第一类。卡尔尼亚德斯这里提到的可理解的印象与不可理解的印象，针对的就是斯多亚学派的主张。卡尔尼亚德斯为什么要反对存在着斯多亚意义上的可理解的印象呢？因为在卡尔尼亚德斯看来，根本就不存在如此这般的印象，"以至于不可能存在一个与之完全没有差别的虚假印象"③。也就是说，对于任何一个可理解的印象，并不像斯多亚学派认为的那样，不会有一个与之完全相同的、即无法分辨的虚假印象。之所以是虚假的印象，是因为这样的印象不与事物严格对应，不来自事物本身。让我们再回想一下前文所述阿塞西劳斯对斯多亚的批评。学园派怀疑论者举了很多例子说明这一点，即不存在着如此这般的印象以至于找不到一个与其一样的但却是虚假的印象，比如双胞胎的例子，两个鸡蛋的例子等。即便是斯多亚学派本身也做出过一定的调整：这种可理解的印象本身不足以充当真理的标准，还必须加上一个条件，即"只要没有阻碍

---

① 塞克斯都·恩披里克：《反对理论家》，孙仲等译，中国社会科学出版社，2017年，第52~54页。
② 马库斯·图留斯·西塞罗：《论学园派》，崔延强、张鹏举译，中国人民大学出版社，2022年，第110页。
③ 马库斯·图留斯·西塞罗：《论学园派》，崔延强、张鹏举译，中国人民大学出版社，2022年，第111页。

的话"[1]。学园派怀疑论的批评非常类似于皮浪主义者塞克斯都的批评,后者同样指出可理解的印象与那些虚假的印象可以都是"自明的""栩栩如生的",因而它们之间是无法区分开的。[2] 塞克斯都进一步说:"如果把握性呈现就是那些吸引我们同意它并且随之按照它行动的呈现,那么错误的呈现看来也是这样的呈现……"[3]甚至克吕西普本人也承认,可理解的印象与虚假的印象之间的区分只适合于区别较大的事物,不适合于那些区别极小的东西。[4]

卡尔尼亚德斯在否定了可理解的和不可理解的印象之后,开始论及第二类印象,即"有说服力的"(probabilia、pithanai)印象和"没有说服力的"(apithanoi)印象。其中,关于有说服力的印象的论述构成了卡尔尼亚德斯本人认识论主张的核心。probabilia、pithanai也可以翻译为"可能的""可信的",这样的印象是可能为真的,因而是可信的、有说服力的。那到底哪些印象是这样的印象呢?塞克斯都对此有详细的转述。需要提及的是,塞克斯都、西塞罗认为卡尔尼亚德斯提及的这种印象是实践哲学范围内的,但是我们在此认为卡尔尼亚德斯关于可信性印象的说明完全可以视为他的认识论主张,且同时也构成了

---

[1] 塞克斯都·恩披里克:《反对理论家》,孙仲等译,中国社会科学出版社,2017年,第53页。

[2] 塞克斯都·恩披里克:《反对理论家》,孙仲等译,中国社会科学出版社,2017年,第79页。

[3] 塞克斯都·恩披里克:《反对理论家》,孙仲等译,中国社会科学出版社,2017年,第80页。

[4] 塞克斯都·恩披里克:《反对理论家》,孙仲等译,中国社会科学出版社,2017年,第81页。

他的实践哲学的内核。

根据塞克斯都的记述,卡尔尼亚德斯指出印象必然是"从某些事物而来,又发生在某些事物中"。[①] 一般而言,印象自然有其来源,如外部事物;印象又发生在感觉器官之中。就其与外部事物的关系来说,印象是有真假之别的,当印象符合外部事物时,它就是真的,否则就是假的。但是卡尔尼亚德斯关注的可能性信念并非这个层面的,因为印象、外部事物及二者之间的关系是最容易被怀疑的事物,是很难加以确定的事物。昔兰尼学派的观念论的认识论早已指明过这点,且后世怀疑论不可能不了解这一思想。正如昔兰尼学派主张的那样,相对而言能够加以确定的倒是我们的主观状态。卡尔尼亚德斯也是在这个方向上前进的。所以他关注的并非印象与外部事物的关系,而是印象与感觉系统、感觉者之间的关系。就这一层关系来看,卡尔尼亚德斯指出我们可以区分出两类印象,一类"明显是真的",另一类"明显是假的"。[②] 前一类即那些明显为真的印象被卡尔尼亚德斯认为就是那类具有 probabilia、pithanai 特征的印象,而后一类即那些明显为假的印象则不具有这种特征。虽然这种明显为真并不是第一种意义上的真,即就印象与外部事物之间的符合而言的真,但因其对感觉主体而言明显为真从而致使我们甚至可以在真的第一种意义上将其视为"近似是真"

---

① 塞克斯都·恩披里克:《反对理论家》,孙仲等译,中国社会科学出版社,2017年,第37页。

② 塞克斯都·恩披里克:《反对理论家》,孙仲等译,中国社会科学出版社,2017年,第37页。西塞罗也持有类似的看法。

(similia veri)。[1]这种近似为真只是在表明该印象对于感觉主体而言具有很大的"合理性"(eulogon),并非是在实在论真理观的意义上断定该印象近似于符合事物本身。[2]因为,卡尔尼亚德斯和塞克斯都说得很明白,有些印象对于感觉主体而言虽然是明显为真的,但在实在论真理观的意义上却明显是假的。

但是,卡尔尼亚德斯指出这种明显为真的印象为了具有更大的可信性、可能性、说服力或合理性,就必须再加上一层限制,即它们必须是"不可更改的(irreversible)",塞克斯都将这种不可更改性解释为"能够导向信念的各种呈现的共同一致"[3]。所谓呈现的共同一致,指的是有关某一事物或事件的诸多印象内在融贯,不相互龃龉。比如,当医生根据病人的某一症状如心跳过快倾向于断定该病人发烧时,医生得到的其他印象如病人脸红、焦渴等与心跳过快能够围绕着发烧这一病因而协调在一起。所以,塞克斯都说:"当同时存在的情形没有使他怀疑这里有错误时,他就断定这一呈现是真的。"[4]由此我们可以得出,卡尔尼亚德斯所谓的不可更改性其实指的是这样一种特性,即当我们将某一印象把握为似真的印象时,它是出于与其他印象的协调一致性而成为似真的。

---

[1] 马库斯·图留斯·西塞罗:《论学园派》,崔延强、张鹏举译,中国人民大学出版社,2022年,第111页。
[2] 列奥·格罗尔克(Leo Groarke)在其著作中将怀疑论的真理观视为一种反实在论的真理观是有一定的合理性的。
[3] 塞克斯都·恩披里克:《反对理论家》,孙仲等译,中国社会科学出版社,2017年,第39页。
[4] 塞克斯都·恩披里克:《反对理论家》,孙仲等译,中国社会科学出版社,2017年,第39页。

在当代知识论研究中，有一个非常重要的证成理论即"融贯论"（coherentism）。融贯论与基础主义不一样，后者认为信念的证成在于基础信念，而基础信念又具有天然的合理性，因为它们与世界之间不是推论性的间接关联而是因果性的直接关联，这些基础信念本身不需要进一步的证成，或说它们本身就是已然得到证成了的。但是与这种基础主义相反，融贯论认为信念的证成不在于基础信念，而在于信念与信念系统（奎因称之为"信念网络"）之间的融贯性。如果从当代知识论的视野出发来回顾卡尔尼亚德斯对印象之不可更改性的要求，我们会发现这种不可更改性更接近融贯论的主张。卡尔尼亚德斯认为一个更为合理、可信、可能的印象是那种与其他一道给予出来的印象一致的、不矛盾的印象，如果该印象与其他印象明显矛盾，那么它就是不可信的。可信的印象的可信性不像斯多亚学派认为的那样在于它与事物之间的严格对应性和因果性，而在于印象与其他印象之间的融贯性。正是在这个意义上，我们说卡尔尼亚德斯的主张接近融贯论的立场。

但是，融贯是有程度上的差异的，一个印象可以比另一个印象更为融贯地协调进印象网络之中。所以，为了确定合理可信的信念或印象，卡尔尼亚德斯提供了第三个条件，即该印象不仅是明显为真的即可能的、不可更改的，还必须是"得到检验的"。[1] 一个印象是得到检验的，指的是什么意思呢？卡尔尼亚德斯指出我们的印象的形成依赖很多条件，从印象的感知者

---

[1] 塞克斯都·恩披里柯：《反对理论家》，孙仲等译，中国社会科学出版社，2017年，第39页。

的角度讲，我们的视觉印象可以在视觉功能较差的基础上形成，也可以在视觉功能正常的基础上形成，一个视觉印象合不合理，当然要求它是在视觉功能正常的基础上形成的。所以，这里说的一个印象是不是得到检验的，指的就是对印象诸条件的检验，看看这些条件是不是处于正常水平。当然，如果彻底地去检验的话，我们会发现这个链条几乎是无限的。一方面，印象形成的条件是近乎无限多的；另一方面，对这些条件加以检验，这里面就会涉及检验所依据的标准问题，而标准问题从怀疑论的角度来说恰恰是无解的，且卡尔尼亚德斯对合理印象的确定本身就是在确定标准，所以不管从哪个角度讲，对印象进行检验都是一件难以达成的工作。从塞克斯都的转述中我们可以推断，卡尔尼亚德斯谈及的检验其实更多依赖的是一种类似"常识"的标准，或说是从常识的角度出发来谈及检验的。一个印象是不是得到检验的，就在于它到底符不符合类似"常识"的标准，比如一个视觉印象是得到检验的指的就是它是在知觉主体视觉功能正常的情况下做出的，它应该满足最低的也即正常的知觉条件。

以上就是卡尔尼亚德斯对似真印象的三重规定，即可能的（probabilia）、不可更改的（aperispastos）、得到检验的（diexôdeumenê）。塞克斯都认为卡尔尼亚德斯的这一思想主要是为了回应反实践论证而提出来的。[1]但是我们认为卡尔尼亚德斯的这一思想虽然确实出于实践动因，但是它不可能与他的认

---

[1] 塞克斯都·恩披里克：《反对理论家》，孙仲等译，中国社会科学出版社，2017年，第40~41页。

识论思想完全分开，因而也可以将其视为他的认识论思想。但这一认识论思想又与斯多亚不同，斯多亚的可理解印象作为认识论体系的拱心石是以真理为目标的，但卡尔尼亚德斯的似真印象，即便它是可能的、不可更改的且同时得到了检验，也不是以真理为目标的，从认识论的意义上说，它为我们带来的是一种近似真理，从伦理学的意义上说它带来的则是一种可信性、有说服力。与阿塞西劳斯一样，卡尔尼亚德斯有时也用 eulogon 这个概念来概括这样的印象所具有的特性。如前所述，eulogon 这个概念本是斯多亚学派的一个认识论概念，为"合理性"之意。不过在阿塞西劳斯尤其在卡尔尼亚德斯这里，作为合理性的 eulogon 指的不是别的，就是似真性、可信性，一个似真的印象到底真不真不是卡尔尼亚德斯他们在意的东西，也不是他们出于自己的怀疑论立场能去断定或承诺的东西，从实践哲学的角度讲，似真与可信（的印象）似乎确是他们能够有效反驳反实践论证同时又保持住自己的怀疑论立场的一个方便途径。从认识论的立场讲，坚持似真与可信的立场似乎非常接近今天经常谈及的"可错主义"（fallibilism）。[1] 但是，用可错主义来刻画卡尔尼亚德斯的认识论立场存在一定的局限。因为虽然可错主义在斐洛和克里托马库斯的不同解读之间确实扮演着一个非常重要的角色，但说到底可错主义的可错信念（fallible belief）是在实在论真理观的意义上来使用的，也就是说可错信念的为真为假，都是相对于世界状况而言的。卡尔尼亚德斯的似真与

---

[1] Harald Thorsrud, "Cicero on his Academic Predecessors: the Fallibilism of Arcesilaus and Carneades", in *Journal of the History of Philosophy*, 2002, 40（1）: 1-18.

可信，虽然听起来好像也是关乎世界的，但其实不是，它更多的是关乎信念或印象本身的。似真之真不是"实在论"意义上的真，而是格罗尔克所说的"反实在论"意义上的真，即对于知觉主体或心灵而言所拥有的说服力。

根据西塞罗的记述，在卡尔尼亚德斯的认识论思想中，还有一个非常重要的区分，即 adsentiri 与 adprobari、probatio。[①] 塞克斯都对这一区分也做过简要解释，不过他的解释不太符合卡尔尼亚德斯本人的思想。在西塞罗的记述中，卡尔尼亚德斯对 adsentiri 与 adprobari 的区分主要是靠克里托马库斯来概括和转述的。根据克里托马库斯的概括，adsentiri 指的是认知意上的"赞同"（assent），而 adprobari 则是非认知意义上的"跟随"（approval、follow）。克里托马库斯指出，智慧之人悬置的是 adsentiri 而非 adprobari，他们不做任何"赞同"，但不拒绝"跟随"某些东西或指引。这就是卡尔尼亚德斯对 adsentiri 与 adprobari（assent 与 approval）的区分。

这里所谓认知意义上的赞同，在西塞罗的转述中有时也等同于斯多亚学派所要求的对待可理解印象的态度。[②] 我们知道，斯多亚的可理解印象因其不可出错性而要求我们对其"接受和赞同"，而一旦这样的印象被接受或赞同，斯多亚学派认为这就

---

① 马库斯·图留斯·西塞罗：《论学园派》，崔延强、张鹏举译，中国人民大学出版社，2022年，第112~115页，第111页。
② 马库斯·图留斯·西塞罗：《论学园派》，崔延强、张鹏举译，中国人民大学出版社，2022年，第115页，第111页。

达成了"理解"。① 理解之所以还不是充分意义上的知识，是因为它把握到的是由印象带来的那些东西，而非把握了事物的所有方面，然而它毕竟已接近了充分的知识，已经是一种认知意义上的断定了。可见，卡尔尼亚德斯所谓的这种认知意义上的赞同，指的是在认知意义上对印象的接纳和断定，尤其是断定其为真，所谓断定其为真，就是断定印象的真实性、与世界事物的符合一致性。

与此相反，非认知意义上的跟随或赞同，与认知意义上的赞同的最大区别就是前者并不对印象进行任何断定，它仅仅是自发地、甚至完全被动地接纳印象、屈从于印象，受其指引。关于这一点，卡尔尼亚德斯和克里托马库斯有过很多论述。比如，他们说根本不存在斯多亚追求的那种可理解的印象，倒是存在很多可以"认同"（probatio）的印象，这种值得认同的印象，是有说服力的（apithanoi）印象，如果否认这点，就会"有悖于自然"。② 明智的人会根据所有有说服力的印象而行动。③ 再比如，克里托马库斯说学园派会接纳气味、声音等，不会说它们统统不存在……④ 在这些表述中卡尔尼亚德斯和克里托马库斯向我们表明，这种非认知意义上的跟随或赞同，其实就是

---

① 马库斯·图留斯·西塞罗：《论学园派》，崔延强、张鹏举译，中国人民大学出版社，2022年，第28页。

② 马库斯·图留斯·西塞罗：《论学园派》，崔延强、张鹏举译，中国人民大学出版社，2022年，第111页。

③ 马库斯·图留斯·西塞罗：《论学园派》，崔延强、张鹏举译，中国人民大学出版社，2022年，第111页。

④ 马库斯·图留斯·西塞罗：《论学园派》，崔延强、张鹏举译，中国人民大学出版社，2022年，第114页。

一种被动的接受和受指引状态。克里托马库斯有时也将这种被动接受状态说成是被"激起"（excitemur）的状态。一个状态是被激起的表明这种状态不是主动生发的，比如我们的知觉片段，虽然知觉经验往往是概念化的，但从逻辑上讲在概念化之前我们的知觉片段可以说是单纯的被动发生的一种状态，当把手放在火上烤时，不管我们愿不愿意，我们都会不可避免地有种烧灼感。这种被动状态的出现基本上可以说是自然机制运转的结果，我们也可以借用后世改革宗认识论运动中的一个核心思想来将这种状态的出现说成是"自然设计"的结果。

一方面，卡尔尼亚德斯对"赞同"和"跟随"的区分非常明显地体现了他的怀疑论立场。怀疑论不会在认知性赞同的意义上赞成、肯定、断定任何东西，因为这样的赞同无异于做出判断，断定事物如得到赞同的印象所表明的那样当真是如此这般的，这显然会违背怀疑论的基本要求。另一方面，正是对这两种不同的赞同的区分，让卡尔尼亚德斯和克里托马库斯得以正面回应反实践论证对怀疑论带来的冲击，因而这一区分不仅具有认识论的意义，对于他们而言还具有非常重要的实践哲学意义。关于卡尔尼亚德斯的实践哲学，我们谈两个方面：第一，即上述认识论思想，尤其是他对两种赞同的区分；第二，即卡尔尼亚德斯的宗教哲学思想。

无论是在西塞罗的记述中还是在塞克斯都的记述中，卡尔尼亚德斯和克里托马库斯针对斯多亚认识论提出的有说服力印象和可理解印象之间的区分都是被放在实践哲学的语境中来加以论证的。① 我们前文曾多次提到过针对怀疑论的反实践驳难，该驳难指出如果将怀疑论立场彻底地贯彻下去，那么必将导致生活实践的不可能性，因为该驳难预设了生活实践尤其是属人的行为要以信念为前提，但信念在怀疑论那里又是被极力排除的东西。所以，在反实践驳难论者看来，怀疑论立场将导致怀疑论者生活的不可能性。我们也曾论及皮浪主义者埃奈西德穆等人对这一驳难的拒斥策略。卡尔尼亚德斯的反驳就其实质而言与皮浪主义者的做法并无区别。皮浪主义者倡导通过诉诸我们的感觉来指导生活，卡尔尼亚德斯和克里托马库斯也是如此。

我们再来回顾一下西塞罗转述的克里托马库斯对卡尔尼亚德斯学说的概括。克里托马库斯说，卡尔尼亚德斯这样的怀疑论者确实反对斯多亚的可理解印象，但不反对的是具有说服力的印象，这样的印象也称为可以"认同"的印象。如果说反对可理解印象的主要根据就是根本不存在这样的印象，那么支持有说服力印象的根据就是对这样的印象的反对是"有悖于自然"的，"其结果是你所说的整个生活的颠覆"。② 如上所述，这样有说服力的印象，虽然不是斯多亚意义上的可理解印象，但在一定的条件下它们会成为近似为真的印象。从怀疑论的立场出发我们根本不可能获得真理，那么这种近似为真的印象似乎就成了指引我们的生活的唯一依据。所以，卡尔尼亚德斯和克里托

---

① 马库斯·图留斯·西塞罗：《论学园派》，崔延强、张鹏举译，中国人民大学出版社，2022年，第110~112页；塞克斯都·恩披里克：《反对理论家》，孙仲等译，中国社会科学出版社，2017年，第37页。

② 马库斯·图留斯·西塞罗：《论学园派》，崔延强、张鹏举译，中国人民大学出版社，2022年，第111页。

马库斯指出，明智之人就是根据这种印象来确定自己行为的。

但是，如此一来，卡尔尼亚德斯和克里托马库斯等人同样会面临皮浪主义者面临的困境。在皮浪主义者那里，我们曾提到这样一个问题，即他们倡导的那种完全靠感觉来指引的生活到底是什么样的生活，以及由此而来的经验内容的概念化与非概念化之争的问题。卡尔尼亚德斯和克里托马库斯同样面临这样的疑难。我们可以追问，他们所提倡的那种有说服力的印象其说服力的根据是什么？这种印象与行动之间的关系又是什么样的？是纯粹刺激-反应性的吗？还是有概念化的要素运行于其中？从目前的资料来看，针对这些问题卡尔尼亚德斯和克里托马库斯没有给出足够充分的说明。从现有的论述来看，他们似乎倾向于将（有说服力的）印象与行动之间的关系理解为非概念性的刺激-反应模式。但如果是这样的话，那印象之为"有说服力的"印象就是很难解释的了。我们知道有说服力的印象是那些在主体方面显然为真的印象，但什么是"显然为真"呢？很明显，显然为真更多情况下是判断的结果，概念化要素必然参与其中。这严格说来是与怀疑论的悬置一切判断的要求不符的。①

除上述部分外，我们还将卡尔尼亚德斯的宗教哲学视为他的实践哲学思想的一个特殊组成部分。西塞罗和塞克斯都对此

---

① 卡尔尼亚德斯和克里托马库斯说的那种有说服力的印象以及基于此类印象而来的行动，该如何在保持怀疑论基本立场的前提下对其做出一种合理的解释呢？刺激-反应解释模式是行不通的，因为它无法说明何以有些印象是有说服力的而有些是没有的，即说服力和可信性并不来自纯粹的自然设计。亚里士多德和麦克道威尔的"第二自然"思想也许能给我们一些启示。

都多有记述。在介绍这部分思想之前，我们需要先行交代一下的就是这部分思想并非意味着卡尔尼亚德斯本人正面持有的某种立场，比如，他针对斯多亚神学而提出的那些反驳论证，[①]并非意味着他自己持有一种相反的甚至无神论的思想，而仅仅意在阐明斯多亚的神学论证缺乏足够让人信服的论据，以及在神学论题上所处的怀疑论处境。[②]就像在公元前156年卡尔尼亚德斯作为雅典使节出使罗马时表现的那样，他前一天为正义做公开辩护，第二天则开始为相反的立场进行公开辩护，这不是说他前一天持有一种立场，第二天持有另一种立场，而是想通过这种正反论证方法来向世人表明人们的无知处境。卡尔尼亚德斯的宗教哲学思想与此类似，它并不想表明某种积极的观点或立场，而仅仅是方法性的，通过这一方法来向世人表明，在宗教领域，我们也应该像在其他领域认识到的，意识到我们的无知处境。正是出于这种理解，哈罗德·托斯鲁德才将卡尔尼亚德斯的宗教哲学放在他的方法论主题下进行阐释。[③]

接下来，我们来看看他的宗教哲学包含的具体论证过程。在西塞罗的记述中，卡尔尼亚德斯的代言人是科塔，而斯多亚学

[①] 也许卡尔尼亚德斯的反神学论证确实是由斯多亚学派的相关思想激发起来的，但这种论证并非是仅仅针对斯多亚学派的，它适用于几乎所有的神学论证（西塞罗：《论神性》，石敏敏译，商务印书馆，2012年，第2～3页）；大卫·西德利（David Sedley）也同样认为卡尔尼亚德斯的反神学论证虽然与斯多亚相关，但却不是直接针对斯多亚的（David Sedley, "Carneades' Theological Arguments", in Paul Kalligas, Chloe Balla, Effie Baziotopoulou-Valavani, et al. ed., *Plato's Academy: Its Workings and its History*, Cambridge University Press, 2020）。

[②] 西塞罗：《论神性》，石敏敏译，商务印书馆，2012年，第158页。

[③] Harald Thorsrud, *Ancient Scepticism*, Acume Publishing Limited, 2008, p.60.

派的代言人是巴尔布斯。巴尔布斯认为存在着永恒不朽的神这样的东西,他像人一样是有生命的。卡尔尼亚德斯的核心论据是指没有任何东西能够避免外力的影响、不容受动变,无机世界如此,有生命物也是如此。尤其是有生命物,它们的一个重要标志就是有感觉能力,而所谓感觉指的其实就是容受动变的意思,受外界影响的意思,而这样的东西都不是不生灭的,而是生生灭灭着的。没有感受能力、既不感受快乐也不感受痛苦的事物根本不是有生命物。[1]有生命的东西,感受着快乐,适合其本性的东西会带来愉悦的感觉,但能够感受快乐的有生命物也必将能感受痛苦,不存在只感受快乐而不感受痛苦的东西。而感受痛苦,西塞罗说"都在经历着自己的毁灭"[2]。其实,只要有感受就表明感受主体是受外力影响的,因而是有所待的、生灭变化的,而对痛苦的感受则是更为真切地体验着自身在外力消极作用下的状态,因为痛苦意味着外物对自身的破坏而非协助,这要比快乐的感受更能表明自身存在的变动性和消逝性。

无机世界也是如此。根据巴尔布斯的斯多亚学说,万物由基本元素构成。一方面,如果这些元素是易变的,那么由它们构成的每一个复合事物也是易变的。另一方面,如果它们本身是不朽的,那么这也不能担保由它们构成的事物是不朽的。卡尔尼亚德斯的论证指出,比如土元素,由土元素构成的所有事物都是可分的,水、火、气等元素更容易受外界影响,由其构成的事物也是如此。所以,基本上不存在不朽坏的元素和事物,

---

[1] 西塞罗:《论神性》,石敏敏译,商务印书馆,2012年,第152页。
[2] 西塞罗:《论神性》,石敏敏译,商务印书馆,2012年,第152页。

一切事物都是有朽的。

如果神真像斯多亚学派认为的那样，是有生命的，且是永恒不朽的，那么这样的神就是不存在的。因为如上所述，凡是有生命的东西都不可能是永恒不朽的。永恒不朽的存在必然是不变动的、不消逝的存在，这恰好与生命的规定性相对立。所以，神只能要么是有生命的、有朽的，要么是无生命的、不朽的。然而不管是哪种情况，这种新的意义上的神都不再是传统意义上的神了。

卡尔尼亚德斯的第二个反驳论证集中在神的能力或属性方面。按照传统的看法，神是智慧的、善的、有理性的、勇敢的、公正而节制的，即神几乎具有人的所有美德。[1]但是这点在卡尔尼亚德斯看来是无法成立的，其核心论据是这些美德或能力是属人的，而神如果存在且与人不同，他就不会具有这些属人的能力，反而是它如果具备这样的能力或属性，只能说明他更接近于人，而不是神。比如智慧这一属性，智慧的一个方面就是对善、恶和非善非恶者有所认识，只了解善而不顾及恶，不是真正的智慧。但是对于神来说，他是与邪恶完全无关的存在者，也就是说按照传统的理解，神之为神在于全然的善，恶在他那里并不出现，他也不接触恶，也不需要在善恶之间进行区分，由此关于善恶的智慧对于他来说就是不必要的。理性及其认知能力是属人的，因为对于人而言存在着需要被认知的领域，但是按照传统的理解神是全知的，不存在等待他去认知的未知领

---

[1] 西塞罗：《论神性》，石敏敏译，商务印书馆，2012年，第155页。

域,所以理性对于他而言也是不必要的。其他的属性或能力也是如此。如果坚持神具有这些能力或属性,那只能得到一个后果,即这样的神在具有这些美德的同时,也必然会分享属人的缺陷,变成一种脆弱的存在。

卡尔尼亚德斯针对斯多亚学派提出来的第三个反驳论证被有些学者(托索斯鲁德)称为"连锁论证"(sorites argument)。[①] 从形式上讲,该论证模式往往诉诸谓词概念的不明确性,通过调整这些概念的外延将它们扩展使用到不同的主词身上,最后得出明显的悖论,因而这种论证有时也被称为"连锁悖论"(sorites paradox)。诸如颜色概念、大小形状、美德概念等都是这种边界不清晰的谓词概念。比如说一个人是高的,是因为他身高有2米,那么一个身高1.99米的人算不算高的呢?一般我们说也是高的,那么1.98米的呢?1.97米的呢?……这个序列可以一直延续下去,最终达到一个节点,比如1米的身高,我们不再将其算作较高的身高。但是身高从较高到较矮的过渡到底是在什么地方开始的我们其实是不知道的。这种论证所要达到的最终效果就是指明我们的初始判断(如2米的身高是高的)是有问题的,至少是没有得到确定说明的,尤其是这些判断中包含的那些谓词概念,其意义是没有得到确切界定的。在古希腊思想中,比较有名的一个连锁论证是谷堆论证。谷堆是一堆谷物。但是何谓"一堆"呢?一粒谷肯定不算一堆谷,两粒也不算,如此一粒一粒的增加上去,总会在某个时刻出现符合

---

① Harald Thorsrud, *Ancient Scepticism*, Acume Publishing Limited, 2009, p.63.

"一堆"谷物概念的一堆谷粒。但是到底是在增加到多少粒的时候呢？这个是无法确定的。所以终究说来，我们对于一堆谷物的理解和界定其实也是不确切的。

卡尔尼亚德斯非常明确地运用了这一论证方式。西塞罗借科塔之口转述说：

"如果这些兄弟们都是神，"他说，"那么他们的父亲萨杜恩呢？难道他就不是神了吗？……但如果他是神，那么他的父亲凯卢斯（caelus，天空）也必然是神。如果这样，那么这天神的父母，以太和白天，也必然被认为是神。还有他们的兄弟姐妹们，被列入古老神谱的爱、诡计、恐惧、苦役……所有这些都被认为是黑暗和夜晚生育的存在物，都得被承认为神。因此，你要么接受这些怪物为神，要么否定朱比特和尼普顿的神性，二者必居其一……①

如果大地是神，那么海洋也是，你把它称为尼普顿，还有泉水和江河。……所以，我们要么让这种造神运动一直延续下去，要么就彻底拒斥它，并与这些无穷无尽的迷信切断联系。②

卡尔尼亚德斯的意思是非常明确的，斯多亚等人对神的理解是不清晰的。他们只是想当然地将一些物体视为神性的存在或者是将诸神等同为一些特定的事物，但是这种做法一定会陷入连锁悖论，因为如果一些事物是神性的存在，那为什么与此

---

① 西塞罗：《论神性》，石敏敏译，商务印书馆，2012年，第158～159页。
② 西塞罗：《论神性》，石敏敏译，商务印书馆，2012年，第163页。

事物接近或类似的那些事物不是？就像我们上面的那个例子，如果身高2米算较高的，那为什么1.9米就不算？所以这种做法的后果就是没有理由去否定其他相关事物同样具有神性。"神"或"神性"这一概念的外延必然会无限扩展下去，从而最终导致悖谬的出现。说到底，这还是因为人们对神或神性缺乏足够清晰的理解。我们对概念（及其相应的实体）的内涵缺乏准确的认识，从而导致其外延的边界不清晰、不确定，如果像柏拉图主义者认为的那样，我们能够掌握事物的理念，那么对个别事物的判定也就有了坚实的依据，如果我们有了对正义理念的充分理解，当然一个具体的城邦、具体的行为到底是不是正义的就是很容易被判别的，至少是有了最终依据的。但是这点恰恰是作为学园派怀疑论者的卡尔尼亚德斯意在否认的，他并不认为我们能够获得对事物理念的认识。西塞罗说，卡尔尼亚德斯提出这种反驳，并不是表达自己的无神论立场，而仅仅是意在论证斯多亚主义者缺乏对神、神性的充分理解。[①] 不仅对神的本性我们无法获得完备的认识，对于任何事物也是如此，而不完备的知识在怀疑论者看来根本不是知识。

以上就是西塞罗记载的卡尔尼亚德斯的反神学论证。由此可以看出，这一反驳论证确实没有也并不意在提出一种积极的正面的主张，而仅仅是方法性的，即意在论证其他独断性主张的不合理性，如果说这种论证有一个最终结果的话，那就表明人类理性的有限性和任何完备性知识主张的不可能性。这是与

---

① 西塞罗：《论神性》，石敏敏译，商务印书馆，2012年，第158页。

卡尔尼亚德斯的怀疑论立场一致的。由此这一论证也很好地说明了我们前面提到的辩证解读的合理性。对卡尔尼亚德斯（包括阿塞西劳斯）的辩证解读其实就是意在捍卫其怀疑论立场的一致性，他的反神学论证确实没有表达他本人的神学立场，而仅仅是在方法论的意义上反驳任何独断的神学主张，这并不意味着他自己持有相反的（无神论的）立场。然而，正是这个问题，即卡尔尼亚德斯到底是个隐蔽的独断论者还是彻底的怀疑论者，成了其后世弟子争论的重要问题之一，也正是对这个问题的不同理解和阐述，最终从内部导致了学园派怀疑论的终结。

公元前125年左右，卡尔尼亚德斯去世，再一年后克里托马库斯成为学园派新领袖。据拉尔修记载，克里托马库斯一生非常勤勉，写有400多卷著作，但大部分已经失传。这些著作据说大部分是用来阐发其师卡尔尼亚德斯的思想的，属于其本人独特创见的东西并不多，也正是因为这个原因，我们将克里托马库斯和卡尔尼亚德斯放在一起，一并视作学园派怀疑论的巩固者。总的说来，关于克里托马库斯有三点需要提及：第一，他对卡尔尼亚德斯思想的继承和宣传，如果没有克里托马库斯的这一工作，卡尔尼亚德斯的影响不至于这么深广；第二，他对西塞罗的影响，西塞罗的怀疑论思想当然还有其他端绪，但克里托马库斯是一个不可缺少的资源；第三，最值得我们关注的一点是克里托马库斯对卡尔尼亚德斯的解释倾向问题。

虽然克里托马库斯的著作没有留世，但西塞罗在自己的著作中有多处提及他对卡尔尼亚德斯的解释倾向问题。卡尔尼亚德斯传人众多，除克里托马库斯之外，知名者还有其友人"勤勉的"梅特罗多洛。克里托马库斯的弟子中斐洛最后继任学园新领袖。据西塞罗记载，关于对卡尔尼亚德斯的解释，斐洛、梅特罗多洛的立场与克里托马库斯的立场是有重要差异的。比如，我们前面在论及卡尔尼亚德斯的认识论和实践哲学时说到，他主张我们可以有这样一种状态，即不在认知性的意义上赞同任何东西，但同时又能够由一些东西来引导我们。关于这一点，西塞罗曾指出，克里托马库斯对此的解释是：卡尔尼亚德斯只是在非结论性地探讨这一点，探讨这种可能性，而不是真地断定这一点。而梅特罗多洛和斐洛的解释则是：卡尔尼亚德斯确实在"认同"（admit）这一点。在《论学园派》的第二卷，当提及卡尔尼亚德斯关于道德目的的看法时，西塞罗转述说他在这个问题上为卡利丰（Callipho）的观点辩护，以至于"看起来像是认同这种观点了"，但是，克里托马库斯则非常坚定地表明他"想不起卡尔涅亚德认同过什么观点"[①]。也就是说，克里托马库斯对卡尔尼亚德斯的解释更加倾向于一种彻底的怀疑论立场，在卡尔尼亚德斯看似做出某种认同的地方，克里托马库斯也认为那并非一种能对怀疑论立场造成绝对伤害的认同，说到底卡尔尼亚德斯是个彻底的怀疑论者。与此不同，后面我们会看到，斐洛、梅特罗多洛、安提俄库斯等人对卡尔尼亚德斯的解释正好背弃了这种彻底怀疑论的方向，甚至在安提俄库斯那里怀疑论的一般性立场也被抛弃了。

现在很难判断谁的解释更为合适，因为卡尔尼亚德斯没有

[①] 马库斯·图留斯·西塞罗:《论学园派》，崔延强、张鹏举译，中国人民大学出版社，2022年，第141页，西塞罗本人也多次指出过这点。

著作留世，其思想之所是就是它的解释之所是，它的解释史和接受史构成了它的生成史。但是，根据后人尤其是西塞罗的记载和评述来看，似乎克里托马库斯的解释更为规矩一些，斐洛等人的解释则带有更多自身哲学的色彩。据说克里托马库斯躬身服侍卡尔尼亚德斯长达几十载，在后者殁后继续致力于弘扬本宗，如此看来，他不可能不了解卡尔尼亚德斯的思想精髓。所以，我们在这里将克里托马库斯与梅特罗多洛、斐洛、安提俄库斯区分开，将其与卡尔尼亚德斯并置，一道视为西塞罗所谓的学园派怀疑论的伟大"巩固者"。[①]

[①] 策勒称卡尔尼亚德斯的哲学是学园派怀疑论的"最高发展"（爱德华·策勒：《古希腊哲学史 第五卷 斯多亚学派、伊壁鸠鲁和怀疑主义学派》，余友辉、何博超译，人民出版社，2021年，第324页）。

第四节
学园派怀疑论的终结：拉瑞萨的斐洛、
安提俄库斯、西塞罗

卡尔尼亚德斯和克里托马库斯之后，学园派怀疑论辉煌不再，逐渐开始没落。除战事、政治变迁的影响外，从思想史的角度来看主要是因为在其内部出现了"异端"倾向。斐洛掌管学园派期间，其学生安提俄库斯脱离学园派重建"老学园"，成为当时与学园派怀疑论相对立的竞争性力量之一；埃奈西德穆，作为斐洛的门生，与安提俄库斯一样也脱离了学园，开始在学园之外复活皮浪主义，成为另一股竞争性力量；即便是斐洛本人，在其后期也开始变得越来越具有折中主义倾向。终于，在米特拉达梯战争爆发期间，斐洛出逃罗马，学园派从建制上可以说终结了。其实，这一危机在克里托马库斯的时代就已表露，当时，克里托马库斯坚持彻底怀疑论方向，而梅特罗多洛则已表现出缓和和折中的趋向，当后来安提俄库斯叛宗、斐洛转向折中主义时，学园派怀疑论从思想史的角度看就已经终结了。终结之后，虽然仍有部分作家如西塞罗、法佛里努斯（Favorinus）等还自称是学园派怀疑论者，但终究说来不管是在建制上还是在思想上，他们都不再是纯正的学园派怀疑论者了。

我们先来看学园派怀疑论最末阶段的第一位人物，即拉瑞萨的斐洛。关于斐洛的生平，如前所述，我们从斐勒德穆斯那里知道，他是拉瑞萨人，在母邦就曾跟随卡尔尼亚德斯的弟子卡里克勒斯（Callicles）学习长达八年之久，后来到雅典，跟随克里托马库斯学习，在此期间也曾跟随斯多亚主义者学习过一段时间。① 克里托马库斯死后，斐洛继任为学园派领袖，不过据西塞罗说当时的学园派内部已经不再需要领袖来领导学园了。米特拉达梯战争爆发后，斐洛逃亡罗马，继续从事研究和教学，吸引了包括西塞罗在内的大批追随者。据说在罗马期间斐洛撰有罗马书，该书成为后世斐洛研究中关注较多的一个话题。斐洛逝世于公元前 84 年左右，与大部分古代思想家一样，他的著作没有留世，现仅存一些其他作家（西塞罗、斐勒德穆斯、努梅纽斯、奥古斯丁、普鲁塔克等）对他著作的相关评述。斐洛的思想，根据斯多巴乌斯（Stobaeus）和策勒的分析，具有体系化的倾向。② 这意味着斐洛在哲学的多个领域应该均有不少建树。据说，斐洛将哲学划分为六个部分。③ 第一个部分是伦理劝诫，劝勉人们追求哲学和德性；第二个部分似乎是逻辑学或认识论，其主要目标是拒斥错误的观点，宣扬正确的观点；第三部分据说是"关于

---

① Charles Brittain, *Philo of Larissa*: *The Last of the Academic Sceptics*, Oxford University Press Inc., 2001, pp.39-40. 爱德华・策勒：《古希腊哲学史 第六卷 古希腊哲学中的折中主义流派史》，石敏敏译，人民出版社，2020 年，第 51 页。
② 爱德华・策勒：《古希腊哲学史 第六卷 古希腊哲学中的折中主义流派史》，石敏敏译，人民出版社，2020 年，第 53 页。
③ 以下六个部分是依据策勒转述的斯多巴乌斯的观点进行的概括。

诸目的的论述",似乎其重点也是伦理学方面;第四部分是对不同的生活方式的探讨,应该还是属于伦理学方面;第五部分是政治学方面;第六部分是"解释性的论述",用以清晰地阐明某些观点,从形式上讲似乎属于逻辑学或认识论,但从内容上讲仍然属于伦理学,因为它指的是"把伦理学的结论变成适用于具体情形的规则"[①]。所以,虽然说是六个部分,但实际上可以说只有两个部分,即伦理学和认识论。物理学和形而上学部分似乎在斐洛那里不是哲学研究的重点,这与安提俄库斯的折中主义做法不同。此外,根据古代文献的记载,斐洛到罗马后还致力于修辞学的研究与教学,所以修辞学思想也应是其哲学研究的构成部分。[②] 所以,总的来看,我们可以像布里坦那样将斐洛的思想概括在三个哲学领域里面,即伦理学、认识论和修辞学。而其怀疑论相关思想则更多地表现在认识论部分,这一部分又与他的伦理学主张相关,所以我们接下来将从这两个方面来展开。

策勒指出斐洛是"从实践的角度来看待哲学"的。[③] 策勒的这一论断,除有古人(主要是斐勒德穆斯的)证词的支持外,还较为符合上述斐洛对哲学不同部分的划分和强调,同时也符合当时希腊化-罗马哲学的伦理学倾向。也就是说,斐洛首要关心的也许是与正确且有美德的行为相关的那些问题。那什么样的行为才是正确且合乎美德的呢?从现有文献来看,斐洛并没

---

① 爱德华·策勒:《古希腊哲学史 第六卷 古希腊哲学中的折中主义流派史》,石敏敏译,人民出版社,2020年,第53页。
② 布里坦的斐洛研究就包含这一重要部分。
③ 爱德华·策勒:《古希腊哲学史 第六卷 古希腊哲学中的折中主义流派史》,石敏敏译,人民出版社,2020年,第53页。

有明确界定什么样的行为才是正确且合乎美德的，但是他的一些描述却从形式方面给我们一些指示。比如，他说哲学研究活动的最终目的就是获得幸福；人们应该追求美德，尤其要靠哲学来追求；我们必须拒绝那些"有害的"观点，接纳"正确的"观点，如此等等。从这些提示里面我们可以看到，所谓良善的生活可能就是由哲学指导的生活，因为哲学的指导能够使我们避开那些错误的看法，并拥有正确的看法。

正如策勒指出的那样，这样一种伦理看法必然会要求与此相应的认识论观点，这也是我们前面说他的伦理学是与认识论相关的原因。① 也正是这种要求，最终导致了斐洛对卡尔尼亚德斯-克里托马库斯式的彻底怀疑论立场的拒绝，形成了一种特殊的怀疑论立场。这一立场与梅特罗多洛持有的相近，所以学界一般将之称为"斐洛-梅特罗多洛式的怀疑论"（Philonian-Metrodorian Scepticism）。② 但这种怀疑论到底是什么样子的？它还是不是一种怀疑论思想？其与卡尔尼亚德斯的怀疑论到底存在何种区别？诸如此类的问题是斐洛研究中广受争论的焦点之一。我们前面提到过，梅特罗多洛（并非德谟克利特主义者

---

① "斐洛认为哲学的终极目的在于幸福，他相信这种幸福取决于正确的道德观念……，取决于由这类观点构成的整个体系，并且……致力于剔除错误观点，传授正确观点，所以推论必然是，他认为正确的观点是必不可少的，因而不会主张……纯粹的怀疑立场……"（爱德华·策勒：《古希腊哲学史 第六卷 古希腊哲学中的折中主义流派史》，石敏敏译，人民出版社，2021年，第54页）虽然后面策勒接着说斐洛的观点其实要比这一描述复杂得多，但这一描述在某种程度上是符合斐洛的哲学逻辑的。

② Charles Brittain, *Philo of Larissa*: *The Last of the Academic Sceptics*, Oxford University Press Inc., 2001, p.73, 此部分为笔者翻译。

开俄斯的梅特罗多洛）本是一个伊壁鸠鲁主义者，信奉伊壁鸠鲁哲学，但后来转皈卡尔尼亚德斯的学园派怀疑论，成为后者的得意弟子（西塞罗说，当时的人们都说梅特罗多洛"超越于众人之上"，对卡尔尼亚德斯有"最为透彻的理解"）和克里托马库斯的同窗好友。然而在如何解释卡尔尼亚德斯的怀疑论哲学这一问题上，梅特罗多洛却与克里托马库斯明显有别。克里托马库斯的立场我们已经知道，即坚持彻底的怀疑论路线，但梅特罗多洛与此不同，他认为卡尔尼亚德斯的怀疑论立场仅仅是方法论的，后者是出于一定的原因来论证怀疑论的合理性的，但这并不意味着卡尔尼亚德斯就一定真地支持怀疑论立场。梅特罗多洛进一步指出，在卡尔尼亚德斯的这种方法论的怀疑论面纱背后，其实隐藏着一种非怀疑论的积极哲学。[①] 虽然斐洛的立场与梅特罗多洛确有很多相近之处，但却并不像后者那样持有一种明确的立场，或对卡尔尼亚德斯持有一种非常明确的解读方向，斐洛自身的立场及其对卡尔尼亚德斯的解释都要更为模糊和不确定一些。

据一些古代作家记载，斐洛一开始是完全接受卡尔尼亚德斯和克里托马库斯的彻底怀疑论思想的，只是到了后来才开始反思和拒斥这种彻底的怀疑论立场。正是这种变动，使得斐洛

---

① 学界将梅特罗多洛的立场有时解释为温和怀疑论，有时则解释为更为积极的独断论（柏拉图主义）。

本人的思想及其对卡尔尼亚德斯的解释变得难以确定。[①]但是似乎可以确定的是，斐洛在一开始确实持有一种卡尔尼亚德斯-克里托马库斯式的彻底怀疑论立场。他在 23 岁左右（有说是 24 岁）成为克里托马库斯的年轻学生，跟随后者研习哲学十多载，深谙卡尔尼亚德斯和克里托马库斯的怀疑论学说。据尤西比乌斯转述的努梅纽斯的记载，在克里托马库斯去世后，斐洛在学园内做的工作基本上和当年卡尔尼亚德斯去世后克里托马库斯的工作一样，那就是疏解、辩护彻底的怀疑论哲学。

然而，斐洛的这种热情后来退却了，具体何时退却目前不详，但如果努梅纽斯的记载是可信的，那么可以确定的就是这种立场的转变肯定是发生在公元前 110 年到公元前 88 年。公元前 110 年左右斐洛继任学园派新领袖，当时他还是克里托马库斯的热情拥护者，而公元前 88 年《罗马书》诞世，虽然该书的立场很难确定，但可以肯定的是它不是克里托马库斯主义的立场。从克里托马库斯的立场向前，斐洛逐渐放弃了彻底怀疑论的立场，开始走向一种类似温和怀疑论甚至独断论的方向。斐洛仍然坚持学园派怀疑论的基本看法，即完全充分的知识是不可能的。斯多亚提出的判断真假的标准，在斐洛看来就像在此

[①] 布里坦总结了学界对斐洛不同阶段哲学立场的概括：彻底怀疑论（radical skepticism）、温和怀疑论（mitigated skepticism）、可错主义（fallibilism）、柏拉图主义（platonism）[Charles Brittain, *Philo of Larissa: The Last of the Academic Sceptics*, Oxford University Press Inc., 2001, pp.73-168]。布里坦也用"可能主义"（probabilism）来概括斐洛罗马书之前的怀疑论思想，可能主义既不是卡尔尼亚德斯式的彻底怀疑论，也不是柏拉图主义式的独断论，它介于二者之间，接近于温和怀疑论、可错主义。

前的所有怀疑论者看来一样,是不存在的。然而,即便不存在判断真假的标准以及最终的可理解性,我们也仍然能获得一种"确定的"甚至"完全确定的"东西,以此来实现哲学的教导("剔除错误的观点,传授正确的观点")和伦理美德。策勒推测西塞罗的以下记述说的就是斐洛[1]:

> 努力将感知到的事物与清晰明白的……事物区分开来,并试图表明确实有这样的事物,它清晰明白,并且在心灵和意识中留下真实的印象,但仍然是无法感知和理解的。[2]

事物"清晰明白"(perspicua),能够在灵魂中留下真实的印象,但这并不像斯多亚学派认为的那样由此就可以带来理解和知识。知识必然是可理解的,但真理却未必,因为即便没有理解,仍不妨碍真理之为真理,不妨碍真理会在我们的灵魂中留下足迹。我们可以有一个真理的印记但不理解它,不理解它意味着我们对它没有形成任何得到确证的信念,但我们却可以接纳它并受其引导,仅仅因为它是真的,它足够清晰明白,在灵魂中留下印象。这样的东西,带来的就是策勒所谓的"确定性"。[3] 它不是完备的知识所具有的那种确定性,而是非认知的

---

[1] 爱德华·策勒:《古希腊哲学史 第六卷 古希腊哲学中的折中主义流派史》,石敏敏译,人民出版社,2021年,第56页。
[2] 马库斯·图留斯·西塞罗:《论学园派》,崔延强、张鹏举译,中国人民大学出版社,2022年,第119页。
[3] 爱德华·策勒:《古希腊哲学史 第六卷 古希腊哲学中的折中主义流派史》,石敏敏译,人民出版社,2021年,第56~57页。

确定性。至于这样的确定性到底是怎么来的，是一种什么状态，现在已经很难说清了。但策勒的那个判断应该是正确的，即这种确定性，它是介于卡尔尼亚德斯的"可能性"和安提俄库斯的独断论意在获取的那种"概念的无条件的确定性"之间的一个东西。[①]也就是说，一方面，具有这种确定性的事物要比卡尔尼亚德斯的可能性印象具有更高的认知地位，在卡尔尼亚德斯那里得到检验的可能性印象已经是近似为真的了，但斐洛的确定性则更为接近真理；另一方面，斐洛坚持着怀疑论的基本立场，认为获得完全的知识和理解是不可能的，所以这种确定性还不是完全的知识和理解，它根本就不是一种理解，而只是由事物印在灵魂上的真实的"显现"带来的一种约束性，与主体的理解无关。[②]从这个角度出发，我们倾向于将斐洛此时的立场界定为"温和怀疑论"。需要指明的是，这种温和怀疑论一方面要比克里托马库斯主义更为缓和，因为它承认比可能性还要真实的确定性，但另一方面它又不同于梅特罗多洛主义，因为后

[①] 爱德华·策勒：《古希腊哲学史 第六卷 古希腊哲学中的折中主义流派史》，石敏敏等译，人民出版社，2021年，第57页。

[②] 布里坦将这种由确定性带来的约束性和认同解释为由主体的"内在主义"检验而得出的结果，即，我们之所以会"认同"（assent）具有这种确定性的印象，是因为经过检验我们发现这样的印象与我们的整个信念背景是融贯的（Charles Brittain, *Philo of Larissa: The Last of the Academic Sceptics*, Oxford University Press Inc., 2001, p.155）。然而，布里坦做出这种论断的主要依据却是卡尔尼亚德斯关于可能性印象的内在主义检验（pp.107-108）。与布里坦的看法不同，我们更倾向于认为，斐洛这里主张的对确定性印象的接纳甚至认同，并没有表露出内在主义的动机，反而更接近一种外在主义：确定性印象本身是真实的、清晰明白的，经过一定的方式印在灵魂之中，我们不得不接纳它们为真，虽然从主体的角度讲我们并不理解它们。

者有一种积极哲学的倾向和要求,而斐洛此时还坚持着怀疑论的最终立场,他经常提到完全认识和理解的不可能性,只不过在这个框架下做出了一定的调整,提出一种与理解无关或者说不来自理解的确定性。

如此一来,自卡尔尼亚德斯以降,我们似乎有了三种学园派怀疑论立场:第一种,卡尔尼亚德斯-克里托马库斯式的彻底怀疑论。第二种,卡尔尼亚德斯-梅特罗多洛式的方法论怀疑论。第三种,斐洛的温和怀疑论。

其中,第一种即卡尔尼亚德斯-克里托马库斯式的怀疑论,是彻底怀疑论形态,不仅坚持怀疑论的基本立场,还通过辩证解读策略(尤其是对"可能性"印象的辩证解读)来论证彻底怀疑论立场。第二种即卡尔尼亚德斯-梅特罗多洛式的怀疑论,可以说已经不再坚持怀疑论的基本立场了,怀疑论在他们那里仅仅具有方法论意义,这种方法论的怀疑论背后其实潜藏着柏拉图主义独断论。而斐洛的怀疑论,一方面坚持怀疑论的基本立场,主张最终的认识和理解的不可能性;另一方面又宣扬一种超越了可能性的确定性,这种确定性虽然是不可理解的,但却是真实的、清晰明白的,是真理留在灵魂中的印记。我们看到前两种怀疑论至少是逻辑自洽的,要么坚持彻底的怀疑论立场,将与此不符的一切要素做辩证解读,要么坚持柏拉图主义的立场,将怀疑论要素解释为单纯方法性的。然而斐洛的怀疑论,似乎具有一种不自洽的张力结构,一方面是对怀疑论立场的承诺,另一方面又对比"近似为真"还接近为真的确定性有所承诺。这种张力结构会导致斐洛哲学的不稳定性,这种不稳定性进一步发展的一个结果,就是《罗马书》中可错主义立场的出现。

公元前89年,米特拉达梯战争爆发,斐洛与雅典的罗马显贵(optimates)一起避难罗马。到罗马后,大约在公元前88年或公元前87年,斐洛做了一些受人瞩目的演讲,这些演讲据说构成了《罗马书》的主体部分。大概在公元前87年,《罗马书》问世,它被一些学者视为斐洛思想变迁过程中的"第三个阶段"或"最后阶段"。[1] 之所以说是第三个阶段或最后阶段,是因为第一个阶段指的是刚继任学园派新领袖时所处的阶段,这个阶段斐洛坚持的是卡尔尼亚德斯-克里托马库斯式的彻底怀疑论,第二个阶段即上述温和怀疑论思想所处的阶段,[2] 罗马书代表的则是第三个阶段,此后不久,在公元前84年或公元前83年,斐洛逝世。那么斐洛到底在《罗马书》及相关演讲中表达了什么样的哲学立场呢?这种立场到底与前面两个阶段又有何区别呢?

解决这些疑难并非易事,因为《罗马书》并没有留世,其他古代作家也很少提及这部著作,借助非常零散的一些片段来重构其相关思想比较困难。[3] 按照布里坦的考证,塞克斯都在

---

[1] Charles Brittain, *Philo of Larissa*: *The Last of the Academic Sceptics*, Oxford University Press Inc., 2001, p.66.
[2] 布里坦将这个阶段称为"斐洛/梅特罗多洛式的怀疑论"阶段。如果从梅特罗多洛与克里托马库斯的极端怀疑论立场相左的角度讲,可以将斐洛与梅特罗多洛并列在一起,如果从梅特罗多洛的柏拉图主义立场来讲,那么就像我们上面说的那样还不能将二者并置在一起。
[3] 布里坦的工作在这方面具有重要意义。

《皮浪学说概要》中转述的斐洛的一句话其思想是属于《罗马书》的：

> 菲罗说，对象就斯多亚派的真理标准——"理解的印象"——而言，是无法理解的；但是就对象本身的真实本性而言，是可以理解的。[1]

这句话虽然出现在塞克斯都论及皮浪主义怀疑论与学园派怀疑论之间存在差异的语境中，但涉及斐洛时仅有这句话，略显突兀且较难理解。表面来看，这句话包含两层意思：其一，斐洛否定根据斯多亚的认识论标准，即可理解的印象，我们能够获得对事物的认识这一看法，也即从斯多亚制定的可理解性这个标准出发，事物是不可认识的；其二，在否定了斯多亚的标准之后，斐洛似乎提出了另一种标准，从这种标准出发，事物是可以理解的。这是什么意思呢？我们可以确定的是，如果塞克斯都的这一转述是信实的，那么斐洛这里的思想是不再属于温和怀疑论阶段的，因为他在这里明确借用斯多亚的概念断言了事物的可理解性，而温和怀疑论阶段斐洛仅承诺确定性，悬置了可理解性。这也反过来说明了布里坦的观点——塞克斯都记述的这段话属于斐洛的后期思想——的正确性。

但是这里还留有一个疑问，即"对象……就对象本身的真实本性而言，是可以理解的"这句话到底是什么意思？我们暂时先

---

[1] 塞克斯都·恩披里克：《悬搁判断与心灵宁静：希腊怀疑论原典》，包利民等译，中国社会科学出版社，2017年，第48页。

悬置这一问题，看看据说是关于《罗马书》的第二个证词。在《论学园派》中有一段证词被认为是关于《罗马书》的：

> 当他因而主张什么都不能被理解（这就是我对akatalôpton一词的翻译），如果它就是芝诺所界定的那种理解，也是所谓的那种印象……由其所是的那个来源（ex eo unde esset quale）压印（impressum）、塑形（effictum）而成的，以至于它不可能来自"非其所是"的来源……而当菲洛削弱和否弃这一点的时候……①

这段证词表达的意思其实和上一个证词的第一层意思是相同的。斐洛不承认斯多亚规定的那种可理解性，如果我们的认识确如斯多亚学派所说来自 cataleptic impressions，那我们就什么也不认识、不理解。如前所述，斯多亚的可理解印象是这样一种印象，即它来自真实的对象，不可能来自虚假的对象，它与对象之间是严格对应的，凭借这样的印象，我们关于世界就有了"理解"（catalepsis）。但是斐洛认为不存在这样的印象，其理由可能与阿塞西劳斯、卡尔尼亚德斯等人一样，但后两人均完全拒绝了这样的印象，而斐洛却是在对其批判的基础上形成了新的 cataleptic impressions。② 在斯多亚关于可理解印象的

---

① 马库斯·图留斯·西塞罗：《论学园派》，崔延强、张鹏举译，中国人民大学出版社，2022年，第53~54页。

② Charles Brittain, *Philo of Larissa: The Last of the Academic Sceptics*, Oxford University Press Inc., 2001, pp.143-144.

规定中，有一个非常重要的方面就是它们不可能出错。然而斐洛认为存在着可理解的印象，但这样的印象并不像斯多亚说的那样是不可错的，而是可以出错的，即便其会出错，也不影响我们对其的认同。可理解的但会出错的印象构成了认同的根据。也就是说，在此时的斐洛看来，世界是可理解的而不是不可理解的，之所以是可理解的是因为存在着可理解的印象，虽然这样的印象有可能会出错，但即便如此，我们借助这种可错的可理解印象就可以获得对世界的理解和认识。由此一来，我们看到此时的斐洛已经不再坚持当初的温和怀疑论立场了，而是走向了一种类似可错论（fallibilism）的认识论立场。前面那个问题，即对象就其真实本性而言是可理解的，指的就是我们可以凭借对象在我们这里造成的可理解印象而被认识，虽然这种认识有可能出错。这似乎就是斐洛在其人生的最后阶段所抵达的哲学立场，我们看到它已经背离了怀疑论的一般主张。

斐洛从最初的克里托马库斯式的彻底怀疑论立场，中经温和怀疑论阶段，最终在《罗马书》中抛弃了怀疑论的基本原则，转变为可错主义，终结了学园派怀疑论的历程，成为学园派怀疑论传统中的最后一位作家。[①] 自此之后，学园派怀疑论作为一个有建制的哲学派别就瓦解了，虽然不久之后的西塞罗还自称是学园派怀疑论者。除老年斐洛带来的这次打击外，在西塞罗之前，学园派怀疑论还遭到过一次致命的重击，其发起者就是

[①] 布里坦等人就将斐洛视为最后一位学园派怀疑论者。关于斐洛后人安提俄库斯在学园派怀疑论中的位置，众说纷纭，如果说独断论倾向的出现代表着怀疑论的瓦解的话，那么我们倾向于将斐洛、安提俄库斯共同视为学园派怀疑论的终结者。

斐洛的学生安提俄库斯。

有关安提俄库斯的生平证词比斐洛的还要少，努梅纽斯、奥古斯丁、斐勒德穆斯、西塞罗、拜占庭的斯蒂凡努斯（Stephanus of Byzantium）有过零星记载。根据这些稀少的证词我们知道，安提俄库斯是阿斯卡隆（Ascalon）人，出生于公元前2世纪末，后来到雅典，拜斐洛和斯多亚学派的穆涅萨库斯（Mnesarchus）为师学习哲学，归宗斐洛的学园派怀疑论。作为斐洛的学生，安提俄库斯在其早期积极宣扬和辩护学园派怀疑论观点，但后来师徒反目，安提俄库斯开始激烈攻击这种学说，并最终转向了怀疑论的反面。[1]

根据西塞罗的记述，关于安提俄库斯的思想历程我们能够明确辨别出的大概有两个阶段，其一是标准的学园派怀疑论阶段，其二是独断论阶段。哈罗德·塔伦特（Harold Tarrant）更进一步，认为这两个阶段可以细分为更具体的三个阶段：第一个是学园派怀疑论阶段，第二个是开始提倡老学园但"还没有与斐洛明确决裂"的阶段，第三个阶段就是与斐洛明确论战、转向独断论的阶段。[2] 虽然塔伦特用力最多加以解释的正好是第二个阶段，但从怀疑论与独断论的分野视角来看，这个阶段的思想其实可以归入独断论阶段，因为虽然此时的安提俄库斯还没有明确与斐洛决裂，但重提老学园、阐扬柏拉图哲学以及斯

---

[1] 马库斯·图留斯·西塞罗：《论学园派》，崔延强、张鹏举译，中国人民大学出版社，2022年，第88页。

[2] Harold Tarrant, "Antiochus: A New Begginning ?", in *Bulletin of the Institute of Classical Studies*, 2007（50）, pp.317-332.

多亚哲学已经表明他此时放弃了怀疑论立场。所以，总的说来，我们仍将安提俄库斯的思想概括为两种主要形态或阶段，一是怀疑论，二是独断论。

先来看怀疑论。关于安提俄库斯早期阶段的怀疑论立场，西塞罗有个相关的记述，内容是安提俄库斯针对斯多亚学派提出的反驳论证。安提俄库斯指出，既然赫拉克里亚的狄奥尼修斯是斯多亚学派中人，那就理应掌握了斯多亚提出的辨别真假虚实的最终标准，然而狄奥尼修斯本人的思想却发生了转变。所以安提俄库斯指责说，既然狄奥尼修斯掌握了辨别真假的最终标准，那怎么还会信奉不同的学说呢？怎么还会在善是德性的高尚和善是身体的愉悦两种立场之间摇摆不定呢？[①] 由此来看，斯多亚提出的可理解印象及其所具有的那种不可错特性其实是不存在的，如果存在这种不可错的标识，那为什么狄奥尼修斯还会看不清真理，在不同的观点间徘徊不定？这就是安提俄库斯提出来的用以反对斯多亚学派、证明无物可理解的论证。安提俄库斯的论证逻辑其实是一种简单的归谬推理，先行假定斯多亚关于可理解性的学说是正确的，进而得出直接结论，即斯多亚主义者一旦掌握了这种学说就意味着他们获得了发现真理的工具，然而有很多事实与这一结论正好相左，比如狄奥尼修斯作为学派中人一会儿断定此为真一会儿又断定彼为真。这一现象在斯多亚学派内部应该还有很多，它们的存在表明该派提出的那一学说是不成立的，即不存在可理解的印象和辨别真

---

① 马库斯·图留斯·西塞罗:《论学园派》，崔延强、张鹏举译，中国人民大学出版社，2022 年，第 90 页。

假的标准，从而间接论证了怀疑论的立场。很显然，安提俄库斯的这一论证是属于阿塞西劳斯、卡尔尼亚德斯、克里托马库斯甚至还有早期斐洛一脉的怀疑论传统的。

此外，塞克斯都的一些转述似乎也能构成安提俄库斯怀疑论阶段的证词。在《反对理论家》中，塞克斯都说：

> 根据卡尔尼亚德斯，一个印象应该被说成是一种属于有生命物的感触，这种感触揭示自身的同时也揭示其他事物。比如，安提俄库斯（Antiochus）说，当我们注目某些东西时，我们采取了特定的视角，没有像注目之前那样……但是，既然呈现并不总是指示真的对象，而是经常欺骗……所以，我们不能把所有呈现都看作是真理的标准，而最多只能把真印象看作是标准。于是，既然不存在一种"绝不可能是假的"的真呈现，每一种明显为真的呈现都能找到与之完全一样的虚假呈现……
>
> 学园派的安提俄库斯在其《论准则》第二卷中说："……我们根本不能用理性来把握任何东西。"[①]

第一段证词主要谈论的是卡尔尼亚德斯对斯多亚可理解性印象的批评，将安提俄库斯的观点包含在这一语境之中，似乎表明此时的安提俄库斯所持立场与卡尔尼亚德斯类同，甚至其对斯多亚的批评就是在重复卡尔尼亚德斯的思想：先行区分呈现与被呈现者，进而指出真呈现的认知地位，最后指出真呈现

---

① Sextus Empiricus, *Against the Logicians*, Richard Bett trans., Cambridge University Press, 2005, p.35, p.43, 此部分为笔者翻译。

的不可判定性。第二段证词来自安提俄库斯的一部重要认识论著作，即《论准则》(Canonica)。然而，该部著作其实已经表明安提俄库斯背离了怀疑论立场，所以塞克斯都的第二段证词其实是将安提俄库斯置入"宣称感觉是真理标准的人"的行列的，但这段证词的最后一句话，即我们根本不能用理性来把握任何东西，似乎表明不管有没有背离怀疑论，安提俄库斯在理性认知能力方面都持有一种与怀疑论一致的立场。

公元前 87 年左右，罗马高官鲁库勒斯被派往北非地带，随行人员中就有安提俄库斯。[1] 此时斐洛已经身在罗马了，且当安提俄库斯等人寓居亚历山大里亚时，斐洛早已完成了他的《罗马书》。根据西塞罗记载，当斐洛的《罗马书》传至亚历山大里亚的安提俄库斯那里时，曾激起后者强烈的愤怒。[2] 从现有资料来看我们不清楚安提俄库斯到底不满于斐洛《罗马书》中的哪些细节地方，是关于学园派统一性的问题，还是关于斐洛哲学立场的问题，目前无法完全确定。我们只知道，在了解了斐洛的《罗马书》之后，安提俄库斯特意写了一部反驳性的著作《索苏斯》(Sosus)。关于《索苏斯》学界多有论及（往往称之为"索苏斯事件"），但多限于该书的成文背景，至于该书的思想内容涉及不多，原因很简单，就是该书没有留世且古代作家的相关概述也非常之少，所以，目前关于该书内容的研究只能借助于成文背景等蛛丝马迹来间接地进行推论。其中，围

---

[1] 不过这点并不确定，有学者认为在鲁库勒斯去亚历山大里亚之前安提俄库斯就已经在那里了。
[2] 很可能在斐洛避难罗马之前，安提俄库斯就已经离开了学园。

绕《索苏斯》的相关争论之一就是，安提俄库斯开始背离怀疑论、转向独断论到底是在《索苏斯》之前还是在《索苏斯》时期？约翰·格鲁克（John Glucker）认为在该书之前安提俄库斯就已经开始背离怀疑论了，而路德维希·弗拉德尔（Ludwig Fladerer）等人则认为安提俄库斯背离怀疑论的标志就是《索苏斯》。[①] 目前可以肯定的是在《索苏斯》之前，不管是跟随鲁库勒斯到达亚历山大里亚，还是在鲁库勒斯到达之前就已身在亚历山大里亚，安提俄库斯都已经离开了雅典和斐洛学园，而这一行为很可能是由于观点不合导致的。如果从特伦特的角度出发，也许这时的不合还没有发展为公开的对立，但我们前面提到过，从思想内核处看，这一不合的实质很可能就是怀疑论与独断论之间的争辩。所以，我们倾向于认同格鲁克的观点，认为安提俄库斯其实在《索苏斯》之前就已经开始转向了，而《索苏斯》对《罗马书》的批评也不是集中在后者的可错主义认识论立场上，很可能是集中在它对斯多亚学说的不满和改造上。

至于这种不合到底是怎么引起的，现在很难确定。根据现有材料，我们倾向于认为其主要原因在于斯多亚学说的影响。我们试看以下几处证词：

安提俄库斯……在跟随斯多亚的穆涅萨库斯学习之后，采取了与其师斐洛相左的观点，并用大量新异的思想对学园派进

[①] John Glucker, *Antiochus and the Late Academy*, Vandenhoeck und Ruprecht, 1978; Ludwig Fladerer, "*Antiochos von Askalon*": *Hellenist und Humanist*, Verlag F. Berger & Söhne, 1996.

行攻击。①

抵达雅典后，西塞罗师从安提俄库斯……虽然西塞罗不赞成他的新见，因为此时安提俄库斯已经脱离了新学园，抛弃了卡尔尼亚德斯的立场，也许是出于自证的东西和感知觉，也许像别人说的那样是出于与克里托马库斯和斐洛的竞争和不合，他在大多数问题上转而支持斯多亚学说。②

鲁库勒斯……从一开始就把自己的热情和忠诚给了……老学园而非新学园。……老学园当时由安提俄库斯领导，鲁库勒斯将安提俄库斯当作自己的朋友和同伴，把他与斐洛的学生对立起来，比如西塞罗……西塞罗在《鲁库勒斯》中说鲁库勒斯持有赞成理解的观点，而他则持有相反的观点。③

这些证词都表明安提俄库斯转向很可能是受到斯多亚学派的影响。然而，塞克斯都的一处证词表明安提俄库斯的转向也许是出于普鲁塔克所谓的"自证的东西和感知觉"。塞克斯都说："与昔勒尼派立场不远的，是那些宣称感觉是真理的标准的人。有些人坚持这一观点，学园派的安提奥克已经说过了，他在其《论准则》第二卷中这样写道：'但有那么一个人，在医学技艺方面首屈一指，也是研究哲学的，他相信感觉是实在的，

---

① Numénius, *Fragments*, Les Belles Lettres, 1973, pp.79-80, 此部分为笔者翻译。
② *Plutarch's Lives VII*, Bernadotte Perrin tuans., Harvard University Press, 1967, pp.89-91, 此部分为笔者翻译。
③ *Plutarch's Lives II*, Bernadotte Perrin trans., Harvard University Press, 1959, pp.605-607, 此部分为笔者翻译。

能真正觉察……'"①此时的安提俄库斯认为,感知觉是值得信赖的,因为它们"能真正觉察"。但是,更有可能的也许恰恰是相反的情况,即安提俄库斯先行接受了斯多亚学说,之后才开始为感知觉辩护,尤其是那种为斯多亚所接受的感知觉及其相关印象。奥古斯丁的一处证词为这种理解提供了部分依据:

> 他在那个时候开始打开大门——可以这么说,因为敌人就要放弃战斗——要求学园派及其法则回归柏拉图的威权。梅特罗多鲁斯(Metrodorus)早就尝试这样做,据说他第一个承认学园派并不认可无物可被理解的原则,但不得不拿起这类武器对抗斯多亚学派。

> 安提奥库……也是斯多亚学派的梅奈萨尔库(Mnesarchus)的学生。所以,安提奥库以好公民的名义潜入旧学园派……亵渎柏拉图的至圣所。斐洛再次拿起古老的武器对抗他。斐洛去世后,我们的西塞罗埋葬了安提奥库的一切残余力量……②

所谓"打开大门"就是我们说的转向,即背离怀疑论立场,转向独断论。虽然奥古斯丁说的"那个时候"不甚明朗,但安提俄库斯转向的原因却介绍得比较清楚。在安提俄库斯看来,新学园之所以强调怀疑论立场,是因为有批判敌人的任务使然。

---

① 塞克斯都·恩披里克:《反对理论家》,孙仲等译,中国社会科学出版社,2017年,第43页。
② 奥古斯丁:《论灵魂的伟大》,石敏敏、汪聂才译,中国社会科学出版社,2019年,第111~112页。

敌人中最大者，莫过于斯多亚学派。现在"敌人要放弃战斗"，这说的应该是当时的斯多亚代表者如安提俄库斯的老师穆涅萨库斯等人不像芝诺、克吕西普那样汲汲于攻击新学园，变得较为温和和折中。所以批判敌人的任务不再存在，相应地学园派也就不应该再过度强调怀疑论了，而是应该回归到柏拉图的一般学说上去，从事更为积极的工作。在奥古斯丁的转述中，不仅安提俄库斯的转向应作如是观，梅特罗多洛也是如此。但是，第二段证词表明，安提俄库斯向柏拉图的回归，被奥古斯丁视为一种亵渎。为什么是亵渎呢？从证词语境中很容易看出，他是以斯多亚哲学进入柏拉图的，这就是亵渎柏拉图的根源。奥古斯丁的这一看法其实也符合很多人提供的其他证词，比如塞克斯都说，"安提奥库斯把斯多亚派的思想带进了学园派，结果有人说他'在学园中传授斯多亚哲学'，因为他试图证明斯多亚的思想在柏拉图那里已经有了"[1]。如果奥古斯丁和塞克斯都的证词是可信的，那么可以得出的一个结论就是，安提俄库斯重提老学园和柏拉图主义，背离怀疑论，很可能是受了斯多亚学说的影响。这是从思想关联性和发展逻辑的角度来讲的。另外，在奥古斯丁的记载中，安提俄库斯还是个爱慕虚荣之徒，"他对自己名誉的兴趣胜过对真理的兴趣"[2]。普鲁塔克的上述证词也提到过类似的问题："出于与克里托马库斯和斐洛的竞争与不合。"

---

[1] 塞克斯都·恩披里克：《悬搁判断与心灵宁静：希腊怀疑论原典》，包利民等译，中国社会科学出版社，2017年，第48页。
[2] 奥古斯丁：《论灵魂的伟大》，石敏敏、汪聂才译，中国社会科学出版社，2019年，第56页。

这两处证词不是从思想的角度来谈安提俄库斯的转向的，而是从个人品性和追求方面来谈的。也许安提俄库斯从个人品性方面确实不如斐洛（奥古斯丁："我想斐洛是个谨慎之人。"），确实是为了博取关注扩大影响，重提老学园，背离学园派怀疑论。但一方面我们不从个人品性这个角度而是从思想演变角度来分析这个问题，另一方面我们也要指出，奥古斯丁关于安提俄库斯品性的证词与西塞罗、鲁库勒斯的证词明显不符，而相比之下在这个问题上显然西塞罗和鲁库勒斯的证词要比奥古斯丁的更加准确，毕竟西塞罗在公元前79年的雅典亲自受教于安提俄库斯门下，鲁库勒斯作为友人和学生对安提俄库斯更是推崇备至，而奥古斯丁则是在"驳学园派"的语境下论及安提俄库斯的品性问题的。

不管安提俄库斯重提老学园到底是出于什么动机，这一事件都标志着安提俄库斯转向了独断论立场。在这一转向过程中，斯多亚学说发挥了重要的作用，以至于塞克斯都、西塞罗、奥古斯丁等人都认为虽然表面上安提俄库斯在提倡柏拉图主义，但实际上却是在宣扬斯多亚哲学。安提俄库斯对斯多亚哲学的接受是如此之深，以至于西塞罗说除了安提俄库斯支持"非道德性的诸善"这一点外，在安提俄库斯和斯多亚之间根本不存在差异。[1]

自此之后，安提俄库斯几乎成了一个地地道道的斯多亚主义者。布里坦根据《论学园派》概括指出安提俄库斯已经全面

---

[1] James E. G. Zetzel ed., *On the Commonwealth and On the Laws*, Cambridge University Press, 1999, pp.106-107. 奥古斯丁在《上帝之城》中对此也有所记载。

斯多亚主义化了，比如他接受了芝诺关于可理解性的界定，克吕西普的形式逻辑，标准的斯多亚反怀疑论论证，斯多亚的知觉理论等心理学思想，还有斯多亚主义者安提帕特（Antipater）的大部分思想等。①虽然布里坦的概括有夸大之嫌，但从鲁库勒斯之言中确实能够看出安提俄库斯这种明显的斯多亚主义化。此外，与这一过程交织在一起、难分难解的，是安提俄库斯对以往其他独断论哲学家的接近，除柏拉图之外，还有亚里士多德、波勒莫、色诺克拉底等人，所以严格来说安提俄库斯的独断论是一种策勒指出过的折中主义形态。②尤其从他的伦理学思想来看，斯多亚主义和柏拉图学说不可能是其唯一的思想来源，反而亚里士多德伦理学与其更为密切一些。③

根据西塞罗的记载，安提俄库斯在亚历山大里亚之后又在雅典活跃过一段时间，对当时的罗马智识人产生了较大影响，这些人之中就包括西塞罗。④西塞罗曾受教于安提俄库斯门下数月，对其才识和能力较为推崇，但却不接受后者的折中主义

---

① Charles Brittain, "Antiochus' epistemology", in David Sedley ed., *The philosophy of Antiochus*, Cambridge University Press, 2012, pp.104-131. 虽然布里坦自己研究的最后结论是意在指出安提俄库斯保留了自身的某些特色。
② 爱德华·策勒:《古希腊哲学史 第六卷 古希腊哲学中的折中主义流派史》，石敏敏译，人民出版社，2020年，第63页。
③ 关于安提俄库斯的伦理学思想可见西塞罗的一些记载，如《论至善与至恶（第五卷）》《图斯库兰语录》《论目的》《论神性》。安提俄库斯思想中的这种折中主义独断论，不仅表现在认识论、伦理学方面，在形而上学中也有所表现（爱德华·策勒:《古希腊哲学史 第六卷 古希腊哲学中的折中主义流派史》，石敏敏译，人民出版社，2020年，第64页）。
④ 策勒指出，当时安提俄库斯在学园派年轻同仁中"大举获胜"，赢得了大批得意弟子（阿里斯图斯、狄奥、瓦罗等），以至于在安提俄库斯的时代学园派怀疑论几乎"完全被抛弃了"。

独断论立场。面对安提俄库斯学派的大获全胜，西塞罗毅然选择了卡尔尼亚德斯-克里托马库斯的怀疑论立场，并自称是学园派怀疑论传统的接力者。西塞罗一生可谓著述宏伟，运思深广，这里我们主要集中关注其思想中的怀疑论方面。

西塞罗身处罗马共和国晚期，动荡的时局裹挟着他的一生。公元前106年，西塞罗出生，稍长友人凯撒六岁。公元前89年，第一次米特拉达梯战争爆发，因此机缘年轻的西塞罗得以在罗马闻听斐洛哲学，深受触动。西塞罗年轻时主攻雄辩术，在公元前81年左右开始从事辩护人工作，他的演讲技艺和散文技艺为其赢得了来自民间和高层的双重认可，这为其今后从事政治事务提供了便利条件，但似乎也正是因为这种演说者的精神底色，最后导致了他在政界的陨落。据普鲁塔克记载，西塞罗因接手官司触犯独裁者苏拉（Sulla），担心政治迫害，于公元前79年到公元前77年借个人身体健康的缘由（但确有胃病在身）离开罗马，逗留希腊。在雅典期间，西塞罗参加了安提俄库斯的授课，被其"措辞的流畅优美"折服，但却不认同后者的独断论哲学立场。[①] 后返回罗马重新进入公共生活，公元前63年，当选罗马执政官，在位期间摧毁卡提林（Catilina）阴谋，为其带来了从政以来的最大荣誉。公元前60年，与所谓"前三头"（First Triumvirate）——凯撒、庞培、克拉苏——结盟，但这种合作关系似乎并不融洽。公元前44年，凯撒被刺。之后西塞罗与马克·安东尼甚至还有屋大维之间的矛盾日益激烈，最终于

---

① *Plutarch's Lives VII*, Bernadotte Perrin trans., Harvard University Press, 1967, p.89.

公元前43年被安东尼派人杀害。

西塞罗一生所学渊源甚广，著述颇多，但大部分都与他的政治生涯有关，或为庭辩辞令，或为政治沉思，然而其中有一部分著作，是其晚年减少政治事务后集中时间写作的，如《论学园派》《论神性》《论至善与至恶》《图斯库兰语录》等，较为接近纯粹的哲学著述。而西塞罗的怀疑论思想，大部分就包含在这后一类著作之中。

关于他的著述，尤其是哲学著述，策勒有个说法，即它们大部分都是转述或复述。[1]西塞罗非常推崇苏格拉底和柏拉图的对话技艺，他本人的著作也往往是采用类似的方式来写就的。在这种对话录式的著作中，西塞罗会选取一些有代表性的人物作为对话的主角，他们分别代表不同的哲学立场，发生在他们之间的对话就构成了著作的主体部分。西塞罗也模仿柏拉图，在自己的对话录中很少给出关于某一问题的正面回应。这样一来，从形式上看，西塞罗的大部分文本都是对话录性质的，是围绕某一问题对不同哲学家之言的详尽转述，尤其是就某一问题提供正反相对的不同说法，非常符合怀疑论的方法论相对主义作风；从哲学立场上看，西塞罗在转述完不同哲学家各自的观点之后，并不给出一种积极的结论。这使得西塞罗非常接近学园派怀疑论的做法。[2]像我们前述的阿塞西劳斯和卡尔尼亚德

---

[1] 爱德华·策勒：《古希腊哲学史 第六卷 古希腊哲学中的折中主义流派史》，石敏敏译，人民出版社，2020年，第103~104页。

[2] 爱德华·策勒：《古希腊哲学史 第六卷 古希腊哲学中的折中主义流派史》，石敏敏译，人民出版社，2020年，第104页。

斯，他们对柏拉图、苏格拉底对话技艺的阐释和应用就是这种怀疑论模式的。[1]比如在他去世前两年写就的《论至善和至恶》这部著作就非常典型。该书内容由三次对话组成，第一次对话借路西乌斯·塔奎图斯的转述来呈现伊壁鸠鲁主义的伦理学主张。第二卷意在回应塔奎图斯的见解，本卷前面很大一部分内容仍然是借助塔奎图斯的话来进一步详述伊壁鸠鲁主义伦理学主张的根据，后面部分则是动用各种资源来提出相反的观点。然而在结尾处即本次对话结束的地方，塔奎图斯并没有被说服，而西塞罗呈现的相反观点也似乎并不意在要求自身的绝对正确性，而是安排斯多亚主义者忒来阿里乌斯来做裁决。最终这一裁决也没有做出。由此一来，围绕伊壁鸠鲁伦理学而展开的这场对话似乎就不了了之了。从第三卷开始，对话围绕着斯多亚主义伦理学来展开，对话主角是马库斯·加图。在这里西塞罗借加图之口，广述斯多亚学派关于至善生活的理解。第四卷则是对以加图为代表的斯多亚伦理学的回应，这一回应先从柏拉图早期学园、漫步学派和斯多亚学派之间的一致性讲起，先后论及逻辑学、物理学方面的一致性，接着又详论伦理学主张上的一致性，意在表明芝诺脱离从前的权威是没有道理的，在斯多亚学派和学园派、漫步学派之间，存在的只是言辞上的差异，实际内容是一致的。但在对话的结尾，因"夜色降临"，西塞罗不得不结束这场对话，加图的"临别赠言"则是提出更进一步的反驳意见（"你实际上接受了我们的所有观点，只是对术语上

---

[1] 西塞罗：《论至善和至恶》，石敏敏译，中国社会科学出版社，2005年，第38页。

的不同使用持保留意见,而我则相反,对你们学派的教义完全不能接受"①),不过对话就此结束。第五卷围绕的主题是安提俄库斯的伦理学主张,对话主角是庇索,安提俄库斯主义者布鲁图作为协助者也参与其中。庇索先谈及漫步学派的伦理学主张,进而论及安提俄库斯与古人的一致性,再接着就是借古人之言尤其是亚里士多德、泰奥弗拉斯图斯等漫步学派的一些主张来阐发安提俄库斯的伦理学思想。在对话的终点,不同的参与者对庇索的演说表达了不同的看法,有的认同,有的不认同。

关于这种写作方式,西塞罗在一处地方似乎做过提示:

> 我恳请你们不可以为我要给你们讲一堂正式的课……苏格拉底虽然被称为哲学之父,却从来没有那样做过。……苏格拉底自己的方式是向他的对话者提问,并在不断的诘问中引出他们的观点,然后通过反驳他们的回答阐明他自己的观点。这种方法……后来又得到了阿尔凯西劳(Arcesilas)的复兴……那些说自己持有某种观点的人事实上并不是真的持有他们所说的观点,他们这样说只是想听对这种观点的反驳。②

> 卡尔内阿得斯已经犀利无比又滔滔不绝地维持了这一习惯……③

---

① 西塞罗:《论至善和至恶》,石敏敏译,中国社会科学出版社,2005年,第165页。
② 西塞罗:《论至善和至恶》,石敏敏译,中国社会科学出版社,2005年,第37~38页。
③ 西塞罗:《图斯库路姆论辩集》,顾枝鹰译注,华东师范大学出版社,2022年,第206页。

然而，诚如策勒所言，在苏格拉底-柏拉图和西塞罗之间，这种对话的技艺还是有些差异的。与前者相比，西塞罗对话中的诘难味道大幅度降低了，一问一答式的对谈在他这里变成了大段大段的复述式演讲，在柏拉图、苏格拉底那里还能看到的朝向某一问题之解决的运动在他这里消失了，似乎他的工作就是呈现和描述，并不追求问题的解决或推进这一解决。我们只能从怀疑论的角度来解释这一区别。怀疑论的方法论相对主义，意在围绕某一问题提出相反的、具有同等有效性的观点，从而达成悬置判断的怀疑论目标。西塞罗的对话录从形式上看就是这种方法论相对主义的应用："这种对话只能缘于这样的事实，即哲学家对任何一种理论都不能感到满意，对已有的每一种体系都有所反对。"[1]

　　由文本形式表现出来的这种怀疑论，是以思想上的怀疑论立场为根据的。在《论学园派》的第二卷，西塞罗发起了对鲁库勒斯的安提俄库斯立场的反驳，这一反驳处处显明着他对学园派怀疑论立场的支持与认同。其实在前述普鲁塔克的记载中我们就已经看到，西塞罗在雅典听了安提俄库斯的哲学演讲之后，对安提俄库斯优美而有力的措辞推崇有加，但却明确表示并不认同后者的非怀疑论立场。为什么会不认同安提俄库斯的非怀疑论立场呢？就是因为西塞罗已经接受了学园派怀疑论，自视为这一传统的延续者。在斐洛（怀疑论阶段的）和安提俄库斯之间、克里托马库斯和梅特罗多洛之间，西塞罗显然坚持

---

[1] 爱德华·策勒：《古希腊哲学史　第六卷　古希腊哲学中的折中主义流派史》，石敏敏译，人民出版社，2020年，第105页。

的是前者的立场。这种立场可以追溯到西塞罗在罗马与斐洛会面之后的公元前 80 年至公元前 70 年。①

诚如莱因哈特所言，公元前 80 年左右的西塞罗似乎确是一个"彻底的怀疑论者"。② 他常常谈及的是怀疑论的否定方面而非积极方面，更加凸显对人类把握终极真理能力的怀疑态度。然而即便如此，他的这种怀疑论其实并非是彻底的，或者说，他的这种彻底性与阿塞西劳斯、卡尔尼亚德斯、克里托马库斯的相比已经算是温和的了。甚至可以说西塞罗从其哲学生涯的一开始就不是彻底的怀疑论者，而更像是一个策勒所谓的"折中主义者"，我们更愿意从怀疑论的角度将其称为"温和怀疑论者"。这种身份到了他后期的哲学著作那里愈发明显地表现出来。

比如，在后期著作《论神性》中，西塞罗多次表示自己似乎已经掌握了"近似为真"的东西。在最后一篇对话的结尾处，

---

① 托比亚斯·莱因哈特（Tobias Reinhardt）为我们找到了一处相关证据。公元前 80 年之前，有说是公元前 75 年左右，西塞罗写有《论创作》(De inventione) 一书，论述修辞学等相关理论，但其中的一些表述显然带有浓重的学园派怀疑论味道，证明西塞罗当时已经接受了学园派怀疑论思想。莱因哈特找到相关证词是："因此，我们应该不做任何断定地去持续追问，做出的每一陈述都要对其保有怀疑之心……不要盲目地、自负地认同任何事物。这个原则，我们现在和余生都会尽我们所能地去追求。"(Tobias Reinhardt, "Cicero's Academic Skepticism", in Jeb W. Atkins, Thomas Bénatouï ed., The Cambridge companion to Cicero's philosophy, Cambridge University Press, 2022, p.106, 此部分为笔者翻译) 此外，莱因哈特还分析了西塞罗公元前 80 年到公元前 50 年著作中的怀疑论思想，这一时期的怀疑论思想集中表现在三个文本（《论共和国》《论法律》《论演说家》）中。

② Tobias Reinhardt, "Cicero's Academic Skepticism", in Jeb W. Atkins, Thomas Bénatouï ed., The Cambridge companion to Cicero's philosophy, Cambridge University Press, 2022, p.106.

西塞罗说大家针对神性问题发表了各种见解，威莱乌斯说科塔的见解最好，而西塞罗则认为是巴尔布斯的最好，因为他的观点"更接近真理的影子"（ad veritatis similitudinem videretur esse propensior）[1]，这让我们想起卡尔尼亚德斯甚至还有阿塞西劳斯怀疑论思想中的"似真"概念。西塞罗在这里提到的真理的影像，不是柏拉图意义上的，即真理的影像不是真理，而是非真理，是虚幻的、消极的、需要加以否定的东西，相反，它指的就是学园派怀疑论传统中的似真性，是积极的、值得追求的东西。因为对于学园派怀疑论而言，终极真理是不可把握的，但他们却认为我们可以掌握真理的影像、近似为真的东西。西塞罗在很多地方表达过对这一观点的认同。比如在《论神性》的一开始，西塞罗先是对学园派怀疑论表示青睐，他说学园派的很多哲学家都是聪明的，他们对任何一个未经证实的命题都保持沉默，接着就论及认为神存在这种观点是最接近真理的，而且是我们的本性使然的结果。[2] 在同年著作《图斯库兰语录》中，西塞罗在正式展开对话之前简要介绍了一下苏格拉底式的对话技艺，当然，我们马上会发现西塞罗是从怀疑论的角度进行介绍的，因为他说："这种古老的苏格拉底方法，针对某人的意见提出诘难。苏格拉底认为这种方法是找到最近似为真之物的最好途径。"[3] 这种对话技艺意在获得的不是终极真理，而是近似

---

[1] 西塞罗：《论神性》，石敏敏译，商务印书馆，2012年，第189页。
[2] 西塞罗：《论神性》，石敏敏译，商务印书馆，2012年。
[3] *Cicero*：*Tusculan Disputations 1*，A. E. Douglas trans.，Oxbow Books，2015，p.25，此部分为笔者翻译。

为真之物，这显然是从阿塞西劳斯和卡尔尼亚德斯的怀疑论角度做出的解读，而非从独断论的角度做出的解读。在该书第四卷，当谈及学园派、斯多亚派和漫步学派之间的较量，意在厘清"学园派怀疑论的立场"时，西塞罗指出："重要之事只有一个，那就是找到与真理最相似的那一立场。"①这种表述显然与前面的一致，表明西塞罗在对待真理问题上非常谨慎，不随便断言真理的可理解性。再比如，在第一卷两位假想的对话者对话伊始，假想对话者提到的显然是怀疑论与独断论之间的区别：

我将按照你的方式，尽我所能地阐述你所询问的主题，但是我不像阿波罗那样，认为我所说的是确定无疑的，而是认为作为众多凡人中的一个，我之所说仅仅是通过试验和错误来寻找可能的东西。那些认为这些主题能够被确定地知道并声称自己是智慧之人的人，他们会给你确定性（而我则不会）。②

此外还有：

这些意见之中哪一个是真实的，这要由神来决定；最可能

---

① Marcus Tullius Cicero, *Cicero on the Emotions: Tusculan disputations 3 and 4*, Margaret Graver trans., The University of Chicago Press, 2002, p.55, 此部分为笔者翻译。
② Cicero: *Tusculan Disputations 1*, A. E. Douglas trans., Oxbow Books, 2015, p.31, 此部分为笔者翻译。

（正确）的是哪一个才是重要的问题。①

在这里西塞罗借假想对话者之口提出探讨问题的两种姿态，第一种是以阿波罗神或智慧之人为代表，他们对自己的言辞与认识确定不移，相信自己能够给他人带来"确定性"，只有神才能决定何为真假。第二种是以假想对话者这样的人为代表的姿态，他们清楚自己的"凡人"位置，不追求确定性或不认为我们凡人能够把握住确定性，仅仅通过试错来寻找那些"可能之物"（what is probable）。很明显，假想对话者表达的这种立场正是阿塞西劳斯和卡尔尼亚德斯等人提倡的那种怀疑论立场。西塞罗这里反复提及的"可能（性）"（probabile），正是对卡尔尼亚德斯常用的一个希腊概念 pithanon 的拉丁翻译。我们知道，pithanon 在卡尔尼亚德斯那里是用来阐明实践标准的关键概念，同时在认识论上，pithanon phantasia 可以理解为卡尔尼亚德斯针对斯多亚的 cataleptic phantasia 而提出的一个对应性概念，是其认识论意义上的标准。pithanon 或 pithanon phantasia 虽带有可确信性（convincing）的特征，但这种可确信性并非基于"实在论真理"（格罗尔克语）或"形而上学实在论"（普特南语）意义上的那种确定性，它仅是一种经过检验的、具有较大可能性的似真性，还不是真理本身。所以，卡尔尼亚德斯用其一方面来回应非实践指责，另一方面来批评斯多亚的可理解性印象，表明自己的温和怀疑论立场。在卡尔尼亚德斯之前，阿

---

① Cicero：*Tusculan Disputations 1*，A. E. Douglas trans.，Oxbow Books，2015，p.33，此部分为笔者翻译。

塞西劳斯的怀疑论哲学中，与 pithanon 相应的概念是 eulogon。这个概念虽带有更多斯多亚学派的味道，但在阿塞西劳斯的使用中却被赋予了一种怀疑论的规定性。在斯多亚哲学中，一个可取的行为作为带有 eulogon 特征的行为指的是该行为必须是"合理的"（reasonable），而所谓合理的指的就是合乎本性或自然（phusikos），只有出于本性、自然要求的行为才是恰当的行为。阿塞西劳斯借鉴了斯多亚学派的这一概念甚至相关思想，但是却为其补充了一个非常重要的规定，即合乎自然、合乎本性的行为可以很好地帮助我们开展生活实践，由此避开非实践责难，但它是自然而然做出的，不需要认知意义上的赞同。口渴之人看见水时自然而然就会啜饮，不需要"这是水""水能止渴""我现在处于口渴状态"等一系列明确的认知性信念，再在这些信念的指导之下做出饮水的行为。在卡尔尼亚德斯关于 pithanon 的规定中，就包含着对阿塞西劳斯 eulogon 思想的继承，可确信之物的可确信性很大部分来自我们的自然本性。①

　　西塞罗的怀疑论就是如此，借助可能性这一关键概念而将自己保持在阿塞西劳斯-卡尔尼亚德斯主义之列。然而，从斯多亚甚至还有安提俄库斯的批评性视角来看，由可能性所标明的那种近似为真必然以真理本身为前提，如果没有先行掌握真理，那就无法辨别近似为真的东西，就像你如果根本不认识苏格拉底，那你就没法指出眼前的一张苏格拉底画像到底像不像苏格拉底本人。这一批评可以称为"思想的不一致性驳难"，该驳难

---

① 阿塞西劳斯和卡尔尼亚德斯的这一思想可与常识哲学进行比较。

在阿塞西劳斯和卡尔尼亚德斯那里效力不大，但在西塞罗这里却具有一定的效力。究其根源，盖在于策勒所谓的折中主义思想特质。这种折中主义的一个维度，就是独断论倾向。西塞罗的确在其著作中表现出上述那种怀疑论倾向，但是独断论倾向却与这种怀疑论倾向经常纠缠在一起共同出现。[1] 其实在卡尔尼亚德斯甚至阿塞西劳斯那里我们也遇见过一些独断性论述，但如前所述，我们从辩证解读的角度认为，那些看似独断性的陈述其实并非卡尔尼亚德斯等人的本意，不是他们正面坚持的立场，而仅仅是方法性的，是为了反驳对方、将怀疑论的解构持续进行下去的环节。然而，这种辩证解读在西塞罗这里却有点不太适合。因为，与卡尔尼亚德斯等人相比，西塞罗似乎确实持有更多的独断论观点，并且从各个方面看都无法得出这些观点在他那里仅仅是方法性的，反而它们更像是他本人积极持有的一些看法。所以，如果安提俄库斯主义者针对西塞罗提出批评，指责他思想内部并不一致，甚至指责其怀疑论思想只是一个虚假的掩饰，那就不难理解了。策勒甚至认为西塞罗的这种不一致性，包括他自己对这种不一致性的自夸，表明他是一个相当肤浅之徒。[2]

比如，关于《图斯库兰语录》这部西塞罗重要的晚年作品，学界就更加倾向于将其总体立场界定为独断论的而非怀疑论的。

---

[1] 爱德华·策勒：《古希腊哲学史 第六卷 古希腊哲学中的折中主义流派史》，石敏敏译，人民出版社，2020年，第106~108页。
[2] 爱德华·策勒：《古希腊哲学史 第六卷 古希腊哲学中的折中主义流派史》，石敏敏译，人民出版社，2020年，第108页。

从全书体例上看，该书仍然沿用了西塞罗比较推崇的对话式书写方式，但与以往的体例相比，出现一个较大的不同，即该书虽是对话式结构，但更像大篇幅的演讲和陈述，尤其是后四卷，虽有对话体例，但严格说来几乎不能算作对话录了。这种体例的变化其实暗示着思想立场方面的一个重要调整，即西塞罗虽然表面上仍在强调苏格拉底式对话的重要性，但很明显他已经抛开苏格拉底、阿塞西劳斯、卡尔尼亚德斯等人的那种典型的怀疑论做法了，开始正面阐述和解释论点和论题。与这种体例的变化相应的，是内容上愈发明确的独断论倾向的出现。全书共五卷，前四卷分别围绕死亡、痛苦、忧愁以及灵魂中其他情绪来展开，死亡、痛苦、忧愁以及其他情绪都是扰乱灵魂的消极存在，是"灵魂的疾病"，是让我们此生不得幸福的巨大障碍。然而，西塞罗的论辩却意在向世人显明对待这些疾病的积极态度，但这种积极态度的获得又依赖于认识上的精进。在每一卷论辩的结尾即得出结论的地方，西塞罗似乎都提出了认识精进的方向。比如第二卷论对痛苦的忍受，西塞罗借对话主角之口指出，痛苦要么不是恶，要么任何一个悖逆自然的东西都是恶，而这样的东西非常次要，经常被德性遮蔽而不显现。也就是说，我们不应该视痛苦为恶，为阻碍人生幸福的大敌，因为痛苦不是恶，即便是恶，也是没有效力的东西。为什么这么说呢？西塞罗举例论证说，希腊人有智慧而不威武，西姆布里（Cimbri）的人则是战斗威武但缺少智慧，然而两者在追求智慧或荣誉的过程中都能够蔑视痛苦、忍受痛苦，痛苦对于他们而言都不是恶，这就说明了上面的结论，即要么痛苦不是恶，要么即便它是恶它也不是有效力的东西。因而，我们不应被痛苦所累，而是能够在追求德性的过程中忽视痛苦。其他事件或情绪也是如此，即便是死亡也不应成为让灵魂受伤的东西。虽然，在第五篇对话的结尾，西塞罗似乎还在表明一种怀疑论的心境（"关于诸种烦恼，我仍无法破除"），但这似乎是"为赋新词强说愁"，因为对话的前述内容都在论证某种积极的哲学立场。

西塞罗之后，学园派怀疑论几成绝响。另一边，安提俄库斯重提老学园，这种折中主义的学园派思想在亚历山大里亚的欧多鲁斯（Eudorus）等人那里得到进一步传承，但后续传承要比安提俄库斯更加远离学园派的思想，以至将安提俄库斯后学称为老学园派或柏拉图主义的理由，并不比将其称为斯多亚主义、亚里士多德主义或毕达哥拉斯主义的理由要更加合理。同时我们也看到，即便是西塞罗本人，虽自称持有学园派怀疑论的立场，但终究是一种折中主义的怀疑论。[①] 所以，学园派怀疑论发展至此，能量已消耗殆尽，开始迅速退出智识生活的视野。同期，出离斐洛学园的埃奈西德穆在学园派之外复兴了皮浪主义，使皮浪主义怀疑论在沉寂多年之后，一跃成为当时古代怀疑论的最大代表。

---

① 《论学园派》中反复提到的好友特伦修斯·瓦罗（Terentius Varro）与西塞罗类似，也是这种折中主义的怀疑论立场。

第四章 古希腊怀疑论的身后事

第一节
后世思想中的古希腊怀疑论

如前所述，公元前 1 世纪中期西塞罗去世之后，学园派怀疑论基本上消失殆尽。这时埃奈西德穆正在学园派之外大力弘扬皮浪主义，使得皮浪主义迎来了它的复兴。这一复兴一直持续到公元 2—3 世纪的塞克斯都那里。公元 3 世纪初，塞克斯都去世后，皮浪主义辉煌不再，开始迅速没落。至此，古希腊怀疑论作为一场哲学运动正式完结了。可以说从公元 3 世纪中期开始，希腊怀疑论进入了它的"身后"（posthumous）世。从 3 世纪中期到 4 世纪，西欧有不少作家出于普遍的文化兴趣而关注希腊思想，产生了一批专擅记述古人言行的传记作家。（中晚期）柏拉图主义和基督教作家在这一时期也相当活跃，他们的著述中也保留了大量与怀疑论相关的内容。在这些人的工作和努力中，古希腊怀疑论思想得以保留和延续。然而，随着西欧智识生活领域的全面基督教化，希腊怀疑论的传播受阻，从公元 4 世纪末开始，皮浪主义在西欧基本上已处于湮没无闻的状态，而学园派怀疑论因其与柏拉图主义的内在关联免于这种命运，但其在西欧基督教世界的接受也迅速窄化。① 以至于公元5世纪以后，西欧基督教世界基本上已经遗忘了皮浪主义怀疑论，而对于学园派怀疑论的了解则仅限于奥古斯丁、西塞罗等人的记述。②

奥古斯丁是古希腊怀疑论在中世纪传播的重要一环。③ 在其32岁皈依基督教之前，奥古斯丁虽然信奉摩尼教，但也向很多世俗哲学寻求智慧法门，其中之一就是西塞罗的思想。很可能正是借助对西塞罗的阅读，奥古斯丁得以熟悉学园派怀疑论的基本主张。现在能不能说在皈依之前，奥古斯丁有一个学园派怀疑论阶段还是存在争议的。但能够确定的是，奥古斯丁对西塞罗推崇有加，从他那里学到了不少东西，不可能不知道西塞罗关于学园派怀疑论的著述，并颇受其影响。根据奥古斯丁自己的记述，在皈依之前，他曾前往罗马学习，提到新学园哲学

---

① 据 Luciano Floridi 的考证，在公元5世纪初的西欧还能看到极其少量的关于皮浪主义的谈论（Luciano Floridi, "The rediscovery and posthumous influence of scepticism", in Richard Bett ed., *The Cambridge Companion to Ancient Scepticism*, Cambridge University Press, 2010, p.267-288）。

② 公元9世纪以后，情况稍有改变。西方中世纪哲学一般而言有四个传统，即约翰·马仁邦（John Marenbon）所说的希腊-拜占庭传统、拉丁传统、阿拉伯传统和犹太传统。其中，在希腊-拜占庭传统中，君士坦丁堡主教佛提乌斯（Photius, 820—893年）曾对皮浪主义有过论述。后在公元10世纪，希腊-拜占庭传统中出现了一部以记述古地中海地区各类文化为主的大百科全书，名为 *Suda* 或 *Suidas*，该书包含了不少对古希腊怀疑论哲学家言行的记载，成为当时人们了解古希腊怀疑论概貌的权威读物。

③ 在奥古斯丁之前，俄里根（Origenes）、德尔图良（Tertullianus）、尤西比乌斯、克莱门（Clement）等人对怀疑论都有过论述，但对于中世纪前期的怀疑论理解来说，无疑奥古斯丁的《驳学园派》扮演着最为重要的角色。

家的见识要高于其他人。[1] 在罗马学习和生活了一段时间之后，奥古斯丁最终决定："依照一般人所理解的'学园派'的原则，我对一切怀疑，在一切之中飘摇不定。"[2] 在其皈依之后，奥古斯丁反思说："我已经放弃一切凡人认为是美好的事物，全身心地致力于对智慧的寻求。学园派的论点曾经严重阻碍我从事这种追求"。[3] 由此可以推出，在公元386年之前，奥古斯丁至少有一个阶段是非常认同学园派怀疑论主张的。

在32岁皈依基督教的同一年，奥古斯丁写下了《驳学园派》一书（有说是387年）。此时的奥古斯丁已经痛改前非，正式认信基督教。一般而言，基督教信仰与怀疑论是不相容的，所以奥古斯丁认信基督教后的第一件事，就是铲除怀疑论这一基督教大敌。《驳学园派》和三年后的《论教师》就是这样的著作。虽然基督教看重的是启示的真理而非理性的真理，但就怀疑论来看这两种真理都是可被怀疑的，所以要想维护基督教信仰，必须一开始就得拒斥怀疑论，论证知识和德性的可能性。《驳学园派》全书分为三卷，对学园派怀疑论的驳斥集中在后两卷。既然怀疑论的核心主张是取消知识的可能性，那么奥古斯丁针锋相对，在后两卷指出，至少物理学上的选言判断、数学命题、现象主义命题等都是真实的、可理解的，这就充分证明了怀疑论解构一切知识主张的做法的不合理性。其中，奥古斯

---

[1] 奥古斯丁：《忏悔录》，周士良译，商务印书馆，2009年，第90页。
[2] 奥古斯丁：《忏悔录》，周士良译，商务印书馆，2009年，第96页。
[3] 奥古斯丁：《论灵魂的伟大》，石敏敏、汪聂才译，中国社会科学出版社，2019年，第113页。

丁关于现象主义命题的论述虽是用来反驳怀疑论的,但其本身却蕴含着进一步发展怀疑论的可能。在第三卷,奥古斯丁针对学园派怀疑论的知觉错觉论证反驳说:

> 学园派的人说:"如果感官是骗人的,那你怎么知道世界存在?"学园派你们的推论并不能完全解除我们感官的能力,以至确立无物在我们看来如此的观点。……你们不遗余力地劝说我们承认,有某物看起来如此,有可能是另外的样子。
>
> 因此,我把包含并容纳我们的整体称为"世界",在我眼前显现的整体,我感知到它包含着天地……
>
> 如果你说无物在我看来如此,那我永远不会犯错,出错的是那种人,他们草率地同意那些在其看来如此的东西……
>
> 我已经说过,向我现显现出来的东西,不管是什么,我称之为"世界"。①

我们的感觉系统的确存在很多漏洞,会在特定的情况下出现一些知觉偏差,由此得出知觉经验的不可信任性的推理,在认识论中常常被称为知觉错觉论证。奥古斯丁转述的学园派怀疑论的上述主张,就是一种古代版本的知觉错觉论证。既然我们的感知觉系统经常出错,那就意味着凭借该系统能力而得出的论断也是会出错的,是不值得信赖的。比如,外部世界实在论主张世界是真实存在的,因为感知觉系统向我们证明了这一

---

① Saint Augustine, *Against the Academicians*, Mary Patricia Garvey trans., Marquette University Press, 1957. p.67, 此部分为笔者翻译。

点。但是学园派怀疑论指出,感知觉系统是不值得信赖的,谁也无法保证它在世界存在这一问题上没有欺骗我们,仅仅依靠感知觉而断言世界存在是缺乏担保的。针对这一论证,奥古斯丁重新定义了"世界"概念。世界不再是独立于我们之外的、与我们无关的大写的实在,即普特南形而上学实在论意义上的实在,而是"向我们显现的整全"。凡向我显现出来的东西,都可以称为世界。如此这般的世界可以被怀疑吗?显然无法被怀疑,因为这里涉及的赞同指的就是对如此这般显现的赞同。奥古斯丁反问说,这个颜色在我看来就是白的,这一点可以被反驳吗?这个声音在我听来很好听,这一点可以被反驳吗?能够加以怀疑和反驳的是这样一种判断:这个颜色本身是白色的,这个声音本身是好听的。但是上述命题与此并不相同,它们断定的是一种真切发生的主观状态,也许这个颜色是黄色的,但在我这双特定的眼睛的观看下,它确实显现为白色,这一点是确定无疑的。很显然,奥古斯丁的这个看法与昔兰尼学派相关,他明确表示在学园派和昔兰尼之间会支持后者。[①]

在怀疑论问题中包含着一个具体的领域,即"外部世界怀疑论"(External World Skepticism)。该怀疑论就如学园派怀疑论的上述主张那样,认为外部世界可知与否、存在与否是不确定的。这种怀疑论得以产生的前提,是笛卡尔主义带来的心灵与世界的二分。如果没有这个前提,心灵也就不会有表象世界、把握世界、通达世界的要求、任务和难题,从而也不会在此基

---

① 奥古斯丁:《论灵魂的伟大》,石敏敏、汪聂才译,中国社会科学出版社,2019年,第96页。

础上产生"知觉之幕""观念之幕"问题，而外部世界怀疑论正好就是在知觉之幕基础上产生的。消除知觉之幕和表象主义的一个方向，就是像昔兰尼学派主张的那样支持现象主义，将我们的判断严格限制在主观经验领域。如此一来，就消除了心灵把握世界的难题。但是这种做法的一个代价就是所谓"世界的失落"（理查德·罗蒂）。奥古斯丁的做法就是如此，他通过重新定义世界的方式看似摆脱了怀疑论的攻击，但是却带来了世界的失落。①

奥古斯丁的反怀疑论著述为中世纪神哲学家所熟知，产生了广泛而深刻的影响。经此反驳，古希腊怀疑论在中世纪全然丧失了荣光，迅速被历史掩埋。但这并不是说在中世纪不存在任何怀疑论思想，像泰奥多罗·米托希特斯（Theodore Metochites）、尼古拉斯·卡巴斯塔·卡马提斯（Nicholas Kabasitas Chamaetes）、根特的亨利（Henry of Ghent）、奥卡姆（Ockham）、奥特古的尼古拉斯（Nicholas of Autrecourt）、萨里斯伯里的约翰（John of Salisbury）和彼得·奥雷列（Peter Aureoli）以及阿拉伯神哲学家安萨里（Al-Ghazālī）等人的思想中都或多或少存在着一些明确的怀疑论因素。但是这些中世纪神哲学家的怀疑论思想多是结合自身神哲学研究发展出来的，与古希腊怀疑论传统关系不大。② 这种情况一直持续到公元 13

---

① 从现象主义的角度讲世界确实失落了，但从普特南内在实在论的角度讲世界到底有没有失落则是保留争议的。

② 这里面约翰除外，萨利斯伯里的约翰其怀疑论思想经西塞罗而与古希腊怀疑论有直接关联。

世纪后期，当时西欧世界出现了塞克斯都《皮浪主义概论》的拉丁译本，但是该译本在当时到底产生了多大的影响，现在尚无资料可考。到了公元 15 世纪后期，塞克斯都的影响才正式浮现出来，尤其是到了公元 16 世纪中期，随着文艺复兴运动的热潮，塞克斯都及其皮浪主义怀疑论在近世得到迅速传播，不仅出现了塞克斯都著作的新译本和概论性著作，而且还出现了皮浪主义怀疑论思想的优秀代言人，如吉安·弗朗西斯科·皮科（Gian Francesco Pico，1469—1533）、科恩里乌斯·阿格里帕（Cornelius Agrippa，1486—1535）、米歇尔·蒙田（Michel de Montaigne，1533—1592）、弗朗西斯·桑切斯（Francisco Sanchez，1552—1623）等人，由此促生了波普金所谓的 16 世纪西欧智识生活中的"皮浪主义危机"（la crise Pyrrhonienne）。

皮科的怀疑论被波普金称为"基督教的皮浪主义"（Christian Pyrrhonism）。[1] 根据考证，1562 年塞克斯都《皮浪主义概论》在西欧印刷流行之前，皮科就已经在接受和传播塞克斯都的怀疑论思想了。[2] 在 1520 年，皮科出版了《对万民学说的审视》（*Examen Vanitatis Doctrinae Gentium*）一书，其基督教的皮浪主义怀疑论思想在该书中得到表露。皮科一方面深入研究了以塞克斯都为代表的古代皮浪主义哲学，另一方面还运用这种怀疑论策略来攻击和批判以亚里士多德哲学为代表的其他

---

[1] Richard H. Popkin, *The History of Scepticism From Erasmus To Descartes*, Koninklijke Van Gorcum & Compt. N. V. Assen., 1960, p.20.

[2] Richard H. Popkin, *The History of Scepticism From Erasmus To Descartes*, Koninklijke Van Gorcum & Compt. N. V. Assen., 1960, p.19.

异教哲学体系。但皮科的这种新皮浪主义说到底不是彻底纯粹的怀疑论，而是方法论的怀疑论，因为他最终论证的不是一切知识的不可能性，而是一切异教哲学的不可能性，指出人们可以依靠上帝的启示来获得稳靠性的东西。[1] 从这种不纯粹的怀疑论角度讲，皮科的立场影响了同期的阿格里帕。阿格里帕的观点与皮科非常类似，也是不信任人类的各种智性能力，对当时智性教育的所有项目（arts）都加以攻击，最后回到基督教的信仰与启示上去。

似乎皮科的工作并没有带来太大影响，尤其是他对古代皮浪主义怀疑论的哲学分析和历史学补遗，在当时并没有吸引大批读者和听众，因而对随之而来17世纪和18世纪的影响也非常有限。不过，据考证阿格里帕受到了皮科的影响，虽然在阿格里帕的著作中没有出现皮浪主义的踪迹，但他熟悉皮科的著作，这意味着他不可能不知道皮浪主义，此外，波普金指出，在阿格里帕的著作中还频繁出现西塞罗和拉尔修，可见对于阿格里帕而言，古希腊怀疑论必定不是一个陌生的存在。[2] 经过皮科、阿格里帕的工作，古希腊怀疑论传统在近代西欧得到了接续。

比较而言，蒙田在古希腊怀疑论传播史上的贡献要更大一些。因为与皮科不同，蒙田在继承以塞克斯都为代表的皮浪主

---

[1] Richard H. Popkin, *The History of Scepticism From Erasmus To Descartes*, Koninklijke Van Gorcum & Compt. N. V. Assen., 1960, pp.19-20.

[2] Richard H. Popkin, *The History of Scepticism From Erasmus To Descartes*, Koninklijke Van Gorcum & Compt. N. V. Assen., 1960, p.25.

义怀疑论之外，还通过对阿格里帕、西塞罗的阅读发扬了学园派怀疑论传统。我们在其代表作《随笔》中会发现，该书处处充斥着对人类引以为荣的各项智性能力的拆解和失望，这与当时西欧盛行的乐观主义智识趋向相比确实是一股"反潮流"，令人耳目一新。1575—1576年，蒙田正处于学界常谓的"皮浪主义怀疑论危机"（crise pyrrhonienne）时期，在作于该时期的长文《莱蒙德·色邦之辩》中，蒙田的怀疑论思想得到了极为充分的表达。色邦是西班牙神学家，其著作《自然神学，或被造物之书》由蒙田从拉丁语译为法文发表，后被教会列为禁书。蒙田写作该文的初衷是为色邦辩护，然而就其内容来看，该文远超神学领域，在更广的层面上列述了人类的各种软弱无能，揭示了人类生活的动荡不安性和无根基性。与其他随笔一样，蒙田在这里同样娴熟且频繁地运用他从塞克斯都、西塞罗等人那里借鉴而来的怀疑论证方式——正反论证（in utramque partem），其实就是我们前文所说的方法论相对主义，从对等命题出发，拆解一切妄念、断见的合理性，让我们得以从相反的视角来思考同一问题，从而最终置自身于无知之地。比如，蒙田说当我们在和猫玩耍的时候，常人一般都会认为是我们在逗猫，但是谁能确定这点呢？谁能确定说是人在逗猫而不是猫在逗人呢？也就是说，日常生活中的一切确定性，包括感觉的、理智的确定性，其实都是不确定的："所有确定性实乃不确定。"

桑切斯的怀疑论思想虽然不及蒙田的著名，但似乎人们对前者的兴趣正在与日俱增，也许其中一个重要的因缘就是他与笛卡尔、休谟之间的思想关联被慢慢发现。桑切斯是16—17世纪的葡萄牙（也有人说是西班牙）哲学家，同时还是一位非常出色的医学家和物理学家。早年曾在法国波尔多专门学习亚里士多德和经院哲学，不过这些早年的研究对象后来都变成了他的怀疑论主要攻击的对象。1575年，在获得博士学位的第二年，桑切斯在图卢兹大学谋得教职，在那里工作直至去世。在图卢兹时期，桑切斯写下了其怀疑论思想的代表性著作《论无物可知》(That Nothing is Known)。桑切斯的怀疑论在内容上与皮浪主义无甚分别，故此皮埃尔·贝尔（Pierre Bayle）将他视为一个"伟大的皮浪主义者"[1]。然而就其用语来看，桑切斯的文本却呈现出一种非常明显的学园派怀疑论特征来。比如，在大约写于1575年的《致克里斯多夫·克莱乌斯》(Letter to Christopher Clavius)中，桑切斯将自己称为"Carneades Philosophus"，即将自己的身份确认为卡尔尼亚德斯式的哲学家，对耶稣会士数学家克莱乌斯的数学独断论主张提出了自己的怀疑，指出人类获得确定的数学知识的不可能性。而在《论无物可知》中，学园派怀疑论者（如西塞罗）及其相关记叙者（如普鲁塔克）的名字则更是频繁地出现在文本之中。[2]不过，不管是源于皮浪主义还是学园派，桑切斯的怀疑论的确如波普金所说的那样，与文艺复兴时期大多数怀疑论者不太严谨的论证不同，而是采取了一种非常严谨的哲学论证姿态来得出自己的怀疑论主张的，

---

[1] Richard H. Popkin, *The History of Scepticism: from Savonarola to Bayle*, Koninklijke Van Gorcum & Comp. N. V. Assen., 2003, p.38, 此部分为笔者翻译。

[2] Francisco Sanchez, *That Nothing is Known*, Douglas F. S. Thomson trans., Cambridge University Press, 1988, p.171, p.176, p.185, p.219, p.231, 此部分为笔者翻译。

这尤为明显地体现在《论无物可知》中。该书开篇引用亚里士多德在《形而上学》中的著名论断："求知乃人之本性"，但紧接其后的，却是桑切斯的怀疑："然而，只有很少的人知道如何追求知识，获得知识的就更少了。"①这一前语为《论无物可知》定下了基调：批判以亚里士多德（及其中世纪的追随者）为代表的独断论哲学，宣扬无物可知的怀疑论思想。亚里士多德将科学确认为通过论证（demonstration）而来的知识体系，桑切斯的攻击就集中在这一定义上。论证包含最基本的概念和论证法则。概念最初来源于定义。桑切斯指出，定义于物无益，它不是对事物之本质的把握和标识，而仅仅是无用的语词，它与事物的关联不是内在性的而是任意的，这是一种典型的概念唯名论立场。我们本来是想借助定义来认识事物，但是桑切斯认为这样一来反而让我们更加难以理解事物了，因为定义的出现无非是增加了另一类需要进一步理解的事物而已。关于论证法则，亚里士多德本人早就在《后分析篇》中指出过其中的困难，最终诉诸对源始前提的自明性认识来排除无穷后退的困境。桑切斯的批评与此类似，他认为靠论证来为科学奠基是有问题的，因为论证往往会陷入循环之中。由此桑切斯指出，亚里士多德意义上的科学及确定性知识的获得是不可能的。②

---

① Francisco Sanches, *That Nothing is Known*, Douglas F. S. trans., Cambridge University Press, 1988, p.166, 此部分为笔者翻译。
② Richard H. Popkin, *The History of Scepticism: from Savonarola to Bayle*, Koninklijke Van Gorcum & Comp. N. V. Assen., 2003, p.40.

再往后就是笛卡尔和休谟了。①笛卡尔实非怀疑论者,但这并不能否定他在怀疑论发展史上具有十分重要的地位。经过皮科、蒙田等人的努力,古希腊怀疑论尤其是皮浪主义在近世欧洲可以说是广为人知了。然而,在笛卡尔那里却出现一个非常特殊的现象,即在他的著述中,绝口不提古希腊怀疑论的情况。这不是说古希腊怀疑论对于笛卡尔而言是个理论盲区,现在学界的共识之一就是,笛卡尔很明显非常熟悉西塞罗、奥古斯丁和蒙田等人的著作,也熟悉中世纪和近世法国与怀疑论有关的那些哲学家。②在其本人的著作中这些要素都没有出现,这种做法的思想动机目前还不明确,但可以确定的是笛卡尔是有意为之的。与笛卡尔的做法不同,休谟对古希腊怀疑论直言不讳。根据波普金的考证,休谟很可能没有阅读过塞克斯都等皮浪主义者的著作。③但他非常熟悉蒙田以及另一位法国近世怀疑论者皮埃尔·贝尔(Pierre Bayle,1647—1706)。④蒙田和贝尔都是近世皮浪主义怀疑论的传承者,休谟借此对古希腊怀疑论的一支有所了解,并在《道德原则研究》《人类理解研究》《宗教的

---

① 在笛卡尔和休谟之间,近代西欧哲学史上还有一些对皮浪主义、学园派怀疑论稍有传承的人物,如皮埃尔·休特(Pierre Huet)、西蒙·福策(Simon Foucher)。

② 比如,塔利·库克恩(Taneli Kukkonen)就认为笛卡尔的怀疑论在中世纪阿拉伯哲学家安萨里(Abū Ḥāmid Muḥammad Al-Ghazālī,1058—1111年)那里有其源头(Taneli Kukkonen, "Al-Ghazālī's Skepticism Revisited", in Henrik Lagerlund ed., *Rethinking the History of Skepticism: the missing medieval background*, Koninklijker Brill NV, 2010, p.30)。

③ Richard H. Popkin, "Sources of Knowledge of Sextus Empiricus in Hume's Time", in *Journal of the History of Ideas*, 1993, 54(1), pp.137–141.

④ 贝尔的《历史-批判辞典》中的某些词条和注释可被视为皮浪主义怀疑论论证方法的现代深化版本。

自然史》中明确论及皮浪主义怀疑论。

休谟借助对马勒伯朗士等人的阅读,对古希腊怀疑论的另一支即学园派怀疑论也有一定的了解,并在《人性论》《人类理解研究》《自然宗教对话录》中有所论述。总的来说,休谟的怀疑论思想更加接近学园派怀疑论而非皮浪主义,他在《人类理解研究》等重要著作中曾比较过二者,明显倾向于与其自身的温和怀疑论思想比较接近的学园派怀疑论立场而非持有彻底怀疑论立场的皮浪主义。

在当代哲学研究活动中,怀疑论往往是以与知识论问题密切相关的一类问题的身份而得到关注的。比如著名知识论学者费尔德曼就将怀疑论的核心问题表述为围绕着这样一个知识论问题而展开的思考:"我们对日常信念的理由是否好到足以产生知识?"[①] 对于这一问题,怀疑论的回答是否定的,认为我们并没有什么足够好的理由来证成我们的信念使其成为知识,那些自认为得到证成的真信念如果严加考察的话会发现是缺乏根据的。被称为"新皮浪主义"(Neo-Pyrrhonism)者的当代哲学家罗伯特·弗格林(Robert Fogelin),其重申皮浪主义怀疑论的基本语境同样是知识论的。弗格林指出当代任何形式的证成理论(基础主义、内在融贯论、外在融贯论)都无法从根本上取消阿格里帕怀疑论对认知可能性带来的巨大压力。也许,人类知识作为一个事实确实存在,但弗格林指出自皮浪主义出现以后,

---

① 理查德·费尔德曼:《知识论》,文学平、盈俐译,中国人民大学出版社,2019年,第132页。

知识的证成问题就一直没有被很好地解答。① 我们可以发现,在当代哲学研究中,人们并没有对皮浪主义、学园派怀疑论投入过多的历史学兴趣,而是将怀疑论的关键问题置于知识论语境中来加以哲学的探讨。所以,不管人们有没有明确重申、复活皮浪主义或学园派怀疑论,古代怀疑论的整全图景在当代都是被简化处理的。②

除知识论的怀疑论这一主流形式外,怀疑论在当代哲学研究中还会以局部怀疑论的形式出现,比如关于道德问题的怀疑论,宗教领域的怀疑论,形而上学领域的怀疑论等,但是这些局部怀疑论问题在某种程度上都以知识论怀疑论为基础。所以,当代哲学对古希腊怀疑论并没有太多的历史兴趣,即便有所提及,也是从当代知识论研究的语境出发关注古希腊怀疑论中的知识、信念及证成等相关方面。虽然我们可以说这些方面的确是怀疑论的核心部分,但古希腊怀疑论在其漫长的兴衰过程中所表现出来的那种内容的独特丰富性在当代论争中确实被忽略了。

---

① Robert J. Fogelin, *Pyrrhonian Reflections on Knowledge and Justification*, Oxford University Press Inc., 1994.
② 在当代,除弗格林重申皮浪主义之外,比较重要的还有著名哲学家杜康·普里查德(Duncan Pritchard)。但是,普里查德重提(维特根斯坦式的)皮浪主义怀疑论与弗格林无异,也是在当代知识论语境中处理怀疑论疑难的一个知识论途径(Duncan Pritchard, "Wittgensteinian Pyrrhonism", in Diego E. Machuca ed., *Pyrrhonism in Ancient, Modern, and Contemporary Philosophy*, Springer Science + Business Media B. V., 2011, pp.193–203)。

第二节
古希腊怀疑论研究中的基本议题

古希腊怀疑论研究在西方学界早已颇具规模，产生了大量精深的优秀著作。经过多年的耕耘和梳理，西方学界逐渐沉淀出了较为清晰的基本议题领域。这些议题不仅是当今学界尤为关注的焦点，基本上也是古希腊怀疑论者以及相关作家明确着力阐述的话题，可以说这些问题塑造了古希腊怀疑论思想和研究工作的基本面貌。接下来我们将结合对重要研究成果的爬梳，对古希腊怀疑论的基本议题做一简要概括。

一、古希腊怀疑论思想的生成背景问题

关于古希腊怀疑论思想的生成背景问题，尤指皮浪主义传统的发端渊源，因为学园派怀疑论产生的思想因缘相对而言更加明确和容易确定。皮浪主义怀疑论的发端人物，尤其是皮浪，关于其怀疑论思想的形成动因学界有不同的说法，这些说法大体上可以分为两个立场。第一种立场，也是主流性的立场，认为皮浪怀疑论思想产生于希腊哲学自身的脉络之中，在此前的希腊智识生活中有其根源。这也是我们本书所持有的立场。如

前所述，很多学者指出皮浪怀疑论思想中的那些标志性要素都可以在先前的希腊哲学中被发现，希腊哲学自身的发展逻辑包含着产生怀疑论思想的内在可能性。与此相反，第二种立场从跨文化沟通与理解的角度指出，皮浪怀疑论的最初动因不在希腊哲学内部，而是来自东方佛教思想的启发。这一立场不仅有历史学研究成果方面的支撑，在不少古代作家（如拉尔修、普鲁塔克等）那里也能找出一些相关证词。

二、非实践驳难问题

非实践驳难问题提出得很早，可以向上一直追溯至皮浪时代。非实践驳难的核心主张是认为怀疑论的彻底化会导致生活实践的不可能性，而怀疑论者几乎都在正常地开展实践活动，由此得出怀疑论的非彻底性，而非彻底性的怀疑论就是不一致的怀疑论，这种不一致性会导致怀疑论的自我瓦解。针对这一驳难，不同时期的怀疑论者提出了大体相同的回应策略。这种回应的核心是指出怀疑论的怀疑主要是针对独断论的，在实践领域，怀疑论者有其开展正常生活的依据，比如我们的感觉经验。为了保持怀疑论的一致性，怀疑论者在其反驳之中还必须突显这样一种规定，即依据感觉经验或印象而行动并不要求"认同"这种印象，行动并不一定要求信念先行。但怀疑论所说的这种意义上的行动，到底该如何理解，它们还能不能说是属人的行动，等等，学界存在一定的争议。

三、认知意义上的认同与非认知意义上的认同的区分

与上述第二点相关的，是两种"认同"的区分问题。这在学园派怀疑论那里有较多论述，皮浪主义者塞克斯都对此也非常熟悉。如前所述，所谓两种"认同"，一是认知意义上的肯定（adsentiri），二是非认知意义上的赞同（adprobari）。但是，要想清晰明确地区分和界定二者并不那么容易。第一种意义上的认同容易理解一些，因为在学园派怀疑论的语境中该概念是从斯多亚学派那里征用过来的，而在斯多亚那里，adsentiri的意义比较明确，对某一（可理解的）印象持adsentiri就是说将其"持以为真"（take to be true）。将某物持以为真多数情况下是认知作用的结果，比如，将蛰伏暗处的一堆条状物视为一条蛇，即认同该物为蛇，将该物为蛇持以为真，必然是"经过多番考虑，最终认为它是一条蛇"的结果。在一定的认知努力之后，认同某一印象就是认知性地赋予该印象一定的命题内容（"该暗黑印象是蛇的印象"）。这种认知断定显然是不为怀疑论所接受的，所以怀疑论提出第二种意义上的认同。根据怀疑论的描述，第二种意义上的认同可以称之为非认知性的赞同，因为它力求摆脱的就是认知断定，所以它常常被刻画为自然主义意义上的"跟随""随着"等，即不需要认知努力和认知断定就能有的那种赞同，与其说是赞同，不如说是被动地裹挟，它排斥任何认知努力。然而，针对这样的认同，一方面我们可以问，这还是属人的行为吗？在我们人这种特殊的存在者这里能否发生这样的认同？另一方面，根据西塞罗等人的证词来看，似乎这样的认同也是有选择性的，比如在卡尔尼亚德斯那里，这种认同针

对的是某一类特殊的印象而非所有印象，这里面就包含着这种针对性和选择性是如何可能的问题。总而言之，两种意义上的认同的区分是古希腊怀疑论研究中的重要问题，它不仅关乎对古希腊怀疑论的完整理解，还直接与当代心灵哲学、认识论研究相关。

四、一致性（consistency）与不一致性（inconsistency）问题

上述非实践驳难已经涉及此问题了。不过，在非实践驳难中，不一致性指的是怀疑论前提和生活实践、悬置判断和行动之间的不一致。在此之外，我们发现还有一种不一致性问题深深地纠缠着古希腊怀疑论。古希腊怀疑论的基本主张是悬置一切判断，不对任何事物进行断定，不认同任何主张，不存在任何知识，那么他们的这个基本主张该不该得到断定和认同呢？如果需要被断定，那么就会出现一个与该主张不一致的结果，如果不需要被断定，那么这一主张就会丧失意义和说服力。当黑格尔做出如下判断时，他意在指出的其实就是这种不一致性："怀疑论是这样的一种哲学，它不能说是体系，却又愿意是体系。"[1] 从塞克斯都的视角来看，像卡尔尼亚德斯那样的学园派怀疑论者"断定"了"一切不可被断定"，因而成了否定意义上的独断主义者。而塞克斯都本人，一开始就宣称自己没有断定任何观点，只是在呈现某些东西。然而，塞克斯都的这一避

---

[1] 黑格尔：《哲学史讲演录（第三卷）》，贺麟、王太庆译，商务印书馆，1995年，第106页。

嫌之辞只是个借口，因为如果想要保持怀疑论立场的一致性的话，那结果只能是保持沉默，因为一旦有了言语行为，比如将怀疑论的立场表达出来，那就会出现不一致。有些学者如雷娜塔·兹明斯卡将这种不一致称为怀疑论的"语用学不一致性"（pragmatic inconsistency），而不是自我拆解的逻辑不一致性。

五、柏拉图及老学园的定位问题和新老学园之间的一致性问题

柏拉图哲学以及阿塞西劳斯之前的老学园派并没有明确表达出怀疑论的诉求来，反而是独断论的倾向要更明显一些。然而，新学园出现以后，学园派怀疑论者的一个主要工作就是对老学园进行怀疑论式的诠释。在他们看来，柏拉图及老学园甚至还有苏格拉底都是隐蔽的怀疑论者。虽然他们都在强调知识的可能性，但这都是假象，从根本处说来他们都是怀疑论者。与这一问题相关的，是新老学园之间的一致性问题。大部分学园派怀疑论者认为新学园与老学园是一致的，不存在所谓的断裂问题。当然，这种看法是与新学园对老学园的怀疑论式解释分不开的。

六、怀疑论与斯多亚学派的关系问题

显然，斯多亚学派作为强势的独断论学派，与怀疑论水火不容。但与伊壁鸠鲁学派等其他独断论学派比起来，斯多亚学派与怀疑论的关系要更为紧密复杂一些。这主要是因为，在与斯多亚学派的争执过程中，怀疑论者借鉴和征用了很多斯多亚

学派的思想甚至术语，这尤为明显地表现在学园派怀疑论那里。从思想发展谱系的角度看，怀疑论与斯多亚学派也存在着诸多内在的关联，如斯多亚学派的创始人本是学园派中人。正是出于对这种关联性的坚持，像后来的安提俄库斯等人才会宣称学园派和斯多亚学派本质上是没有差别的。当然，怀疑论与斯多亚学派的紧密关系更多地体现在二者的巨大争执上，这种争执深刻而久远，从斯多亚学派第一代领袖开始就出现了，其重点在认识论部分，但在形而上学、伦理学等领域也普遍存在。

七、学园派怀疑论中的独断论问题

学园派怀疑论中是否存在独断论这一问题主要涉及的是卡尔尼亚德斯及其后学。因卡尔尼亚德斯之后学园派怀疑论确实出现了明确的分化，所以这一问题就其后学而言似乎是容易回答的。但就卡尔尼亚德斯而言，这一问题并不容易回答。与这一问题相关的，是所谓的"辩证解读"问题。持有辩证解读立场的研究者认为，即便卡尔尼亚德斯那里存在一些能够将其判定为独断论的证据，但它们都是"辩证性的"，即是为了将其怀疑论的解构策略继续进行下去的方式，并不是卡尔尼亚德斯本人持有的正面立场。

八、怀疑论与医学经验主义、医学方法论学派之间的关系问题

这一问题主要涉及的是埃奈西德穆之后的皮浪主义怀疑论。在公元前1世纪以后，皮浪主义怀疑论得以复兴。与学园派怀

疑论不一样，复兴之后的皮浪主义并没有过深地参与进与斯多亚等主流独断论学派的论战之中（塞克斯都除外），也没有像学园派后来的发展那样逐渐走向了折中主义甚至独断论，而是在保持彻底怀疑论立场的同时，与当时盛行的医学方法论学派、医学经验主义和医学独断论学派保持着更为紧密的思想关联。

九、皮浪主义与学园派怀疑论之间的关系问题

这一问题主要涉及两个古代怀疑论学派之间的差异问题。学园派怀疑论对此关注不多，他们更在意的是斯多亚这样的独断论学派。相反，皮浪主义对该问题有明确的意识，尤其在塞克斯都那里，他详细对比论证了皮浪主义与学园派怀疑论之间的差异，并进一步指出后者的独断论倾向。在塞克斯都的视野中，只有皮浪主义才是纯粹的怀疑论学派，学园派虽然也自称持有怀疑论立场，但就其本质而言是反怀疑论的。学界关于这一问题有不少研究和争论，其争执的焦点集中在学园派的定位问题上。因为与皮浪主义的怀疑论立场相比，学园派的怀疑论的确表现出一种含混性，该如何解释这种含混性就成了研究的重中之重。

十、古希腊怀疑论的伦理之思、神学之思问题

这一问题在希腊怀疑论研究中并非重点，但却是完整的研究版图的必要部分。在希腊怀疑论那里，伦理学思想要比神学思想更受重视，得到更多关注。文德尔班曾将希腊化时代的主流哲学统称为哲学伦理学，其意是说这时的哲学家大都以人生

的至善和幸福为沉思的终极对象和践行的终极目的。怀疑论也不例外，悬置判断固然是认识论的核心主张，但认识论又是通达灵魂宁静这一终极目标的阶梯。在怀疑论那里，认识论和伦理学常常是扭结在一起的，围绕伦理主张提出来的论证经常被拿到认识论领域来使用，反之亦然。与伦理学相比，神学或宗教哲学思想关注较少且缺乏本体论地位，大多数怀疑论者的神学之思要么是展示怀疑论的解构技艺，要么就是论证怀疑论的伦理目标，其存在往往是方法性的。

十一、"外部世界怀疑论"（external world scepticism）问题

伯恩耶特等人认为，外部世界怀疑论问题是独属于近代哲学的认识论问题，尤其是在笛卡尔哲学诞生之后，外部世界怀疑论问题才是可能的。伯纳德·威廉姆斯（Bernard Williams）、史蒂夫·艾弗森（Stephen Everson）、斯特赖克（Gisela Striker）、汉金森（R.J.Hankinson）等也持有类似的主张，他们都认为，严格说来古代哲学中没有现代意义上的外部世界怀疑论问题。与此相反，吉尔·范（Gail Fine）则立场鲜明地支持以下一个论点：以塞克斯都为代表的古代怀疑论包含着外部世界怀疑论。从现有文献来看，古希腊怀疑论的确没有明确提出或聚焦外部世界怀疑论问题，谈论更多的是"外部世界属性怀疑论"（object property scepticism）或"形而上学的不确定性"（metaphysical indeterminacy）问题，再或者是奥克菲（Tim O'keefe）所说的"客体同一性怀疑论"（object identity scepticism），而这些问题并不等于外部世界怀疑论问题。然而，

从古希腊怀疑论探讨问题的范围深度和逻辑来看，外部世界怀疑论问题似乎又非常自然地潜藏在他们的视野之中，只是他们没有将其焦点化而已。

十二、古希腊怀疑论传播史及其当代哲学关联性问题

古希腊怀疑论自罗马帝国晚期以降迅速退出历史舞台，一直到早期近代皮浪主义的复兴，期间近千年的时间几乎都处于湮没无闻的状态。但如下文所述，这不是说古希腊怀疑论在中世纪绝迹了，虽然被边缘化，但也有零星的研究或著述出现，由此赓续命脉。近代以来，随着古代文化的大规模复兴，希腊怀疑论也得到了较多关注，在近代西欧的智识生活中产生了一定的影响，像蒙田、贝尔、笛卡尔、休谟等人，都或多或少在希腊怀疑论那里得到不少灵感。在当代哲学研究中，人们对古希腊怀疑论的历史兴趣普遍较低，哲学兴趣也基本上仅限于其认识论维度，总体而言在当代哲学尤其是知识论研究中古希腊怀疑论并不是一个热门话题。

第三节
古希腊怀疑论与佛教思想比较研究概述

古希腊怀疑论与佛教思想之间的比较研究，既是哲学、佛学研究中的重要话题，也是史学界频繁论及的一个领域。从更大的范围来看，古希腊怀疑论与佛教思想之间的互动关联从属于东西方文明在公元前4世纪到公元4世纪发生的大规模的跨文化沟通与理解事件。古希腊文明起源于地中海沿岸一带，随着时间的推移慢慢向中亚地区扩展，到了波斯帝国大流士一世（Darius the Great，约前558—前486年）占领大部分中亚地区之时，活跃在该地区的希腊人被迁往帝国东部省份，在那里创建起了中亚甚至东方的希腊文化据点。当亚历山大大帝在公元前4世纪中期率军一路东征打败波斯帝国占领中亚时，中亚地区的希腊文化已经相当发达了。然而，亚历山大的东征带来了一些新的东西。公元前334到公元前327年，亚历山大远征至今巴基斯坦以东、印度西北部地区，古称"班贾布"（Punjab），意为"五河流域"。早在波斯帝国时期班贾布就有大量东迁而来的希腊人，随着亚历山大的东征，该地区希腊化程度更加深入。公元前325年亚历山大大帝班师回朝，在班贾布设立都护府管辖帝国的这一远东疆域，然而几年以后，孔雀王朝打败了西方人，统领了印度大部分地区，到了第三代帝王阿育王那里，王朝统领下的所有地区皈依佛教，宣扬和传播佛教思想，班贾布一带作为亚历山大帝国的远东疆域，携带着高度发展的希腊化文明，开始了与东方佛教思想之间的跨文化沟通活动，成为"希腊式佛教"（Greco-Buddhism）这一跨文化沟通现象的重要成就地。在希腊文化和佛教思想之间发生的这一跨文化沟通事件不仅发生在东方，据载甚至还发生在希腊地区。阿育王在位后，大力推行佛教，据说曾派佛教使者出访中亚地区和地中海地区，宣扬佛教文化。

希腊怀疑论与佛教思想之间的亲近关系，其历史语境就是这一大规模且持久的跨文化沟通活动。根据拉尔修等人的转述，皮浪曾跟随亚历山大大帝东征至印度地区，尤其是在塔克西拉（Taxila，今巴基斯坦地区）受到佛教思想的启发归来后创建了皮浪主义怀疑论。发生在希腊与印度之间的跨文化沟通与理解事件确有史可寻，但至于皮浪主义是否是在佛教思想的激发下创立起来的这一问题，目前尚无定论，也不可能有定论。所以，当今学界更加看重的不是跨文化沟通这一历史语境，而是希腊怀疑论与佛教思想就其义理方面的相似性和差异性这一思想语境。比如，除了前文提到的著名学者贝克维兹外，亚德里安·库兹明斯基（Adrian Kuzminski）、马修·尼尔（Matthew Neale）、乔治奥斯·哈齐亚斯（Georgios T. Halkias）、埃弗拉德·弗林托夫（Everard Flintoff）、乔治斯·德雷福斯（Georges Dreyfus）、罗宾·布劳斯（Robin Brons）、简·加菲尔德（Jay Garfield）、爱德华·孔泽（Edward Conze）等人的研究工作关注的焦点都是义理方面的相似性以及基于这种相似性而来的可比较性。①

我们试看几例。爱德华·孔泽是享誉全球的先行者，在佛学研究上他毕生着力最多的是文献学方面，整理、点校、译介了大量佛教经典，其工作之细致和译解之准确，目前西方学界可谓无出其右者。除了这些文献学工作外，孔泽的义理解释也很到位。在代表作《佛教：其教理与发展》及系列文章中，孔泽指出，在西方哲学中与佛教思想比较接近的、可以与之进行比较的盖有三种形态：一是希腊怀疑论，二是作为智慧形态的神秘主义，三是一元论和辩证法。在这三种形态里面，孔泽认为希腊怀疑论是最接近佛教思想的，尤其是接近佛教中的大乘中观一系。②众所周知，中观宗由龙树菩萨（Nágárjuna，约150—250年）创立，为大乘佛教重要组成部分，后分化为应成派（Prasangikas）和自续派（Svatantrikas）两支。自续派与应成派的一个重要分野，就是前者在破一切俗谛之后，认为还存在着某种积极的、正面的真谛，而应成派则是只破不立，因而在这一派的解释学视域中整个中观宗教理其实是一种彻底的怀疑论学说。与自续派相比，应成派似乎更加接近中观宗的空义教理。龙树在其《中论》中意在解说的究竟了义，其实就是一切法的缘起自性空，而我们又不能以执着于偏见的方式执守这一

---

① 在这些人之外，托马斯·马克威利的工作方向正好相反，其他学者都意在论证皮浪主义怀疑论起源于佛教思想，但马克威利的研究意在论证的却是佛教思想源自于希腊。

② Edward Conze, "Buddhist Philosophy and Its European Parallels", *in Philosophy East and West*, 1963, 13（1）: 9-13.

了义，否则在这种执着下缘起自性空就又成了一种自性有。观因缘品第一中论及的"八不"，即"不生亦不灭，不常亦不断，不一亦不异，不来亦不出"，就是对一切常见、断见即一切执见的拒斥。生灭、常断、一异、来出（去），概指一切执见。视万法为实有，是一种执见，视万法为死灭，同样也是一种执见，只不过是与常见不同的断见，但断见与常见从根子上说都是一种执见。如果说生灭涉及的是万法的"法体"，那常断涉及的就是时间，视万法恒常、永恒而在，即是常，相反视万法不恒在，中断寂灭，即是断，这同样是常见断见之分。一与异也是如此，有人执万法为一，不见差异，有人则执万法为多，不见类同，各自都是偏见。来去，则是运动，有来有去，是为动相。这四对概念，既可在认识论的意义上将其视为一切执见的范畴，也可在本体论的意义上将其视为遍及一切法的范畴，世间的一切，或有或无、或常或断、或一或异、或来或去。针对这些最高意义上的执见，龙树逐一进行了否定，这里所谓的"不"，即是拒斥、否定之意，然而这种否定并非意在表达另一种执见或俗谛，不是说真实的认识或情况处于生灭、常断、一异、来去的彼岸，而是意在通过这种否定，让人见出一切执见的有所执，见出诸法一切缘起无自性。所以，究竟了义不在执见之外，它就在一切执见那里，在执见处见出执着并破除执着，就是中观、空义和解脱的真意。正因此，中观宗也常被称为空宗，之所以如此，就是因为它要破自性实有，宣扬缘起性空，而这个缘起和空，又并非一切诸行诸法之外的另一种有，而是在执着处随着对执着妄念的正观和破除而一道显现的。

孔泽认为中观宗思想与希腊怀疑论非常相似。他所谓的相似，概而言之有两个方面。

其一，从否定性的方面讲，希腊怀疑论和中观宗尤其是应成派一支都想破除一切执见妄断或独断论主张，甚至他们进行破除的方法都是相似的，我们前文提到过，应成派使用的大多数方法可概括为归谬论证，而这一方法恰恰也是希腊怀疑论频繁使用的方法。

其二是积极见解（姑且说有这种积极见解）方面的相似性。孔泽认为，根据亚里斯多克勒斯的解释，皮浪主义主张的悬置境界有三个维度：第一，针对何为事物的内在本质（诸法的自性，svabhâva）这一问题，悬置境界不做正面回答，因为诸法皆是冷漠的、无法度量的、不可判定的；第二，针对这种情景，我们的处境又是如何？既然事物是不可判定的，对于我们来说某物并不比他物更如何，那么我们应该保持的境界就是不为所动，不偏执于任何事物；第三，那我们该选择什么样的生活呢？最明智的态度就是沉默、冷静、不动心。孔泽认为皮浪主义学说中的上述思想来源于东方佛教，正是皮浪的随军东征让他接触到了类似的佛教思想，这一思想后来在中观宗那里被发扬光大。孔泽还指出，皮浪主义的这种怀疑论思想在希腊哲学中是没有先例的，对于希腊哲学而言这种怀疑论是非常陌生的东西，只有一种可能能解释怀疑论在希腊的出现，那就是佛教思想的启示。①

除了孔泽，库兹明斯基是值得一提的另一位学者。库兹明斯基早年在罗彻斯特大学获博士学位，后历任夏威夷大学历史学教授、哈特威克学院哲学系常驻学者，晚期隐居纽约北部乡下蝇溪谷地区。库兹明斯基认为在希腊怀疑论尤其是皮浪主义和佛教思想之间存在着一种哲学上的平行关系和相似性。奥鲁斯·格里乌斯（Aulus Gellius，鼎盛年约公元2世纪，与塞克斯都、拉尔修几乎同期）在其名著《阿提卡之夜》中对怀疑论尤其是皮浪主义做出过一个概括，他说：

> 他们认为，现象来自于所有事物，不是根据事物的内在本质，而是有赖于接受现象的人的灵魂或身体的状况。因而，他们把影响人的感官的所有事物称为 τὰπρόστι。这个希腊词的意思是，没有任何东西是自依的，或说是有自性的，而是所有的事物都是"依它"的，它们看上去如此这般，就像当被看时它们的现象呈现的那样……②

在库兹明斯基看来，格里乌斯针对皮浪主义的这段概论非

---

① 我们前文指出过，孔泽的这个看法其实是不严谨的，希腊怀疑论对于此前的希腊哲学而言并非完全新异的东西，很多学者都已经指出过，希腊哲学本身内部就包含着大量能够导致怀疑论的因素和倾向。
② Aulus Gellius, *The Complete Works of Aulus Gellius*, Delphi Classics, 2016, p.364, 此部分为笔者翻译。

常明显地体现了皮浪主义与佛教思想之间的亲近性。[1] 格里乌斯指出，皮浪主义者的重要用语 τὰπρός τι 意思是不自依（self-dependent）、无自性（own power or nature），即是说没有什么东西是依赖于自己而存在的，没有什么东西是有属于自己的内在本性的。像这样的思想，几乎遍及所有重要的佛教典籍，尤其在大乘中观宗那里，龙树等人深解缘起自性空的道理，与皮浪主义的 τὰπρός τι 的确非常接近："皮浪主义称之为'相对主义'的东西——即现象是不自依的，而是彼此相互依赖的——正好就是中观学派和其他佛教派别宣扬的'缘起'观的核心。"[2] 塞克斯都的概括是：因为所有事情是相对的，所以关于事物的自性如何我们悬置判断。当然这里面也是有区别的，比如从怀疑论的角度讲，事物的自性如何是不可知的，怀疑论要求的是一种悬置、迟疑的态度，但是从佛教思想的角度讲，事物的自性是空，是缘起和合，虽然空、缘起并非另一有自性的有，但是与怀疑论的态度比起来，佛教思想确实更加接近独断论的立场。

另一位先行人物是埃弗拉德·弗林托夫。弗林托夫的研究与孔泽、库兹明斯基等人有所不同，后者的研究工作聚焦的多是怀疑论与大乘一系的比较，而弗林托夫追溯得更早，主要将皮浪主义与佛陀同期甚至更早些的散惹夷（Sanjaya）学派进行比较。关于散惹夷的历史文献非常少，目前我们知道他是所

---

[1] Adrian Kuzminski, *Pyrrhonian Buddhism: A Philosophical Reconstruction*, Routledge, 2021, p.61.

[2] Adrian Kuzminski, *Pyrrhonism: How the Ancient Greeks Reinvented Buddhism*, Lexington Books, 2008, p.59, 此部分为笔者翻译。

谓"六师外道"之一的创始人。在公元前6世纪至公元前5世纪，印度地区的智识生活中除以前的婆罗门教之外，还产生了佛教及佛教之外的其他宗派等宗教-思想团契。原始佛教文献往往将佛教和婆罗门教之外的异见统称为"沙门"（sramana），意为"勤苦的修行者"。沙门中最大的有六人六派，原始佛教称之为"六师外道"，其中之一就是散惹夷及其学说。散惹夷有两个弟子，舍利佛和大目犍连，后都皈依佛教，成为原始佛教的中坚人物。散惹夷的主要思想，依据原始佛教典籍《长阿含经》中的上座部经典《沙门果经》记述，是一种非常明显的怀疑论立场：

若汝问我，是否有他世，如我思其为有，我当如此说，但我不如此说。并且我不思其如此或如彼，且我不思其为不然。且我不非之。且我不说无有，或非无有他世。而若汝问我是否有化生……"对于此各问我均如上答之。"①

散惹夷的这种思想，被佛教和耆那教指认为不可知论和怀疑论，摇摆如黄鳝，没有自己的正面主张。这从上述引文中可以看出。散惹夷几乎对任何问题的回答都是这样的，可断其然，也可断其不然，还可兼断其然与不然，断其不然与不不然。比如，关于来世，我既可说有来世，也可说没有来世，还可说既有来世又没有来世，既没有来世也不是没有来

---

① 汤用彤：《印度哲学史略》，中华书局，1980年，第33~34页。

世。这种言说方式或解决问题的方式，就是有名的"四重辩难"（quadrilemma），它是散惹夷学派和佛教思想中一种重要的方法论。库兹明斯基也承认，皮浪主义怀疑论之所以比学园派怀疑论彻底，一个重要表现就是它也使用四重辩难这一方法。不管内容如何，这一方法向我们显示的是这样一种要求，即我们不应著任何执见。这一方法看似承认诸多断定，但其实它要求的却是不断定，是对任何断定的移开，超越任何断定而不做断定才是它的要义，用皮浪主义的话来说就是悬置判断。

弗林托夫认为，皮浪随军东征抵达印度地区后，接触到的主要就是这种怀疑论思想。[①] 散惹夷的怀疑论虽然一开始与佛教思想并不符合，还被佛教思想家拒斥为"外道"，但可以确定的是，随着佛教思想的深入开展，散惹夷怀疑论中的很多要素被逐渐吸收到佛教思想体系之中，成为佛教怀疑论的一个重要构成。皮浪主义怀疑论与散惹夷怀疑论、佛教怀疑论之间的相似性，在弗林托夫看来不仅是细节上的，更是全方位的。并且弗林托夫认为，这种相似性再加上一些历史材料的支撑，可以让我们得出一个积极的结论，即皮浪主义怀疑论的源头是散惹夷-佛教怀疑论。

值得一提的最后一位学者是马修·尼尔。尼尔的相关研究主要集中在他的牛津大学博士学位论文《中观宗与皮浪主义：教理、语言和历史方面的相似性和互动》中。按照尼尔在文中的说法，他的这项比较研究要比孔泽、库兹明斯基、马克威利、

---

① Everard Flintoff, "Pyrrho and India", in *Phronesis*, 1980, 25(1): 103.

弗林托夫等人的研究更加系统化和丰富。从研究内容上看，尼尔的工作确实更为专注细致。尤其是在其论文的第一章，尼尔分别根据塞克斯都和中观论师的文献，从皮浪主义的基础、道路、目标、信念、熟知和教导以及中观宗的"四法印"（four seals of the Buddha Dharma）出发，详细比较了皮浪主义怀疑论与中观佛学思想之间的亲近性、可比较性。可以说，尼尔的比较研究的确如其所说，比其他人更为系统具体，并且他与其他研究者相比更加重视具体义理方面的可比较性，虽然也涉及历史研究方面的内容，但与贝克维兹、弗林托夫的历史学、文化学兴趣相比，尼尔的研究与马克威利的相似，都是更加侧重哲学思想方面。从结论上讲，尼尔的研究工作意在论证的是皮浪主义与佛教思想在义理方面具有非常多的相似性和可比较性。

总而言之，从20世纪50年代以后，西方学界（包括部分印度学者）逐渐意识到在古希腊哲学和佛教思想之间存在一种历史的、哲学的有趣关联，一批有深度的研究成果也随之问世，在跨文化沟通研究、比较哲学研究以及一般的历史学、文化学研究等领域掀起一股热潮，至今热度不减。很多学者都指出过，这种比较研究能带来一些新的收获，不仅能帮助我们更好地理解佛教思想，还能帮助我们从东方佛教思想的视野出发来别样地理解古希腊怀疑论思想。弗林托夫等学者都坚信，皮浪主义的源头不是希腊哲学，而是佛教思想。如果这一观点是确定无疑的，那么自然会有这样一个推论：理解佛教思想是理解希腊怀疑论的前提，尤其是针对皮浪主义怀疑论。不过，也有不少学者提出异议，我们前文提到过，像理查德·贝特、慕子李、格罗尔克等大批学者认为,古希腊怀疑论的源头不是什么佛教思想,而是此前的希腊哲学乃至整个希腊智识成就,皮浪主义和学园派怀疑论都是如此,后者对苏格拉底、柏拉图哲学的传承是非常明显的,而前者的思想渊源也并不神秘,它本来就潜藏在此前的希腊哲学之中。

这一争论目前尚无定论,我们前文曾提到过我们的立场,即从历史研究的角度看也许皮浪主义怀疑论确实有一个遥远的东方源头,但从哲学研究的角度讲,皮浪主义怀疑论也许与先前已有的希腊哲学思想关系更紧密一些,而学园派怀疑论更不必待言,它对此前希腊哲学的传承关系是更为明确的。得出这一立场的主要依据很简单,即我们的确能够在此前已有的希腊智识成就中发现很多与后来的怀疑论思想非常接近的东西,而不是像库兹明斯基说的那样,皮浪主义怀疑论对于以前的希腊思想而言是非常陌生的存在。而这也意味着,希腊智识生活尤其是沉思生活也许本来就摆脱不了怀疑论要素,理性和理性的悖谬、沉思和对沉思的怀疑、哲学和对哲学的解构向来就是共属一体的,我们这种特殊的物种,一旦选择了发挥逻各斯的力量,就不得不同时意识到逻各斯的有限性。也许这就是希腊怀疑论留给我们的最宝贵的精神遗产,即意识到自身的有限性,放下执着。这一精神不仅为东方佛教思想、中世纪神秘主义神学、德意志浪漫派(尤其是荷尔德林)、现代存在主义哲学等所共享,在某种程度上它还是怀疑论之前的希腊智识生活的基本底色,潜涌在希腊哲人的沉思之中。让我们再次回味一下恩培多克勒的"哀歌":

凡人承蒙的尘缘是短暂的
业果流转，他们犹如缭绕青烟
哀哀而逝
人只信自己的遭逢
千般殊途；却执迷自夸
彼如何知晓整全

两千多年以后，在18世纪至19世纪的德国，荷尔德林以恩培多克勒为题材，创作了哲理剧《恩培多克勒之死》。虽然该剧本几易其稿，终是残作，但在荷尔德林的描述下，剧中人恩培多克勒在希腊大地上建功立业，但同时又能清醒地意识到所有功业的必朽性，成为历史性意识觉醒的代表。

结语

黑格尔曾言,怀疑论自古以来都是哲学"最可怕的敌人"。[①]之所以如此,是因为怀疑论是"无法克服的",而之所以它是无法克服的,并不是因为它是绝对正确的、无法被超越的,而是因为它是个人在自我意识上的一种主观的固执,这种固执只会提出否定,而无法做到确认普遍的东西。[②]然而,怀疑论当真是因为这种主观上的固执才具备那种无法克服性的吗?也许不是。也许它的那种无法克服性恰恰来自一种理性的缜密思考和论证。这一看法似乎更符合历史-哲学实情。

如果将怀疑论放进希腊哲学的整个脉络之中,我们就能更容易地看到它并不是一种主观上的固执。希腊哲学已然准备好了怀疑论诞生的肥沃土壤。赫拉克利特的动变宇宙论、智者学派的相对主义、德谟克利特哲学中的主观主义要素,以及苏格

[①] 黑格尔:《哲学史讲演录(第三卷)》,贺麟、王太庆译,商务印书馆,1995年,第106页。

[②] 黑格尔:《哲学史讲演录(第三卷)》,贺麟、王太庆译,商务印书馆,1995年,第106~107页。

拉底学派中的方法论、观念论等，均与后来的怀疑论思想之间存在着一种重要的相似性。虽然我们不能直接说前怀疑论哲学就是怀疑论式的，但我们也不能无视前怀疑论哲学中那些显而易见的准怀疑论要素。正是这些要素的存在，使得怀疑论的出现并不突兀，而是拥有了一种历史的和哲学的合法性。

皮浪主义和学园派怀疑论，作为古希腊怀疑论的两个派别，虽有不同，但从怀疑论的精神取向上看却是并无差异的。这种精神取向可以用阿塞西劳斯的主要原则来加以概括，即保留我们的赞成和同意。皮浪主义者，如埃奈西德穆和阿格里帕等人，通过各种论证意在警醒世人的，无非也是这点：不要做出任何赞成和同意。塞克斯都一直批评学园派不是纯粹意义上的怀疑论者，而是假借怀疑论之名而行独断论之实。这一判断的主要依据是学园派在陈述自己的观点时采取了断定性的表达方式："是"（be），而不是像他们皮浪主义者那样采取非断定性的表达方式："似乎是"（seem to be）。然而这个指责似乎无损学园派的怀疑论取向。如前文所说，怀疑论的确包含着一种不一致性，但这种不一致不是逻辑上的，而是"语用学的"（pragmatic），即在怀疑论的主张与表达这种主张的言语行为之间存在着一种张力，这种张力不是逻辑上的自我反驳，所以它对怀疑论立场的破坏力并不像塞克斯都认为的那样大。也许这一问题与他们的论战目标有关。学园派怀疑论几乎自始至终都处在与斯多亚学派的纠缠之中，而这种论战的要求很可能会导致学园派怀疑论以一种独断的方式来表明自己的怀疑论立场。而皮浪主义者的论战需求并不迫切，至少不像学园派那样迫切，这就有可能使皮浪主义者能够更多地将自己的精力放在"体系"的打磨上。由此,部分学者所倡导的"辩证解读"的意义就突显出来了,因为正如前文所述,辩证解读的目的就是要破除人们对怀疑论的独断论指责,进而论证其怀疑论立场的一致性。

也许,一致与否的问题对于怀疑论来说并非是其最值得关注的维度,就像以主观的固执性作为怀疑论的致命缺点来对其加以攻击并不能击败它那样。古希腊怀疑论之所以在今天仍有重要价值,也许不在于它的怀疑论反思的深度和广度,而是恰恰在于这种反思的"浅度"。笛卡尔怀疑论得以出现的各种条件在古代并未缺席,就希腊怀疑论的反思来看,它不可能完全意识不到这些条件,只是没有像笛卡尔或14世纪的经院哲学家那样将其焦点化而已。这就从另一个角度反向逼问我们:何以这些古希腊怀疑论者没有像笛卡尔那样将那些条件焦点化,以便提出笛卡尔式的怀疑论?也许,从如下一点来说伯恩耶特又是对的:古希腊怀疑论者保有一种基本的实在论常识和对世界的信任,由此阻止了他们将其怀疑论反思激进化,正像14世纪的经院哲学家有一种基本的神学常识和对上帝的信任,阻止他们将其怀疑论反思激进化那样。而我们知道,正像伯纳德·威廉姆斯说的那样,笛卡尔启动了一项"纯粹的探究工程"(project of pure enquiry),这项工作之所以是纯粹的和可能的,是因为它预先排除掉了任何常识性的信任。何塞·路易斯·博穆德斯(José Luis Bermúdez)说笛卡尔能够这样做,完全是拜他的自然哲学(科学)研究所赐,这种自然哲学的最大特点,就是不再信任我们的任何常识。①我们既有的那些常识性信念，在新科学的视野中都是可错的。而我们还知道，笛卡尔以后，托马斯·里德、大卫·休谟、彼得·斯特劳森、乔治·摩尔和维特根斯坦等人，要么从常识哲学的立场出发，要么从温和自然主义的立场出发，指出对世界的基本信任是"免于"怀疑论的攻击的，它是怀疑论得以可能的背景条件。②这也许向我们昭示着一种健康的怀疑论可能是希腊式的而非笛卡尔式的。我们更应该关心的，也许是在一种基本的实在论常识和对世界的信任的背景下，怀疑的力度和边界，而不是被一种不受限制的怀疑的意志裹挟而去。如若是后者，即被一种不受限制的怀疑的意志裹挟而去，那黑格尔的判断就是有效的，这样的怀疑论的不可克服性就真的只是"主观的不可克服性"了。③

---

① José Luis Bermúdez, "The Originality of Cartesian Skepticism: Did It Have Ancient or Mediaeval Antecedents ?", in *History of Philosophy Quarterly*, 2000, 17（4）: 333–360.

② P. F. 斯特劳森:《怀疑主义与自然主义及其变种》，骆长捷译，商务印书馆，2018 年；P. F. Strawson, "On Justifying Induction", in *Philosophical Studies: An International Journal for Philosophy in the Analytic Tradition*, 1958（9）, pp.20–21; 托马斯·里德:《按常识原理探究人类心灵》，李涤非译，浙江大学出版社，2009 年；Ludwig Wittgenstein, *On Certainty*, G. E. M. Anscombe, G. H. Von Wright ed., Denis Paul, G. E. M. Anscombe trans., Basil Blackwell, 1969.

③ 黑格尔:《哲学史讲演录（第三卷）》，贺麟、王太庆译，商务印书馆，1995 年，第 106 页。

参考文献

ALGRA K, et al., 1999. The cambridge history of Hellenistic philosophy [M]. Cambridge: Cambridge University Press.

ANNAS J, 1985. The modes of scepticism: ancient texts and modern interpretations [M]. Cambridge: Cambridge University Press.

AYER J A, 1940. The foundations of empirical knowledge [M]. New York: The Macmillan Company.

BARNES J, 1982. Science and speculation: studies in Hellenistic theory and practice [M]. Cambridge: Cambridge University Press.

BARNES J, 1990. The toils of scepticism [M]. Cambridge: Cambridge University Press.

BECKWITH I C, 2015. Greek Buddha: Pyrrho's encounter with early Buddhism in Central Asia [M]. New Jersey: Princeton University Press.

BETT R, 2010. The cambridge companion to ancient scepticism

[M]. New York: Cambridge University Press.

BETT R. 2000. Pyrrho, his antecedents, and his legacy [M]. New York: Oxford University Press.

BRITTAIN C, 2001. Philo of Larissa: the last of the academic sceptics [M]. New York: Oxford University Press Inc.

BRONS R, 2018. Life without belief: a madhyamaka defense of the livability of pyrrhonism [J]. Philosophy east and west, 68 (2): 329-351.

BRUNSCHWIG J, 1994. Papers in Hellenistic philosophy [M]. LLOYD J, trans. Cambridge: Cambridge University Press.

BURNYEAT M F, 1982. Idealism and Greek philosophy: what Descartes saw and Berkeley missed [J]. The philosophical review, 91 (1): 3-40.

BURNYEAT M F, 2012. Explorations in ancient and modern philosophy [M]. Cambridge: Cambridge University Press.

CHIESARA M L, 2001. Aristocles of Messene, Testimonia and fragments [M]. New York: Oxford University Press Inc.

CHISHOL M R, 1957. Perceiving: a philosophical study [M]. Ithaca: Cornell University Press.

CLAYMAN L D, 2009. Timon of Phlius: pyrrhonism into poetry [M]. Berlin: Walter de Gruyter GmbH&Co. KG.

CONZE E, 1963. Buddhist philosophy and its european parallels [J] Philosophy east and west, 13 (1): 9-23.

DILLON J M, 1977. The middle platonists, 80B. C. to A. D. 220

[M]. New York: Cormell University Press.

DILLON J, 2003. The heirs of Plato: a study of the Old Academy (347—274 B. C.) [M]. New York: Oxford University Press Inc.

EMPIRICUS S, 2005. Against the logicians [M]. BETT R trans. New York: Cambridge University Press.

EMPIRICUS S, 2012. Against the physicists [M]. BETT R trans. New York: Cambridge University Press.

FINE G, 2003. Sextus and external world scepticism [J]. Oxford studies in ancient philosophy, 24: 341-386.

FLINTOFF E, 1980. Pyrrho and India [J]. Phronesis, 25 (1): 88-108.

FOSTER J, 2000. The nature of perception [M]. Oxford: Oxford University Press.

FOSTER J, 2008. A world for us: the case for phenomenalistic idealism [M]. New York: Oxford University Press Inc.

FREDE M, 1987. Essays in ancient philosophy [M]. Minneapolis: University of Minnesota Press.

GARFIELD L J, 1990. Epoche and Śūnyatā: skepticism East and West [J]. Philosophy east and west, 40 (3): 285-307.

GLUCKER J, 1978. Antiochus and the late academy [M]. Göttingen: Vandenhoeck und Ruprecht.

GLUCKER J, 2004. The Philonian/Metrodorians: problems of method in ancient philosophy [J]. Elenchos, 25 (1): 99-153.

GOODMAN C, 2018. Neither Scythian nor Greek: a response to Beckwith's Greek Buddha and Kuzminski's "early Buddhism reconsidered" [J]. Philosophy east and west, 68 (3): 984-1006.

GRECO J, 2007. Putting skeptics in their place: the nature of skeptical arguments and their role in philosophical inquiry [M]. New York: Cambridge University Press.

GUTHRIE C W K, 1978. A history of Greek philosophy [M]. New York: Cambridge University Press.

HANKINSON J R, 1995. The sceptics [M]. New York: Routledge.

HANKINSON J R, 1998. Cause and explanation in ancient Greek thought [M]. New York: Oxford Unitersity Press Inc.

HUEMER M, 2001. Skepticism and the veil of perception [M]. Washington: Rowman & Littlefield Publisher, Inc.

HUNTINGTON C W JR., 1992. The emptiness of emptiness: an introduction to early Indian Mādhyamaka [M]. Delhi: Motilal Banarsidass Publishers Private Limited.

INWOOD B, MANSFELD J, 1997. Assent and argument: studies in Cicero's academic books: proceedings of the 7th Symposium Hellenisticum [M]. Leiden: Koninklijke Brill.

JOHNSON R M, SHULTS B, 2018. Early pyrrhonism as a sect of Buddhism？ A case study in the methodology of comparative philosophy [J]. Comparative Philosophy, 9 (2): 1-40.

KEYSER T P, IRBY-MASSIE L G, 2011. The encyclopedia of

ancient natural scientists: the Greek tradition and its many heirs [M]. London, New York: Routledge.

KUZMINSKI A, 2008. Pyrrhonism: how the ancient Greeks reinvented Buddhism [M]. Lanham: Lexington Books.

KUZMINSKI A, 2018. Early Buddhism reconsidered [J]. Philosophy East and West, 68 (3): 974-983.

KUZMINSKI A, 2021. Pyrrhonian Buddhism: a philosophical reconstruction [M]. London, New York: Routledge.

LAGERLUND H, 2010. Rethinking the history of skepticism: the missing medieval background [M]. Leiden: Koninklijke Brill NV.

LAGERLUND H, 2020. Skepticism in philosophy: a comprehensive, historical introduction [M]. New York: Routledge.

LONG A A, 1999. The cambridge companion to early Greek philosophy [M]. Cambridge: Cambridge University Press.

LONG A A, 1987. The Hellenistic philosophers, vol 1, translations and commentary [M]. New York: Cambridge University Press.

LONG A A, 2006. From Epicurus to Epictetus [M]. New York: Oxford University Press Inc.

MCEVILLEY T, 2002. The shape of ancient thought: comparative studies in Greek and Indian philosophies [M]. New York: Allworth Press.

MERLAN P, 1975. From platonism to neoplatonism [M]. The Hague: Martinus Nijhoff.

MI-KYOUNG L, 2005. Epistemology after Protagoras: responses to relativism in Plato, Aristotle, and Democritus [M]. New York: Oxford University Press Inc.

MOORE G E, 2013. Philosophical papers [M]. London, New York: Routledge.

OBDRZALEK S, 2006. Living in doubt: Carneades' Pithanon reconsidered [J]. Oxford studies in ancient philosophy, 31: 243-280.

PASNAU R, 2017. After certainty: a history of our epistemic ideals and illusions [M]. Oxford: Oxford University Press.

POLITO R, 2004. The sceptical road: Aenesidemus' appropriation of Heraclitus [M]. Leiden: Koninklijke Brill NV.

POPKIN R, 2003. The history of scepticism: from Savonarola to Bayle [M]. New York: Oxford University Press.

RIST M J, 1970. The Heracliteanism of Aenesidemus [J]. Phoenix, 24 (4): 309-319.

ROCKMORE T, 2021. After Parmenides: idealism, realism, and epistemic constructivism [M]. London: The University of Chicago Press.

SCHOFIELD M, BURNYEAT M, BARNES J, 1980. Doubt and dogmatism: studies in Hellenistic epistemology [M]. New York: Oxford University Press Inc.

STOUGH L C, 1969. Greek scepticism: a study in epistemology [M]. Berkeley: University of California Press, Ltd.

STRIKER G, 1996. Essays on Hellenistic epistemology and ethics [M]. Cambridge: Cambridge University Press.

TARÁN L, 1981. Speusippus of Athens a critical study with a collection of the related texts and commentary [M]. Leiden: E. J. Brill.

THORSRUD H, 2009. Ancient scepticism [M]. London, New York: Routledge.

TSOUNA-MCKIRAHAN V, 2004. The epistemology of the Cyrenaic school [M]. Cambridge: Cambridge University Press.

TULLIUS CICERO M, 2006. On academic scepticism [M]. BRITTAIN C, trans. Indianapolis: Hackett Publishing Company, Inc.

UNGER P, 1975. Ignorance: a case for scepticism [M]. Oxford: Clarendon Press.

VANDER WAERDT P, 1994. The socratic movement [M]. New York: Cornell University Press.

WILLIAMS B, 2005. Descartes: the project of pure enquiry [M]. New York: Routledge.

ZIEMIŃSKA R, 2017. The history of skepticism: in search of consistency [M]. BURZYŃSKI J, trans. Frankfurt am Main: Peter Lang GmbH.

ZILIOLI U, 2012. The cyrenaics [M]. London: Routledge.

E. R. 多兹, 2022. 希腊人与非理性 [M]. 王嘉雯, 译. 北京: 生活·读书·新知三联书店.

G. S. 基尔克, J. E. 拉文, M. 斯科菲尔德, 2014. 前苏格拉底哲学家——原文精选的批评史 [M]. 聂敏里, 译. 上海: 华东师范大学出版社.

阿庇安, 1979. 罗马: 上卷 [M]. 谢德风, 译. 北京: 商务印书馆.

奥古斯丁, 2019. 论灵魂的伟大 [M]. 石敏敏, 汪聂才, 译. 北京: 中国社会科学出版社.

柏拉图, 1986. 理想国 [M]. 郭斌和, 张竹明, 译. 北京: 商务印书馆.

柏拉图, 2004. 柏拉图对话集 [M]. 王太庆, 译. 北京: 商务印书馆.

柏拉图, 2012. 智者 [M]. 詹文杰, 译. 北京: 商务印书馆.

柏拉图, 2015. 泰阿泰德 [M]. 詹文杰, 译注. 北京: 商务印书馆.

波洛克, 克拉兹, 2008. 当代知识论 [M]. 陈真, 译. 上海: 复旦大学出版社.

策勒, 2020. 古希腊哲学史: 六卷, 古希腊哲学中的折中主义流派史 [M]. 石敏敏, 译. 北京: 人民出版社.

策勒尔, 2007. 古希腊哲学史纲 [M]. 翁绍军, 译. 上海: 上海人民出版社.

笛卡尔, 1986. 第一哲学沉思集 [M]. 庞景仁, 译. 北京: 商务印书馆.

恩披里柯, 2019. 皮浪学说概要［M］. 崔延强, 译注. 北京：商务印书馆.

恩披里克, 2017. 反对理论家［M］. 孙仲, 等译. 北京：中国社会科学出版社.

恩披里克, 2017. 悬隔判断与心灵宁静：希腊怀疑论原典［M］. 包利民, 等译. 北京：中国社会科学出版社.

斐洛, 2023. 斐洛全集：三卷［M］. 王晓朝, 译. 北京：人民出版社.

费尔德曼, 2019. 知识论［M］. 文学平, 盈俐, 译. 北京：中国人民大学出版社.

格罗尔克, 2023. 希腊怀疑论：古代思想中的反实在论倾向［M］. 吴三喜, 译. 北京：知识产权出版社.

瓜生津隆真, 等, 2021. 中观与空义［M］. 许洋主, 等译. 贵阳：贵州大学出版社.

黑格尔, 1969. 哲学史讲演录：第三卷［M］. 贺麟, 王太庆, 译. 北京：商务印书馆.

黑格尔, 哲学史讲演录：第二卷［M］. 贺麟, 王太庆, 译. 北京：商务印书馆.

康德, 2017. 纯粹理性批判［M］. 邓晓芒, 译. 杨祖陶, 校. 北京：人民出版社.

拉尔修, 2010. 名哲言行录［M］. 徐开来, 溥林, 译. 桂林：广西师范大学出版社.

拉克斯, 2021. 前苏格拉底哲学：概念的缘起、发展及其意义［M］. 莫斯特, 英译. 常旭旻, 中译. 北京：北京大学出版社.

朗（Long，A. A.），2015. 心灵与自我的希腊模式［M］.何博超，译.北京：北京大学出版社.

朗，2021. 希腊化哲学：斯多亚学、伊壁鸠鲁学派和怀疑派［M］.刘玮，王芷若，译.北京：北京大学出版社.

罗蒂，2003. 哲学和自然之镜［M］.李幼蒸，译.北京：商务印书馆.

麦克道威尔，2014. 心灵与世界：新译本［M］.韩林合，译.北京：中国人民大学出版社.

蒙田，2022. 蒙田随笔全集：上卷［M］.潘丽珍，王论跃，丁步洲，译.南京：译林出版社.

蒙田，2022. 蒙田随笔全集：下卷［M］陆秉慧，刘方，译.南京：译林出版社.

苗力田，1990. 亚里士多德全集［M］.北京：中国人民大学出版社.

穆帝，2013. 中观哲学［M］.郭忠生，译.贵阳：贵州大学出版社.

纳托尔普，2018. 柏拉图的理念学说：理念论导论（全二册）［M］.溥林，译.北京：商务印书馆.

尼采，2018. 古修辞讲稿［M］.屠友祥，译.上海：华东师范大学出版社.

努斯鲍姆，2018. 欲望的治疗：希腊化时期的伦理理论与实践［M］.徐向东，陈玮，译.北京：北京大学出版社.

帕斯诺，2018. 中世纪晚期的认知理论［M］.于宏波，译.北京：北京大学出版社.

平川彰,2013.印度佛教史[M].显如法师,李凤媚,庄昆木,译.贵阳:贵州大学出版社.

普法伊费尔,2015.古典学术史:上卷,自肇端诸源至希腊化时代末[M].刘军,译.北京:北京大学出版社.

普特南,2005.理性、真理与历史[M].童世骏,李光程,译.上海:上海译文出版社.

齐柳利,2012.柏拉图最精巧的敌人:普罗塔哥拉与相对主义的挑战[M].文学平,译.北京:中国人民大学出版社.

释印顺,2011.中观论颂讲记[M].北京:中华书局.

汤用彤,2006.印度哲学史略[M].上海:上海古籍出版社.

汪子嵩,等,2014.希腊哲学史:第4卷(上下)[M].北京:人民出版社.

威廉斯,2014.羞耻与必然性[M].吴天岳,译.北京:北京大学出版社.

梶山雄一,2000.龙树与中后期中观学[M].吴汝均,译.台北:文津出版社有限公司.

梶山雄一,2016.中观思想[M].李世杰,译.贵阳:贵州大学出版社.

文德尔班,2009.古代哲学史[M].詹文杰,译.上海:上海三联书店.

沃迪,2015.修辞术的诞生:高尔吉亚、柏拉图及其传人[M].何博超,译.南京:译林出版社.

沃尔班克,2009.希腊化世界[M].陈恒,茹倩,译.上海:上海人民出版社.

西塞罗, 2003. 论老年 论友谊 论责任 [M]. 徐奕春, 译. 北京: 商务印书馆.

西塞罗, 2017. 论神性 [M]. 石敏敏, 译. 北京: 商务印书馆.

西塞罗, 2022. 论学园派 [M]. 崔延强, 张鹏举, 译. 北京: 中国人民大学出版社.

西塞罗, 2022. 图斯库路姆论辩集 [M]. 顾枝鹰, 译注. 上海: 华东师范大学出版社.

熊十力, 2001. 佛家名相通释 [M] // 萧萐父, 熊十力全集（第二卷）. 武汉: 湖北教育出版社.

休谟, 1999. 人类理智研究 [M]. 吕大吉, 译. 北京: 商务印书馆.

休谟, 2016. 人性论 [M]. 关文运, 译. 北京: 商务印书馆.

徐向东, 2006. 怀疑论、知识与辩护 [M]. 北京: 北京大学出版社.

亚里士多德, 1959. 形而上学 [M]. 吴寿彭, 译. 北京: 商务印书馆.

叶少勇, 2011. 中论颂: 梵藏汉合校·导读·译注 [M]. 上海: 中西书局.

英伍德, 2021. 剑桥廊下派指南 [M]. 徐健, 等译. 北京: 华夏出版社.

后　记

我对怀疑论的最初兴趣源于对实在论/反实在论问题的思考和追踪。实在论/反实在论问题与怀疑论问题密切相关，是当代哲学论争中的一个经典问题。然而，随着研究的不断推进，我发现这两个问题有着比当代哲学所涉更为深广的历史脉络。实在论/反实在论涉及的核心问题，可以被概括为怀疑论的一个支脉，即"外部世界怀疑论"问题。因而，从问题史的角度来看，思考实在论/反实在论问题的先行条件之一，就是正解怀疑论这个大问题。而对怀疑论问题的哲学重思，当然离不开最为基本的历史研究。不管从哪个方面讲，古希腊怀疑论都是这种历史研究工作的一个绝佳对象。此书就是这一问题史追踪研究工作的一个阶段性成果。

在此书的写作过程中，与波兰什切青大学哲学与认知科学研究所雷娜塔·兹明斯卡教授和德克萨斯大学博穆德斯教授的交流让我对西方怀疑论哲学有了更深入的理解；河北师范大学马克思主义学院的领导和同事对我的研究工作多有支持，使得本书能够得到学院学术著作出版基金的资助；四川大学出版社王静编辑为本书的出版付出了巨大辛劳。在此一并表示感谢！

最后，要感谢我的妻子文琦，是她主动担负起大部分的家庭重责，让我有机会完成书稿。

本书是"河北省教育厅高等学校人文社会科学研究青年拔尖人才项目（BJS2024016）"研究工作的相关成果，感谢河北省教育厅的大力支持。

吴西之（吴三喜）

2024 年·石家庄